国际汉语词汇教学

曾立英 著

清华大学出版社
北京交通大学出版社
·北京·

内 容 简 介

本书立足于汉语词汇教学实践，紧扣汉语词汇教学大纲，提出了国际汉语教学的词汇单位语素、词、离合词、短语、语块等概念，强调了语素教学与"字本位"教学、同素词的分析与教学、离合词与语块教学等，服务于汉语教学，主要面向汉语国际教育专业的本科生、硕士生、博士生及国际汉语职前教师等。

图书在版编目（CIP）数据

国际汉语词汇教学 / 曾立英著. —北京：北京交通大学出版社：清华大学出版社，2021.3

ISBN 978-7-5121-4414-9

Ⅰ．① 国…　Ⅱ．① 曾…　Ⅲ．① 汉语–词汇–对外汉语教学–教学研究
Ⅳ．① H195.3

中国版本图书馆 CIP 数据核字（2021）第 031799 号

国际汉语词汇教学
GUOJI HANYU CIHUI JIAOXUE

责任编辑：韩素华　　特约编辑：曾　华
出版发行：清 华 大 学 出 版 社　邮编：100084　电话：010-62776969
　　　　　北京交通大学出版社　邮编：100044　电话：010-51686414
印　刷　者：艺堂印刷（天津）有限公司
经　　销：全国新华书店
开　　本：170 mm×240 mm　　印张：16.5　　字数：373 千字
版 印 次：2021 年 3 月第 1 版　　2021 年 3 月第 1 次印刷
定　　价：68.00 元

本书如有质量问题，请向北京交通大学出版社质监组反映。对您的意见和批评，我们表示欢迎和感谢。
投诉电话：010-51686043，51686008；传真：010-62225406；E-mail：press@bjtu.edu.cn。

前　　言

随着经济的全球化发展和"一带一路"倡议的提出，全球汉语热持续升温，汉语教学与研究需要"走出去"。作为语言要素之一的词汇，其教学在国际汉语教学中占有举足轻重的地位。

本书立足于十余年来的一线汉语词汇教学实践，根植于多年来的汉语词汇语义研究，结合当代语言教学与语言学理论而作，理论背景深厚、清晰，主要面向汉语国际教育专业的本科生、硕士生、博士生及国际汉语职前教师等。

著名教育学家 Woolfolk（2007：iii）在 *Educational Psychology* 一书中提到，良好的教学离不开专家型教师，专家型教师的特点是：深刻理解学科知识并能融会贯通；具有特定知识的教学能力。国际汉语词汇教学不是"会说汉语的人都能教的"，它需要深入了解汉语的学科知识并加以运用。

本书"吃透了"国际汉语词汇教学大纲，抓住了汉语词汇与词汇教学的重点，创造性地安排了国际汉语词汇教学的章节内容，希望读者借此了解汉语词汇教学的基本原则，并通过此视角，深入思考汉语词汇教学的难点、问题及解决方案。

本书紧扣汉语词汇教学实际，首先探讨了国际汉语教学的词汇单位与词汇大纲；然后对汉语词的构造进行了剖析，对词语教学的释义与方法、词汇教学的目标、材料与内容、方法与技巧，以及汉语词汇使用偏误分析等进行了详尽的介绍；最后进行了汉语词汇教学案例分析、语言教学资源与国际汉语词汇教学分析等。

《国际汉语教师标准》中的词汇基本原则第 1 条就指出，要"注重利用汉字形、音、义相结合的特点进行词汇教学"。本书针对国际汉语教学的词汇单位语素、词、离合词、短语、语块，强调了语素教学与"字本位"教学、同素词的分析与教学、离合词与语块教学等，直接为面向外国学习者的汉语教学服务。

本书根植于词汇语义研究，并结合 Pustejovsky 等人（1995）的生成词库理论，对词义的聚合和组合，如近义词、多义词教学与理论研究等，进行了深入的探讨，还借助词库等数据库，对汉语二字词、三字词、类词缀等进行了数据库分析或偏误分析，便于数据支撑。另外，本书还结合 Read 等人（2000）的词汇评价理论，对类词缀构词的丰富性等进行了评价。

希望通过本书的学习，读者能具备专业化的国际汉语词汇教学能力，不断追踪新科技，合理运用各种语言教学资源，同时能进行批判性的思考，形成教学相长的氛围。

曾立英

2021 年 2 月于北京

目　　录

第1章

概 论

　　词汇教学十分重要。本章简要介绍了词汇教学的重要性、词汇学的本体研究和语言教学研究，并阐明了国际汉语词汇教学的性质。国际汉语词汇教学是国际汉语教学重要的组成部分，应特别注意其系统性、认识性、应用性，确保词汇教学结果的有效性和准确性。

1.1 词汇教学的重要性

词汇教学是国际汉语教学的基础，贯穿于整个国际汉语教学实践活动中。除了最初的语音教学部分外，一切课堂教学都是建立在词汇教学基础上的。无论是听力、口语教学，还是综合和写作教学，都离不开词汇教学。但是多年来，国际汉语词汇教学始终处于附庸地位，没有得到应有的重视。

胡明扬从语言的实质情况着眼，认为"语言说到底是由词语组合而成的，语音是词语的具体读音的综合，语法是词语的具体用法的概括，离开了词语也就没有语言可言。如果掌握了词语的具体读音和具体用法，即使不学语音和语法也可以，母语的获得经历就是这样一个过程。相反，如果只掌握语音和语法知识，而不掌握具体词语的读音和用法，那么还说不上已经掌握了这种语言，往往会一说就错，一用就错"。

杨惠元更是大胆地提出"强化词语教学，淡化句法教学"，也就是说，在整个对外汉语教学中，词语教学自始至终都应该放在语言要素教学的中心位置。

在国际汉语教学的实践中，教师和研究者发现，词汇学习是许多国际汉语学习者的主要障碍。留学生在使用汉语时发生的词汇错误比语法错误多，尤其对于中高级水平的留学生来说，词汇量不足和词义掌握不准确成了其汉语水平进一步提高的瓶颈。但长期以来，在国际汉语教学中，往往比较重视语法教学，而在某种程度上却忽视了词汇教学，使得词汇的研究和教学成为整个教学过程的薄弱环节。

词汇教学很重要。要做好词汇教学工作，必须根据汉语词汇本身的特点来教，同时注重词汇教学的方法，把理论应用到教学实践中去。

1.2 词汇学的本体研究和语言教学研究

　　词汇学是在中国语言学领域里，第一个受到重视并产生专著的学科。《尔雅》是一部词义学的专著，《方言》则是一部词汇调查总集。但自 1898 年马建忠的《马氏文通》出版后，汉语的词汇研究，长期成为语法研究的附庸。早期的词汇学研究，既研究词语的构造，词汇的组成、发展、变化，词语的意义，也研究词汇在词典中的状况。

　　进入 20 世纪 60 年代，词汇研究进一步深入。首先是学界对一些词汇理论问题进行了探索，开展了几次大的讨论：关于词义和概念的关系问题的讨论、关于词汇语义体系的讨论、关于基本词汇的性质和范围的讨论、关于词与非词的界定问题的讨论。其次是对于汉语的构词法有了较系统的研究。最后是词义研究走向成熟，在研究方法上，义素分析法的引入、语义场的提出，标志着汉语词义研究走向成熟。

　　从 20 世纪 90 年代开始，在中文信息处理学界，词库、词汇语义网的构建等，使词汇的定量研究日益发展，同时也拓展了词汇语义学的研究思路。

　　国际汉语词汇教学研究吸收了很多本体研究的成果，但国际汉语词汇教学更偏重于应用，需要将词汇学的本体知识应用到语言教学的实践中去，具体表现为切合学生的学习水平的词汇学理论的应用。

　　本书所讲的国际汉语词汇教学更关注词汇教学的理念与方法，以帮助教师理顺词汇语义教学的系统观念。

　　本书所侧重讲解的最小词汇教学单位的组织与教学、词语的释义及方法、教学词汇量、生词的重现率、分阶段的词汇教学、词汇教学的偏误，以及词库、语料库等语言教学资源与词汇教学、学习词典的编纂等，都是语言教学实践需要面对的问题。解决这些语言教学实践问题，要求教师除了具备语言学的本体研究的相关知识外，还应具备应用和建构语言教学资源的意识，以便为教学服务。

1.3　国际汉语词汇教学的性质

1.3.1　国际汉语词汇教学的系统性

在国际汉语词汇教学中，应该强调词汇教学的系统性。课文中的生词虽然是以清单的方式列举的，但这只是教材的一种设计方式，实际上整个词汇是一个自组织的系统，有语义和构词法上的理据性。

为什么要提出重视词汇的系统性呢？目的是提示教师，在词汇教学中不要局限于每篇课文后的 30～50 个生词，要有"词汇系统"的全局观念。整个国际汉语教学的词汇，是一个包含很多概念的纵横交错的有联系的集合，是一个词汇语义网络。教留学生汉语词汇的目的是扩大留学生的汉语心理词库，在留学生的头脑中培养他们关于汉语的一个词汇语义网。这个网络越丰富、越精准，越能促进留学生表达能力的提高。

在国际汉语词汇教学中，词汇教学存在系统性不足的问题，虽然学界有《汉语水平考试词汇与汉字等级大纲》做指引，有教材中的语境提示，但现在的词汇教学有着孤立讲解生词的倾向，习惯于"遇词讲词"，整个词汇教学显得比较零散，效率不高。词汇教学缺乏系统性，词语学习松散随意，学什么是什么，学多少算多少，这种状况会严重制约学生语言能力的提高。

由于没有进行系统的词汇教学，学生看不清汉语词汇的规律，学习和记忆起词语来困难很大。因此，强调进行系统的词汇教学是极有必要的。

词汇本身是一个自组织的系统，词汇学的研究也是有系统的。词汇的单位、词的构成、词义的组合与聚合、语义场等词汇学的研究成果，应该在国际汉语的词汇教学实践中得以体现和丰富。

本书强调词汇学本身的系统性在国际汉语词汇教学中的应用，使汉语国际教育本科生和硕士生，通过本课程的学习，了解现代汉语词汇学的基本理论，了解词汇单位、构词法、词汇语义学、词库等和国际汉语词汇教学直接相关的词汇学理论源流。

　　介绍目前的国际汉语词汇教学方法，探讨由于对词汇最小单位的思考而引起的国际汉语学界对"字本位"的思考，讲解构词法、语料库等理论也可直接应用于国际汉语教学，再如词义解释的方法和技巧、学生心理词库的形成与完善等，都是词汇理论在国际汉语词汇教学中的扩展。

　　词汇教学的系统性还体现在词汇教学和语音教学、语法教学、汉字教学的结合上。词是形、音、义的结合体，词汇教学不可能完全脱离语音教学、语法教学和汉字教学。胡明扬曾指出："实际上语汇是语言存在的唯一实体，语法是无法脱离具体的语汇而存在的，因为说到底只是无数具体语词的具体用法的概括。"[①]目前学界所提倡的"大词库、小语法"，实际上走的是词汇语法的路线。

　　词汇教学不是孤立的教学。一方面，词汇教学要借助语音教学、语法教学和汉字教学；另一方面，词汇教学也能够深化其他语言要素的教学，强化汉语词汇规律性的学习。例如：词汇教学中的同音词或语音相似的词、多音词及词发音的"洋腔洋调"，是词汇教学中不可避免的问题；词汇教学中的词类教学、虚词教学，是学生理解起来比较困难的地方；词汇教学中的汉字、汉字声符或形符对于词语的理解都有一定的提示作用，同时也要注意汉字的形近字的教学，如"折"与"拆"，留学生比较容易弄混，在给学生讲解时，要注意联系学生的学习需求，如"打折""拆红包"等是学生感兴趣的。再如"帅哥""美女"是留学生觉得惊奇并喜欢学习与运用的，不妨将这些流行语教给学生，同时提醒学生注意"帅哥"的"帅"与"老师"的"师"在书写上的不同。

　　李如龙、吴茗（2005）认为："学习语言，词汇是基础，它应当贯穿学习的始终。汉语的词汇体现了语音的结构和变化，组成语句又体现了种种语法关系，学习词汇也连带学了语音和语法。词汇教学的效果直接影响着留学生汉语的整体水平。"比如在学习"拆"之后，留学生可能造出"拆包子"之类的搭配，这种动宾搭配跟语义关系密切，必须在教学中考虑到。

　　词汇教学和语用学联系很紧密，如汉语中有"又 A 又 B"结构，留学生经常造出"又贵又好吃""又便宜又不好吃"之类的句子。若按语法规则来看，它们是没有任何问题的，但现实生活中是不会有这种说法的，原因是 A 和 B 所表达的说话人的主观评价指向不一致。

　　传统的国际汉语教学，内容基本上只包括语音、语法、词汇、汉字读写等语

---

① 李大忠，1996. 外国人学汉语语法偏误分析 [M]. 北京：北京语言文化大学出版社：序言.

言项目。近几年来，不少人提出语言教学应与文化结合起来，从理论上把国际汉语教学推进了一步。但通过对教学实际的考察发现，国际汉语教学还缺乏两项重要的内容——语用和篇章。也就是说，应该把语用学和篇章语言学的研究成果运用到对外汉语教学中去（吕文华等，1993）。

徐通锵（2003）则面向整个现代汉语词汇教学指出："语汇的研究不能就语汇论语汇，不能只就它与社会的联系去研究，而更重要的是需要联系语汇所服务的领域——语法或语用去研究。"[①]

1.3.2 国际汉语词汇教学的认知性

对语言的本质、习得过程的认识关系到语言教学。教学理念的产生、教学大纲的制定、教学内容的安排、教学法的选择、课堂教学活动的技巧，实际上与人们对语言的本质、语言习得过程的认识相联系。

本书对于国际汉语词汇教学的研究与探讨实际上贯穿了认知的视角，和认知语言学、认知心理学有密切的关系。

凡是将人的语言能力当作一种认知能力来加以研究的，都叫认知语言学。认知语言学是理论语言学界最近二十几年来发展起来的一个语言学学派。认知语言学广泛吸收了语言学之外研究人类认知活动的各门学科，如心理学、神经科学、哲学、人类学，以及在这些学科基础上产生的认知科学的研究成果与分析方法；在语言学内部则整合了语言类型学和功能语言学的研究思路，描述和解释人类的语言构造，并分析其功能基础。

认知语言学在美国的两个研究中心已形成了两个学派：一个是以 Langacker 为首的"圣地亚哥学派"（San Diego School）；另一个是以 Lakoff、Fillmore 等为首的"伯克利学派"（Berkeley School）。这两个学派的理论主要包括 Langacker 的认知语法、Fauconnier 的心理空间理论（mental space）、Lakoff 的隐喻理论、Fillmore 的框架语义学（frame semantics），等等。

认知语言学主要与认知学科、认知心理学、哲学、逻辑学、社会学、语言学

---

① 曹炜，2003. 现代汉语词汇研究［M］. 北京：北京大学出版社：序言.

等关系密切。认知语言学和心理学的交叉学科——认知心理语言学对于语言习得能力、语言习得过程、语言习得方法及教学意义的研究，都有助于研究国际汉语教学。

"认知语言学"不是语言学的一个分支，不是跟历史语言学、社会语言学、神经语言学等并列的一个分支学科，而是代表语言研究近年来兴起的一个新的学派。也就是说，"认知语言学"不是一种单一的理论，而是代表一种研究范式，其特点是着重阐释语言和一般认知能力之间密不可分的联系。

本书所讲的国际汉语词汇教学贯穿了认知语言学的观念，学生的学习、教师的教学都在解释和探索对汉语的认知。学生对汉语词汇的认知既有认知能力的个体差异，又有共性——两种语言的词汇在大脑中的交织。

基于留学生对汉语词的认识，本书谈到了什么是语素，什么是词，词的构造，如何形成汉语的语素构词意识，以及随着学习水平的提高，怎么增加二语习得者的词汇量。这些章节的安排是从学习者的认知视角来谈的。

至于"词语教学的释义与方法""国际汉语词汇教学的目标""汉语词语使用偏误分析""汉语词汇教学案例分析""语言教学资源与国际汉语词汇教学"等章节，则主要是从教师的认知观来考虑的。

本书也有部分章节是将教师和学生的认知视角结合在一起的，比如在第3章"词的构造与国际汉语教学"中，既谈到了二语习得者的语素构词意识，又分析了汉语类词缀在对外汉语教材中的运用情况，在二语习得者的认知基础上，再谈教师的教学观。

认知心理语言学认为，语言有高度的规则性，反映了认知语义概念，是语言能力和语言表现的综合。语言能力是认知、语义、环境、知识水平相互作用的结果。认知心理语言学认为，语言习得的过程是学习者对周围存在的事物和事物之间的关系进行分析、归类、概括，同时用认知能力对所接触的语言素材进行语义上的归类、理解、推理，并总结出语法规则的过程；是学习者的认知能力、语言能力和知识水平互动和互助的结果。认知心理语言学提倡多元的语言输入，对教学的意义可归纳为以下两点：一是站在学习的角度上，使输入的语言材料不仅容易理解，而且能够掌握，遵循"可懂输入原则"；二是强调认知技能和学习策略的发展与运用，教学环境与教学输入的设计要有日的地锻炼学习者举一反三、归纳推理的学习技能，这样学习者在学习中始终是积极的、善于思考的，善于分析和解决问题。

李如龙、杨吉春（2004）认为，第二语言的习得是建立在学习者自身认知能力发展的基础之上的，对外汉语教学的教学理论基础应该是语言的认知。如今，脑科学的研究已经可以记录和分析脑电波，对于学生的认知过程和能力可以用数据来支撑和展示，以便于了解学生的认知过程和能力等。

本书所提到的汉语构词意识、词汇量、词义的理解、心理词库的构建、偏误分析、案例分析等不仅具有认知的视角，同时还具有习得的视角。

汉语构词意识是指与汉语词汇结构的特征相关的意识，如语素意识、语素之间的组合关系意识、词边界意识等。这些意识的形成和发展对外国学生汉语认知能力的培养具有重要的意义。词汇量的增加、词义的理解、心理词库的构建是外国学生对汉语的认知结构不断变化或"完形"的过程。偏误分析和案例分析是教师对外国学生的偏误及案例的反思，希望通过这个反思过程反省教学，提高教学效果。

本书所讲的国际汉语词汇教学还关注学生对于词汇的习得过程。学生能够扩大词汇量，尽快地理解词汇和产出词汇，是词汇教学的目的所在。

1.3.3　国际汉语词汇教学的应用性

与语言学及应用语言学专业学生的词汇教材不同，国际汉语教学的教材更偏重于"应用型"。本书首先重视汉语词汇的教学应用，其次重视计算语言学知识和技术的应用，最后强调词汇教学的有效性。

国际汉语教学目前紧跟汉语国际教育专业，在学科性质上更偏重于应用。李开（2002）认为，对外汉语教学隶属于汉语教育学，更确切地说，隶属于汉语言对外教育或汉语言对外教育学……对外汉语教学的研究工作者既要谙知汉语本体内容，更要懂得语文教育学、语文教育心理学、语文教育哲学的内容。Woolfolk（2007）的《教育心理学》值得借鉴。吕必松（2007：12）否认汉语理论是对外汉语教学的本体理论，强调汉语教学理论是对外汉语教学的本体理论。

本书是以国际汉语词汇教学的实践为基础的，因此它所研究的词汇学理论与方法是可以直接拿来指导教学实践的，不是为讲理论而讲理论，而是偏重于理论的应用，书中常有如何指导教学的建议。

国际汉语教学教材应强调词汇教学方法和技巧的呈现，为此本书提到了国际汉语词汇教学法中的网络化教学法、语素教学法、语料库的分析等，还着重介绍了词语展示、解释、练习、复习的技巧。本书还特别关注留学生习得汉语的偏误及偏误分析。外国学习者的偏误和母语学习者的偏误不同，教学中应该更多地搜集这方面的一手材料，进行偏误分析，让将来从事国际汉语教学的学生能预测词汇教学难点，并有相应的教学策略。另外，国际汉语教学应加强词汇教学的案例分析，通过案例，分析教学者的得失，提高教学效果。

本书的语言教学贯彻了语言知识技术路线。国际汉语词汇教学可以借助计算机技术来进行。可以应用计算语言学的统计分析的思想，借助真实的语料库帮助汉语的词汇教学，从词语的搜索、统计、释义、示例，到教学词库的构建、教学词典的编纂应用，以至教学案例库的构建等，都可以应用计算机技术来展开和深入。

由于词汇教学的方法很多，在教学中应重视词汇教学的有效性。国际汉语教学属于将汉语作为外语的教学，Ruth 与 Stuart（1986）曾指出，在许多外语课堂上，词汇教学没有得到应有的重视，或者教学方法不当。他们认为大量的教学时间用于解释和定义了，词汇学习和教学似乎成了一种没有选择的活动，课堂的黑板上堆积了大量新词，学生忙于编制一页又一页的词的清单而没有机会练习，因此，他们提出词汇课堂教学的评价应该注重输入的有效性和准确性。

 思考

（1）你怎样认识国际汉语词汇教学的性质？

（2）在课堂上，你是否会有意识地联系语音、语法、汉字进行词语讲解？请举例说明。

第 2 章

国际汉语教学的词汇单位与词汇大纲

    本章主要剖析国际汉语教学的词汇单位，对语素、词、离合词、语块等国际汉语学界经常强调的词汇单位进行重点探讨，使学生可以掌握现代汉语的词汇面貌。中国国家汉语国际推广领导小组办公室从 1992 年至 2015 年制定了《汉语水平词汇与汉字等级大纲》及《新汉语水平考试大纲——HSK 一级》至《新汉语水平考试大纲——HSK 六级》等纲领性词汇大纲用以指导教学，这些大纲都包括了语素、词、离合词、语块等词汇单位，希望学生熟悉词汇教学大纲，便于学习。

2.1　汉语的语素与教学

2.1.1　语素的定义

　　语素是最小的音义结合体，是能够区别意义的最小的语言单位，是构成词的要素。例如："书"是一个语素，它的语音形式是"shū"，意义是"成本的著作"；"马虎"也是一个语素，它的语音形式是"mǎhu"，意义是"不认真"。它们都是最小的音义结合体，不能分解成更小的有意义的单位。

　　有些留学生觉得每个汉字都是词，这是不对的。现代汉语中有很多汉字都不是词。比如，"了解自己的人就是朋友"这句话，其中"了""解""自""己""朋""友"等就不是词，它们要跟别的语素组合在一起才可以构成词，如组合成"了解""自己""朋友"等词。留学生经常将"己"和"已"弄混，其实"己"是不成词语素，一般组成"自己""知己"等常用词，而"已"则可单独做副词，如构成"时间已过""此事已设法解决"等句子。同样地，"朋友"的"朋"也是不能单独成词的语素。

　　像"己"和"朋"这样的语言单位，不是词，是语素。语素比词小，是构成词的单位。

2.1.2　语素的分类

2.1.2.1　按音节多少划分

　　语素可以根据不同的标准分出各种类型，如按音节多少，可分为单音节语素和多音节语素。

1. 单音节语素

汉语的语素不同于印欧语这样的屈折语，汉语的语素大多是单音节的，写下来就是一个汉字。例如：

天　地　河　农　士　啥　而　吗

汉语单音节语素占大多数。

2. 多音节语素

汉语多音节语素有双音节的。例如：

狡猾　蘑菇　仿佛　蜘蛛　荒唐　苗条

这些语言单位分开是两个音节，但分开后每个音节都是没有意义的，所以"狡猾""蘑菇"等都是由一个语素构成的词。

汉语多音节语素也有三个及三个以上音节的。例如：

冰激凌　马赛克　海洛因　哈尔滨　乌鲁木齐　奥林匹克

这一类翻译过来的词拆开之后意义和原词的意义不相关，因而"冰激凌""马赛克"等被看成一个语素。

双音节语素有一部分是从外语借来的，三音节及以上的语素几乎全是从外语借来的。

2.1.2.2　按构词能力划分

以语素的构词能力为标准的分类，很有实用价值。根据这个标准，可以把语素分为三种：自由语素、半自由语素、不自由语素。

1. 自由语素

能够独立成词的语素叫作自由语素。许多自由语素也能够与其他语素自由组合成词。例如：

人　牛　火　水　走　跑　收　分　懂

远　重　够　行　我　你　谁　不　又

2. 半自由语素

不能单独组成词，只能同其他语素自由组合成词，在构词时位置不固定的语素叫作半自由语素。例如：

民　语　伟　习　操　境　丰　型

奋　卫　荣　羽　固　涉　视　武

3. 不自由语素

不能独立成词，而且同别的语素组合成词时位置固定的语素，叫作不自由语素。例如：

阿　子　们　性　者　家（画家、作家）　儿（画儿、鱼儿）

2.1.2.3　按语素在词中的作用划分

可以根据语素在词中的不同作用把词分成词根和词缀。

1. 词根

词根是词的核心部分，词的意义主要是由它体现出来的。它可以单独构成词，也可以彼此组合成词，还可以和词缀一起构成词，如"一"，可以单独成词，也可以组成"一起""一律""一样"之类的词，还可以和"第"这个词缀一起构成"第一"这样的词。

2. 词缀

词缀按与词根语素的位置关系，可以分为前缀和后缀。黏附在词根前面的词缀称为前缀，黏附在词根后面的词缀称为后缀。

关于词缀的范围，各家确立的内容都不一样。

吕叔湘（1979）针对"汉语里地道的语缀不很多"的现象，提出了"类语缀"一说，并列举出了"可、好、难、准、类、亚、次、超"等18个类前缀和"员、家、人、民、界、物、品、度"等23个类后缀。

朱德熙（1982：29）认为："真正的词缀只能黏附在词根成分上头，它跟词根成分只有位置上的关系，没有意义上的关系。"朱先生只列举出了"初、第、老"3 个前缀，"子、儿、头、们、着、了、过、的、得"9 个后缀，还认为"性、式、自"都不是词缀。

朱亚军（2001）所列的词缀，则包括前缀 22 个，后缀 39 个。

考察词缀和类词缀，主要从能产性、定位性、意义的虚化与否、成词与否四个方面加以说明。

2.1.3　语素教学

2.1.3.1　语素教学的运用

汉语单音节语素占大多数，而单音节语素又体现为"一个汉字，一个音节，一个意义"。在国际汉语教学中如果注重从汉字出发、合理把握字词关系，形成一种教学原则，那么不仅便于促进语素和词之间的联系，而且可增强学习的理据性，激发学生的学习兴趣。

肖贤彬（2002）认为，"语素法"实际上应称为"语素扩展法"。在词汇教学中，除了讲练目标词语的词义（这常常可以依赖外语注释或翻译）和用法外，还要将词语中的语素（字）加以离析，然后以一定的义项为单位与其他已学或未学的语素再行组合，从而巩固所学词语（包括目标词语和已学词语）和扩大新词的学习范围。例如，学到"服装"一词，该词本身的意义并不难懂，用法也不复杂，但"服装"是一个可以离析成两个极富构词能力的语素的并列式复合词，教师应该向学生讲清楚，在"服装"一词中，"服"等于"装"，并且请学生说出"有'服'和'装'两个字的词"，学生可能说出"西装（西服）、时装、羽绒服、衣服、服装店、服装厂、服装公司"等词。这时，教师可试着让学生猜下列词语：童装、男装、女装、老年装、工装和中山装。一般来说，由于学生明白了"服装"一词的语素构成及语素义，在猜测和学习新出现的词语时，成功率往往很高。如果学生的接受能力和课时允许的话，还可以由"服"字系连到"衣服"一词，提出"衣服"的构造和语素义，从而带出"外衣、内衣、上衣（上装）、下衣、睡衣"等词。由于这些带"服""装""衣"语素的词成为一个小型语义场，所以学生容易识记。

另外，那些语义比较虚化的语素，也可以适当系连，以扩大词汇学习范围。例如"式"，可以系连出"中式、西式、洋式、老式、旧式、法式面包、日式快餐、中式英语、港式中文"等词。

"语素"这个"音义关联"符号，能在庞杂的词汇系统中起到一个很好的连接作用。教师头脑中的"语素"概念必须十分清楚，而且要在课堂教学中加以体现。汉语词汇的这种特点在教学中的潜力应当被充分地发掘出来。

有这样三则实例。

1. 关于"决赛"

在教中级班学生的听力时，在体育运动中谈到了"决赛"这一生词。教师没有孤立地讲解这一生词，而是把"决赛、半决赛（semi-final）、比赛、初赛、体操赛、篮球赛"等词聚在一起教给学生，这样学生以后碰到"排球赛、爬山赛、公开赛、田径赛、选拔赛、参赛、复赛"时，也能猜测词义，有助于对合成词"～赛"的理解。

2. 关于"淘汰"

在讲解《发展汉语·中级听力（Ⅱ）》中的"淘汰"一词时，教师启发学生用"淘"组词，一位中亚学生毫不犹豫地组词为"淘宝"，教师马上予以肯定。这个词语的教学一方面说明了语素教学的重要性，另一方面也说明了可以利用互联网来进行词语教学。

❓ 想一想

在教中高级班的听力时，出现了"钟表店"一词，教师如何引导学生并进行讲解？

3. 关于"些""卡（片）"

本书所讲的二字词、三字词的构成和单字的音义有着密切的联系。

美国的《中文听说读写》教材很重视语素的解释，比如在每课的"生词表"中，除了解释整词的意义外，还解释其中语素的意义。该教材 level 1，part 1 在解释"这些""信用卡"等词语的意义时，除了解释整词的意义外，还解释了其中的构词语素"些""卡（片）"的意义，如：

这些	zhèxiē	pron.	these
些	xiē	num.	some（measure word for an indefinite amount）
信用卡	xìnyòngkǎ	n.	credit card
信用	xìnyòng	n.	trustworthiness；credit
卡（片）	kǎ（piàn）	n.	card

2.1.3.2　汉语习得者的语素构词意识

？想一想

在汉语作为第二语言的习得过程中面临的问题是汉语习得者有没有构词意识。你如何看待留学生的语素构词意识？

从留学生的习得过程来研究语素的作用发现，留学生具有很强的语素构词意识。

冯丽萍通过实验的方法发现，中级水平的留学生已经具备了一定的复合词结构意识和语素构词意识。

邢红兵将 520 个偏误合成词归纳为五类：新造词；语义相关语素替代；语义无关语素或增加、减少语素；语素顺序错误；其他错误。通过对留学生偏误词的统计分析，他指出留学生能够较好地掌握汉语的构词规律，语素的构词能力和构词位置等因素都会影响留学生复合词的生成。

徐晓羽等通过实验研究发现，初级水平的留学生已经初步具有语素意识，通过语素义来推知词义是他们理解新词的一个重要策略；词的结构类型是留学生理解和生成词的重要影响因素；字形、字音等因素对留学生合成词的认知有一定的影响；语素的构词能力强弱、能否单用等，也影响着留学生对复合词的认知。

朱志平从双音节词语素结合理据的角度提出，理据在词义解释中起关键作用，留学生习得双音节词需要理据来引导。

根据写作课中的教学实践，"生造词"确实能反映留学生的构词意识。生造词，是指留学生使用的合成词在汉语中没有对应的词，或者虽然有对应的词，但用词错误。[①]比如，留学生会说出"今年、昨年"，推测他们是按照"今天、昨天"类推出来的。再如有一位韩国留学生写道：

［**例 2-1**］现在我才想，什么样的考试都让我们<u>吃劲儿</u>。

"吃劲儿"应改成"费劲儿"。汉语有"吃力"和"费劲儿"的合成词，却没有"吃劲儿"这一词语，这属于生造词。很多生造词是留学生根据类推生造出来的，比如：

［**例 2-2**］我还参加了学校的中国语剧团，这拓展了我的<u>汉语面</u>和关于中国文化的知识面。

例 2-2 的"汉语面"是仿照后面的"知识面"而编造出来的，说明学生对于汉语合成词的生成有一定的结构意识。

［**例 2-3**］北京—上海的<u>硬床</u>火车票都卖完了，我们只得买坐票。

例 2-3 的错误在于生造出了"硬床"一词来代替"硬卧"。

在讲解《发展汉语·中级汉语听力（下）》的课堂上出现了"兵人"一词，因为课文里还出现了"恋人、亲人"等偏正式合成词，而且"兵人"一词和目标词"士兵"或"军人"之间有共同语素，所以很多留学生很自然地就生造出"兵人"一词来。

另外，中级阶段的韩国学生还造出了"暑寒假"之类的词，而中文是"寒暑假"。这说明在中级阶段，有些留学生的确有了构词意识，并能够将其运用到词语的产生中。

有的生造词在汉语中有对应的词，但是有的生造词和对应词之间没有相同或相关的语素，比如"认出卡"和目标词"身份证"，"洗澡房"和目标词"浴室"等，这类生造词和目标词没有语素相同或相关，但也是偏正结构的，可以推断这些词是留学生根据构词法自己生造的。

---

① 这里采用的术语是"生造词"，有别于邢红兵（2003）的新造词，强调这是一种词汇偏误。

2.1.4 对外汉语教学中的"字本位"理论

语素组合成词，这是语法单位的第一次增量。据估算，《现代汉语词典》里字和词的比例约为1：6，这个数字大致也是语素和词之比。按照这个比例来说，汉语从语素到词，扩大了5倍。所以，掌握语素和构词法，是以简驭繁、有效扩大词汇量的一个重要途径。

本位是一个系统或分系统的基本单位。赵元任（1975/1992）指出："在中国人的观念中，'字'是中心主题，'词'则在许多不同的意义上都是辅助性的副题，节奏给汉语裁定了这一样式。"

徐通锵指出，本位不在于单位是否最小，而在于它是音义的关联点，是母语者心目中"现成"的单位。徐通锵提出"字"是汉语的基本结构单位，是语音、语法、语义、语汇的交会点。

王洪君指出，汉语语汇层与语音层关联的最小单位，在语汇层也是最小单位，语言学家称它为"语素"，而非语言学家称它为"字"。称为"语素"，着眼点是它在"最小的音义结合体"这一点上与英语的morpheme相同。称为"字"，着眼点则是它是关联语汇、语音、文字三个层面的跨层单位，与英语跨三层关联的word的情况相同。

国际汉语教学对于"词"这个单位历来十分重视，学界有一个典型的例子就是，教了学生"鸡蛋"一词后，学生却不明白"鸡"为何物，因为有的学生是把"鸡蛋"作为一个词整体记忆的。欧美国家的学生把"鸡蛋"和egg等同起来，这也反映了"词本位"理论的思想和操练在对外汉语学界，在20世纪70—90年代是占主流的。

陈颖在教学中发现，学生（尤其是欧美学生）在学习汉语词的时候采用的是整体记忆、整体理解的方式，由于没有复合词的结构意识，他们记住了"阅读"这个词，但是却会混淆"阅"和"读"，出现把"阅览"说成"读览"这样的偏误。

在现行的对外汉语教学语法体系中，"语素"或"字"一般不作为教学的基本单位。而对于语素在词汇习得中的作用，一直存在不同的看法：一种观点强调语素在复合词习得过程中的作用，提倡利用语素进行教学；另一种观点强调整词的作用，不强调利用语素进行词汇教学。

　　李彤认为，在教学中严格区分"字""词""语素"的关系十分必要，否则就会使学习者在学习汉语的过程中只学习字形，认为汉语的词只是两个形体的拼合，不考虑语义内容，长此以往则达不到词语教学的目的。因此，还是取消"字本位"教学法比较好。相比之下，词本位教学是一种可行的办法，因为人的言语交际的基本过程都是在词的基础上实现的，所以作为言语输入的语言教学也应该以词为单位来进行。词本位的教学理念没有错，只是在实践中还存在不足。

　　正因为如此，现在很多学者重视对外汉语教学中的"字本位"教学，"词本位"的教学理念受到挑战。白乐桑、张朋朋（1989）的《汉语语言文字启蒙》真正贯彻了"以单个汉字为基础层层构词"。

　　王又民以数据库为基础，对现代汉语常用的 3 000 个词进行了词类、语素结合情况、构词方式、识词方式等方面的统计分析，提出"初级汉语词汇采用'单音词（汉字）—语法（构词法）—复合词'一体化方法"。

　　张凯以《现代汉语常用词表》（1988）和三部词典为基础，建立了 3 500 个常用字和次常用字字库以及由 70 743 个词构成的词库，通过计算机对词库中汉字的构词等级、构词率、累计构词率、完全构词、累计完全构词等信息进行统计，将 3 500 个汉字划分为 5 个等级，确定了汉语构词基本字，提出了对外汉语教学词汇量的限度。

　　白乐桑认为："无论在语言学和教学理论方面，或是在教材的编写原则方面，甚至在课程设置方面，不承认中国文字的特殊性以及不正确处理中国文字和语言所特有的关系，正是汉语教学危机的根源。"

　　吕文华发表《建立语素教学的构想》，认为："语素教学的主要作用是可以大大提高学生学习词汇、掌握词汇以及正确应用词汇的能力……解决词语难的途径是建立语素教学……掌握一定数量的语素和构词法，就可以迅速扩大词汇量。"

　　贾颖认为，要先教基本词汇中的单音节词，汉字和复合词的教学要同时进行。以字为本位进行词汇教学，教给学生的是方法性的知识，因为字在汉语中以动态的方式存在，有限的字可以通过不同的组合构成不同的词。由于字在词中的意思基本不变，掌握了字与构词法，就能以简驭繁，迅速有效地扩大词汇量。

　　王若江、刘晓梅、王骏、李如龙、吴茗，也都主张"字本位"。李如龙、吴茗（2005）指出："十几年来的对外汉语教学总是以语法教学为中心，把词作为最基本的教学单位，教材中只列词义不列字义，忽略了汉字与词的密切关系，结果学生看不清汉语词汇的规律，不知道汉语词汇跟汉字的密切关系，学习和记忆起词汇来困难很大。"

"语素教学法""字本位教学法"等都试图抓住汉语的特质，抓住构词的最小单位——语素来进行汉语教学。

如果在国际汉语教学中，重视"部件—字—词—句"各语言单元间的综合教学，帮助学生了解汉语语言体系的特点，了解字与词的网络关系，体会词法和句法在结构上的一致性，就能帮助他们进一步理解和记忆中文词，提高综合运用语言的能力。

"字"本位非常强调词的编码理据，这里与传统的从句法（语法）结构角度来研究词法有所不同。从语法角度来研究词法，很多人都是持怀疑态度的。

刘叔新（1990）认为，不少论著把复合词结构直接作为语法问题来分析或论述，这种分析法不能深入复合词结构的实质。

周健（2003）认为，由双字构成的复字单位，因其形制短小，字与字之间的关系很难全盘套用句法上的结构关系予以合理的解释。

词汇是无限的，汉字是有限的、稳定的。联通字词关系，突出字词的系统关联，是汉语词汇教学的一个核心问题。《汉语水平词汇与汉字等级大纲》把汉字教学量定为 2 905 个，把词汇量定为 8 822 个，字词关系比例大约为 1:3。按照周有光先生的"汉字出现频率不平衡规律"统计，在汉语中使用频率最高的 1 000 个字，其覆盖率达 90% 以上，掌握了 2 400 个常用汉字，其书面语的覆盖率可达到 99% 以上（冯丽萍，2003）。

用有限的汉字来记录无限的词汇，解决的办法是用已知的字排列组合成新词。汉字在记录单音词时，表达的是一个成词语素，在记录合成词时，表达的是一个构词语素，这充分体现了汉字的独立性和灵活性，用王洪君（2007）的话来说，叫作"单音有义，双音定义"。

汉语的成语、惯用语、谚语、歇后语，在可能的情况下，都追求字数的整齐、句式的对仗（或句内的对称）、声律的和谐，这是它们的共同特征。特别是汉语中有成千上万条"由四字（四个音节）构成的成语，离开汉语单音节语素（汉字）表义"这一特征，简直是不可想象的。这里附带说明一下，应当说，近几年"字本位"的研究对认识汉语的特征是有积极意义的，可以说是有贡献的（苏宝荣）。

对于非汉字文化圈的学生来说，汉字确实难学：字形上与拼音文字有很大差异；相对于拼音文字，汉字数量多，结构复杂，笔画繁多，有一定的造字理据但普遍性不强，还有繁体、简体的差异。

如何贯彻"字本位"的思想？对"字本位"的理论探讨应该贯彻到国际汉语教学中去，"字本位"的思想应该朝着可操作性上去发展，这种操作的宗旨是从汉字出发，合理把握字词关系，由字和词的教学，扩展到整个词汇语义系统的教学，建立国际汉语教学词库，扩大学生的心理词库，从而体现词汇教学的全局观念。

2.2 汉语的词与教学

2.2.1 词的定义与分词

既然语素可以组合成词，那么什么是词？

词是语言符号的单位，是一种音义结合体。词在交际中的主要功能是组成句子以表达思想。在国际汉语教学中，课文一般都配备生词表，生词的读音和意义都会标明，词是由声音和意义相结合而成的统一体。句子可以由词组成，词是造句的备用单位。

词是由声音和意义相结合而成的统一体，在语言中它是最小的能够独立运用的单位。

词有没有意义？词必须具有一定的意义。词是一种音义结合体，每个词都必须具有自己的意义。

比如"股票"一词，有的学生谈起来就很兴奋，因为"股票"直接和他的生活相关，他炒股，所以很有兴趣去学这个词。讲到"赔"这个词，有学生会主动问："如果做生意没有赔，那么应该用什么词来表达？"教师可自然导入"赚"这个词。正因为词是有意义的，所以可以利用意义去驱动学生主动学习。

？ 想一想

如果学习"全职"一词，如何设置情景导入？

词的划分，对于以汉语为母语的人来说，没有太大问题。

若问："她是谁？"答："她是我朋友。"

这一问一答两句话，前一句是由"她""是""谁"3个词组成的，后一句是由"她""是""我""朋友"4个词组成的。由于"朋友"切开之后不能单读说，不能独立应用，所以"朋友"是一个词。

关于词的切分和语素的辨认，语言学的方法主要有同形替代法。陆志韦（1957）认为，所谓替代法，也就是将某个语言片断的各个成分进行同类替换。比如"事业"这个语言单位究竟是一个词还是一个语素呢？可以采用同形替代法，"事业"可以替换成别的"～业"，如"工业、农业、作业、企业、商业、失业、专业、产业"等，这里的"业"都和工作相关；"事业"还可以替换成别的"事～"，如"事变、事例、事态"等。由此可见，"事业"是由"事"和"业"两个语素构成的词。

汉语不是以词为书写单位的，而是以"字"为书写单位的，所以在国际汉语词汇教学中，应该教学生分词，让学生能在言语片段中正确地分词。在阅读过程中，有个别学生逐字地读，不会分词，不会停顿。应提醒学生，词与词中间一般能停顿一下，它们都有一个意思。按词读，在词和词中间留下一个短暂的停顿，可以培养学生的"词感"。

词的划分对于有语感的汉族人来说，分歧不大，只有少量的句子存在歧义。例如，"白天鹅在湖里跳舞"有两种分词情况，一种是"白天鹅/在/湖/里/跳舞"，另一种是"白天/鹅/在/湖/里/跳舞/"。

对于外国人来说，"分词"问题会很突出。例如，对于"大学校园"的朗读，外国人可能会读成"大/学校/园"。

？ 想一想

下面的句子留学生可能会出现哪些切分错误呢？

[**例2-4**] 如同学汉字一样。

［例2-5］这个代表团，其实力显然要高出一块。

［例2-6］倒是<u>亚里士多德</u>的一句话很简单："我的朋友们啊！世界上根本没有朋友。"事实上，世界上还是有朋友的，不过要打着灯笼去找，或者像<u>沙里淘金</u>一样去找。

留学生在阅读例 2-6 这段话时，受前面句中"亚里士多德"的影响，可能会将"沙里淘金"理解成什么？

2.2.2　词的音节分类

根据音节的数量来分类，词可以分为单音节词、双音节词、多音节词。

（1）词可以是一个音节的，如"人、的、是、也"等。这些词被称为单音节词。

（2）词也可以是两个音节的，如"中国、事业、觉得、了解、真正"等。这些词被称为双音节词。

（3）词还可以是三个音节的，如"冰淇淋、照相机、办公室"等；或者是四个音节的，如"奥林匹克"等。这些词被称为多音节词。

《汉语水平词汇与汉字等级大纲》中双音节词最多，单音节词次之，《汉语水平词汇与汉字等级大纲》中词的音节分布见表2-1。

表2-1　《汉语水平词汇与汉字等级大纲》词的音节分布

音节数	单音节	双音节	三音节	四音节	五音节及以上
数量/个	1 941	6 296	272	185	128
比例/%	22.00	71.37	3.08	2.10	1.45

由于汉语的一个音节基本上和一个汉字对应，下面称双音节词为二字词，三音节词为三字词，四音节词为四字词。据苑春法、黄昌宁（1998）构建的大规模数据库来看，二字词有 45 960 条记录，三字词有 3 930 条记录，四字词有 4 820 条记录，二字词最多，四字词次之。这里的四字词和表2-1中的四音节词包括了成语。

23

汉语二字词和三字词的语素构成很值得分析，可以从词的结构类型、语素的构词数、词义和语素义的关系等几个方面来探讨。

2.2.2.1　汉语二字词

汉语二字词的结构首先可按照语素的单双区分为单纯词与合成词。

单纯词主要包括叠音词、联绵词、音译词三类。

合成词可分为复合式和附加式两大类。复合式合成词的两个结构项之间的结合关系，类似于句法之间的结构关系，主要包括偏正、动宾、动补、主谓和联合。

Packard（2001：28）描述了汉语词的句法关系，如"心疼、气喘、胆小、脸红"在句法上是主谓（subject-predicate）关系；"开端、伤风"是动宾（verb-object）关系；"吃饱、克服"是动补（verb-complement）关系。

邢红兵建立了基于《汉语水平词汇与汉字等级大纲》的语素数据库，其中合成词数据库对合成词的结构类型做了细致的标注。

复合式包括联合式（动语素联合、名语素联合、形语素联合和其他联合）、偏正式（定中结构、状中结构）、动宾式、主谓式、补充式（述补结构、名量结构）；附加式包括前加式（前缀结构）、后加式（后缀结构）。

有一些词结构难以分析，将其定为特殊结构，如"方程、牢骚、果然"等。

还有一些结构是非词的，比如"……分之……，得了"等，将其定为其他结构。

双音节合成词的结构类型的具体标注规则可参考表 2-2。

表 2-2　双音节合成词的结构类型的具体标注规则

合成词类型	结构关系	结构细类	举例
复合式	联合式	动语素联合	指示、治理
		名语素联合	子孙、踪迹
		形语素联合	真实、整齐
		其他联合	刚才、全都
	偏正式	定中结构	来宾、乐观
		状中结构	普及、热爱
	动宾式		下班、享福
	主谓式		地震、目前

续表

合成词类型	结构关系	结构细类	举例
复合式	补充式	述补结构	减少、判定
		名量结构	车辆、事件
附加式	前加式		老虎、阿姨
	后加式		孩子、跟头

　　语素的使用分独立成词和参与构词两种情况，有的语素构词能力强，有的语素构词能力弱。据邢红兵对《汉语水平词汇与汉字等级大纲》双音合成词的统计分析，可以构词的语素按照不同的义项排列，共有 4 855 条，参与构词数量12 792 个，平均每个语素构成 2.63 个词。构词数量最多的是词缀"子"，共构成120 个词，其次是"不"的第 1 个义项，共构成 60 个词。语素构词数量最少的只构成 1 个词，如"锁"在《汉语水平词汇与汉字等级大纲》中只构成"封锁"1个词。

　　姜自霞从语素在不同义项上的构词角度出发，就对外汉语学习词典编纂中的义项分合等问题加以讨论，考察了 43 个构词能力强的名词性语素，分别为：

子　心　人　头　手　面　口　体　眼　身　工
文　事　道　物　法　力　意　情　性　名　色
气　水　地　天　风　火　电　光　山　日　花
车　石　门　机　年　家　油　时　声　军

　　这些语素共构成了 10 008 个词语，在把词语对应到语素的相应义项的过程中，绝大部分从词义中离析出的词素义能和语素义直接或间接地对应起来。

　　目前国际汉语教学界，关于单双音节同义词的学习是一个难点，相关研究颇多，对汉语教学均有帮助。请对相关文章做拓展阅读，如李泉、吴颖等对同素近义单双音节形容词的研究，程娟与许晓华、季瑾、张平等对同素单双音节同义动词的研究，刘春梅、于洋等对同素单双音节同义名词的偏误或混淆的研究。

2.2.2.2 汉语三字词

1. 三字词构词的词法模式

对《现代汉语语法信息词典》数据库中 8 万多个词语进行了详细的考察，并按照"词语正序"和"词语逆序"两种方式进行统计，发现在以"词语逆序"的方式构成的词库中，词语的后字构词有一些很有规律的现象。有一些语素经常出现在词尾，形成了一些比较凝固的词法模式，如"XY 人、XY 法、XY 热、XY 期、XY 费、XY 派、XY 卡、XY 迷"等。

其中尤为值得注意的是，这些能产性强的语素在构成三字词时形成了一种"类义功能"。"热"在构成三字词时，在形式上形成了"XY 热"的词法模式，在意义上也有一种聚合功能，如"股票热、回归热、电脑热"等，这些是比较新的词，是按照某种造词模式创造出来的，将来如果再出现一个新兴的行业，还可以另造新词。正是有了这种比较凝固的词法模式，新词才会源源不断地被创造出来。

何谓词法模式？董秀芳认为词法模式具有以下特征。

（1）其中一个成分具有固定性，另一个成分具有语法类别和语义类别的确定性。

（2）构成成分之间的语义关系固定。

（3）整体的意义基本可以预测。

词法模式的形成应有两个方面的基础：在形式上，有一些固定成分；在意义上，有这个模式所凝聚的整体意义。因此，汉语中具有一定规则的产生词的格式被称为词法模式，如"XY 期、XY 法、XY 热"等。这些格式中有一个成分是固定的，词义比较透明，结构关系为定中式。"XY 期"表示"某一个具体的时段"，以这个模式构成的三字词比较多，如"采收期、经销期、低潮期、巅峰期、合同期、繁荣期"等。调查 1998 年和 2000 年的《人民日报》的语料发现，"XY 期"模式构成的三字词共有 312 个，说明这种词法模式的能产性很强，有研究价值。

2. 词法模式中的"部件词"

三字词的词法模式中有一些成分比较固定，如"XY 法、XY 期、XY 热"中的"法、期、热"，它们形式上比较固定且能产性强，被称为"部件词"。部件词的抽取有助于三字词词法结构和语义结构的识别，因而对部件词的研究实际上也蕴含了对词法模式的研究。

部件词在构成三字词时相当于一个"造词模子",可以生成很多词语。董秀芳（2004）认为："汉语词库中不仅存储一些高频词,而且同时存储一些高频语素,因为这些语素是构词要件,是词法规则所作用的对象。"

因此,有必要把这些高频语素和高频词都挖掘出来,把它们作为造词的重要"部件"来分析词的构成。词法研究的目标不仅仅是语言中现实的词,也有语言中可能的词,即研究合法的词的生成规则。

例如,现代汉语中以"人"为词尾构成的词,能产性比较强。在《现代汉语语法信息词典》词库中,以"人"为词尾构成的三字词有 161 个,其中有 155 个是"2＋1"式的"XY 人"结构,如"湖北人、美国人、证婚人、纳税人、年轻人、庄稼人"等。它们都表示某种类别的人,基本上是定中结构的,其中"湖北人、美国人"等是由"地名+人"的词法模式构成的,表示"出生在某地或居住在某地的人","出生"或"居住"的含义是词法模式所赋予的。该模式作用力最强,可以说具有一定的平行周遍性,由此可以生成和理解"湖南人、德国人"等很多词。

"XY 人"之类的词法模式还有很多,如"XY 队、XY 店、XY 山、XY 鱼、XY 油"等。"XY 队"构成"探险队、足球队、医疗队"等词,"XY 队"也能形成表示"某种群体"这样一种词法模式义。

调查《现代汉语语法信息词典》词库发现,"店"位于词尾的三字词共有 36 个,如"食品店、服装店、夫妻店、代销店"等;"店"位于词首的三字词只有 1 个,即"店小二";"店"位于词中的三字词没有。从词频上考虑,"店"位于词尾时,因构词能力强,可形成一种"XY 店"的词法模式,表示"什么类型的店",是定中结构。

"XY 人、XY 山、XY 鱼、XY 油"中的"人、山、鱼、油"等成词语素被列为部件词:一是重视这些语素在词中的位置,它们在词尾时才能凝固成词法模式,具有一定程度的定位性;二是强调这些语素的构词能力强;三是为了说明这些语素也能像"词缀""类词缀"一样,形成某些词法模式;四是为了说明这些语素在整个组合中具有一种"类义功能"。

3. 三字词的出现与教学

《新汉语水平考试大纲——HSK 一级》到《新汉语水平考试大纲——HSK 六级》中出现了不少三字词,在教学中应该重视。

《新汉语水平考试大纲——HSK 一级》出现了"不客气、出租车、打电话、对不起、火车站、没关系、怎么样"7 个三字词。

《新汉语水平考试大纲——HSK 二级》出现了"打篮球、服务员、踢足球、为什么、自行车"5 个三字词。

《新汉语水平考试大纲——HSK 三级》出现了"办公室、普通话、图书馆、洗手间、行李箱、一会儿、照相机"7 个三字词。

《新汉语水平考试大纲——HSK 四级》出现了 23 个三字词，如下所列：

笔记本	不得不	差不多	大使馆	放暑假	加油站	开玩笑
垃圾桶	来不及	来得及	乒乓球	巧克力	人民币	受不了
售货员	塑料袋	弹钢琴	西红柿	洗衣机	信用卡	研究生
羽毛球	做生意					

《新汉语水平考试大纲——HSK 五级》随着词汇量的整体增加，三字词也增加到 45 个，如下所列：

班主任	博物馆	不得了	不见得	不耐烦	不要紧	充电器
打交道	打喷嚏	打招呼	胆小鬼	登机牌	动画片	干活儿
工程师	怪不得	国庆节	系领带	健身房	解说员	救护车
俱乐部	开幕式	看不起	矿泉水	老百姓	礼拜天	连续剧
了不起	麦克风	明信片	摩托车	牛仔裤	青少年	忍不住
日用品	舍不得	使劲儿	说不定	太极拳	卫生间	小伙子
一辈子	幼儿园	志愿者				

《新汉语水平考试大纲——HSK 六级》的三字词比《新汉语水平考试大纲——HSK 五级》更多，共有 61 个，如下所列：

巴不得	百分点	备忘录	博览会	不得已	不敢当	不像话
不由得	乘务员	重阳节	出洋相	打官司	大不了	大伙儿
蛋白质	当事人	登机牌	东道主	董事长	端午节	多元化
繁体字	副作用	公安局	工艺品	共和国	国务院	恨不得
互联网	简体字	里程碑	立交桥	领事馆	螺丝钉	墨水儿
纳闷儿	纽扣儿	伤脑筋	上进心	摄氏度	世界观	收音机

涮火锅　双胞胎　水龙头　糖葫芦　天然气　玩意儿　维生素
夏令营　心眼儿　压岁钱　要不然　意味着　羽绒服　元宵节
招投标　殖民地　指南针　致力于　座右铭

三字词在国际汉语教学中很容易出现偏误，有的留学生不会使用三字词，而用二字词代替，如将"羊肉串"说成"羊串"。还有的将二字词误加为三字词，如将"贺词"说成"祝贺词"，将"舞会"说成"跳舞会"，将"演员"说成"表演员"等。

2.2.3　词和短语

词和词按照一定的方式组合成的格式叫作"短语"。有的学者把"短语"称为"词组"。

短语是比词高一级的单位。词和短语都可以单独回答问题。比如，问学生"你觉得这堂课怎么样"，有的学生回答"无聊"，有的学生则回答"不好"。从语言单位上分析，"无聊"是一个词，而"不好"是一个短语，因为"词是最小的能够独立运用的语言单位"，短语虽然也是独立运用的语言单位，但不是最小的能够独立运用的语言单位。

如何区分词和短语，一直是一个引起关注、存在争议的问题。陆志韦（1957）在《北京话单音词词汇》中首先给出了一个鉴定词和非词的同形替代标准，其基本操作方式是这样的：

我吃饭　　　　　我吃饭
他吃面　　　　　我盛饭
猴儿吃花生　　　我煮饭
……　　　　　……

在左边的实例里，"吃"出现的环境"我……饭"可以被"他……面""猴儿……花生"替换；在右边的实例里，"吃"在相同的环境下可以被"盛、煮"替换。于是，"吃"就是词。陆志韦（1957）认为，所谓"同形替代"，至少得是"同类替代"。

王力的《中国现代语法》（1943）、《中国语法理论》（1944）、《中国语法纲要》（1946）运用"插入法"和"转换法"来区别词和词组。

所谓插入法，是看两个成分之间能否插入一个成分，能插入的是词组，不能插入的是词。例如，"白帽子"可以说成"白的帽子"，所以"白帽子"是词组，而"白菜"不能说成"白的菜"，所以"白菜"是词。

所谓转换法，是看两个成分之间能否换位，能换位的是词组，不能换位的是词。例如，"白帽子"可以说成"帽子是白的"，所以"白帽子"是词组，而"白菜"不能说成"菜是白的"，所以"白菜"是词。但王力没有深入展开讨论。

陆志韦（1957）在《汉语的构词法》一书中提出扩展法（见表 2-3）。扩展法的基本思想是，如果 AB 之间能插入 C，形成 ACB，并且 AB 和 ACB 的结构基本相同，那么 AB 就是词组。

表 2-3　扩展法

原型	扩展	判断结果
黄纸	黄的纸	词组
铁路	铁的路*	词

注：加"*"号表示不能这么说。下同。

扩展法是比单说论[1]、同形替代法更有效的提取词的方法，因为这种方法基本上和词的生成能力联系起来了，而且适用范围更广。但扩展法也遇到了一些困难，如"洗澡、睡觉、散步、跳舞、上当"等可以扩展，陆志韦认为它们扩展时是词组，没有扩展时是词。另外，"看见、说完、记住、染红、放下、穿上"虽然结合得比较紧，但可以插入"得、不"等，怎么处理在理论上还没有统一起来。

在词语教学中推崇"词不离语"是很有道理的，"词不离语"反映了短语练习是汉语课堂教学中一个很重要的环节。如在教留学生"养"这个动词时，提示学生"养"后搭配的对象是有生命的动物，学生会说出"养猫、养狗、养鸟"等短语。

---

[1] "单说论"中的"单说"是指"切分出来的成分可单说"，如"走路"中的"走"和"路"都可以单说。

强调"词不离语"，一个原因是短语是连接词和句子的桥梁；另一个原因是防止或减少学生在运用时出现词与词搭配不当的错误。如某位日本留学生造句时出现：

［例2-7］我们吃地地道道的中国菜、<u>白酒</u>，和很多中国人交流。

例 2-7 中的动词"吃"和后面的"中国菜"可以搭配，但是和后面的"白酒"搭配不当，应改成"喝白酒"。

2.2.4　离合词

离合词是现代汉语中一种特殊的语言现象，是词和短语之间需要界定的一个特殊范畴。它很早就引起了语法学界的关注，在国际汉语教学中，它也是一个较难处理的问题。

关于"离合词"的语法性质，学界一直存在争议。有人认为它是短语，也有人认为它是词，还有人认为它是离则为短语、合则为词的离合词。其中"短语说"和"离合词说"影响最大。①

1957 年，陆志韦正式提出了"离合词"概念。所谓"离合词"，通常指这样一类语素组合（多为动名组合），它"只有单一的意义，难以把这个意义分割开来，交给这个组合的成分，例如，走路、睡觉、吵架、打仗，等等，因此有人管这种组合叫'离合词'，不分开的时候是词，分开的时候是短语"（吕叔湘，1979）。至此，离合词这个术语一直沿用至今。

2.2.4.1　离合词的结构类型

离合词大致可以分为三种。

---

① 赵淑华，张宝林，1996. 离合词的确定与离合词的性质 [J]. 语言教学与研究（1）：40-51.

1. 动宾式

操心　理发　吃苦　跳舞　鼓掌

根据构成离合词的语素能否独立成词，动宾式离合词又可以细分为四类①。

（1）表示动作行为的语素（以下简称"动语素"）可以独立成词，表示动作行为所关涉支配的对象的语素（以下简称"宾语素"）一般不能独立成词。例如：

塌台　傻眼　倒霉　洗澡　签约　破例
见面　离婚　缺德　摔跤　发言　亏本
没劲　吃惊　站岗　道歉　散步

（2）动语素不能独立成词，宾语素可以独立成词。例如：

迷路　冒险　发抖　赌气　曝光　遂心
发愁　带头　结账　着急　闭幕　留神

（3）两个语素均可以独立成词。例如：

逃课　生气　翻脸　算命　点名　放心

（4）两个语素均不可以独立成词。例如：

结婚

由"自由语素+自由语素"构成的很多离合词，如"吹牛、兜风、扯皮、找碴儿"等，其各个成分结合紧密，合在一起共同表达一种特殊的含义。其中，不少离合词采用了修辞方法。它们大多采用比喻修辞方法，如"吹牛、变卦、加油、见鬼、坑人、溜号、露馅儿、亮相、没门、抹黑、泡汤"等；还有采用借代修辞方法的，如"兜风、过门、买单、卖座、拍板、聊天儿、扫墓"等。

2. 动补式

动补式离合词，前一个语素性质比较单纯，是动词性的；后一个语素，从性质上看，是形容词性或动词性的。动补式离合词都能在两个语素之间加助词"得"或否定副词"不"，扩展后仍可带宾语。例如：

---

① 段业辉，1994. 论离合词［J］. 南京师范大学学报（社会科学版）（2）：112－115.

推翻　提高　长大　养活　说服

3. 联合式

游泳　洗澡　睡觉

这种离合词从结构上看是联合式的："游"是在水中浮行，"泳"是"浮游"；"洗"是"用水除去污垢"，"澡"是"洗涤"；"睡"是"进入睡眠状态"，"觉"是从睡眠到醒来。但在语言实践中，人们却大都把这类词当作动宾词语来使用，如"游了一会儿泳"，"洗了一个热水澡"，"睡了一个好觉"等。

从构成离合词的两个语素之间的关系来看，动宾式离合词在数量上占有绝对优势。由于离合词可离可合的特点，在使用时也必然存在与其他类型词的不同之处。什么时候该离，什么时候该合？对于以汉语为母语的人来说，这不是问题，而对于留学生来说，由于与自己母语词的不对应性，离合词很容易弄错，如留学生作业中实际出现的例子有：

［例 2-8］你<u>生气</u>我吗？

［例 2-9］他<u>帮忙</u>我了，我一定<u>请客</u>他。

例 2-8 和例 2-9 都是离合词偏误，都是将离合词作为一个整体来造句。例 2-8 应改为"你生我的气吗？"例 2-9 应改为"他帮我的忙了，我一定请他的客"。

当离合词表示的动作涉及人时，如例 2-8 和例 2-9，为了把人引出来，需要用离合词"离"的形式。虽然有些时候也可以用介词把涉及的对象引出来，放在离合词的前面，但多数时候只能用离合词的扩展形式。例如：

帮忙：帮他的忙/ 给他帮忙　　　问好：问他好/ 向他问好

做主：做他的主/ 给他做主　　　当面：当我（的）面

丢脸：丢我的脸/ 给我丢脸　　　请客：请他（的）客

伤心：伤他（的）心/让他伤心　　告状：告他（的）状

沾光：沾他（的）光　　　　　　领情：领他（的）情

点名：点他（的）名

2.2.4.2　离合词的扩展与教学

一般来说，离合词中间可加入的成分，主要有下列三种情况。

1. 用"着、了、过"扩展

当离合词表示动作的持续、完成和经历时，可以用"着、了、过"扩展，如"发着抖、造了反、散过步"。大部分离合词都可以插入"着、了、过"，如"理发、洗澡、发言"。表示动作状态的持续和进行时，中间插入"着"；表示动作已经完成、实现时，中间插入"了"；表示动作是过去的经历时，中间插入"过"。

留学生常出现下面的离合词偏误：

［**例2－10**］他发烧着也来上课。（他发着烧也来上课。）

［**例2－11**］你什么时候吃亏过？（你什么时候吃过亏？）

［**例2－12**］虽然这么多年都没见面过……（虽然这么多年都没见过面……）

［**例2－13**］报名完了我们就回家。（报了/完名我们就回家。）

2. 用数量词扩展

这里的数量词是放在动语素和宾语素之间的，如"帮个忙、打一年仗"等，而留学生则常常把数量词放到离合词的后面：

［**例2－14**］坐船时间一个多小时。（坐一个多小时的船）

［**例2－15**］我和师傅握手了两次。（握了两次手）

［**例2－16**］昨天晚上我们散步了半个小时。（散了半个小时的步）

［**例2－17**］为了引起别人的注意，他鼓掌了几次。（鼓了几次掌）

3. 用"什么、点儿、他的"等成分扩展

这里的扩展成分是放在动语素和宾语素之间的，如"吹什么牛、操点儿心、造他的反"等。也有插入较复杂的语言成分的，如"发了一整晚的愁、砸了自己的锅"。还有在宾语素后插入趋向动词的，如插入"起、上、下"等，扩展为"生起气来、放下心来"等。

关于这类偏误，有的留学生会说：

［**例2－18**］你们为什么抓他？他犯罪什么了？（犯什么罪了）

离合词在词汇中所占的比例较大，在《汉语水平词汇与汉字等级大纲》3 950个动词（含兼类词）和短语的范围内，共有 355 个可离可合的动名组合。也就是说，在动词和动词短语中约有十分之一属于这种结构（赵淑华等，1996）。这样大的概率实在应该使人们对离合词有一个高度的重视。离合词的教学之所以重要，不仅因为它们数量众多，出现的频率高，还因为它们出现的时间早，基础阶段的留学生就常使用它们，而且使用时出现的偏误较多。

2.3 汉语的语块与教学

在国际汉语教学的生词表中，除了出现词以外，还常常出现成语和一些习惯搭配，如"望子成龙""两全其美""因小失大""以……名义"等。

这里的"望子成龙""两全其美""因小失大"是成语，"以……名义"是习惯搭配。这些成分被收入生词表中，可看出在国际汉语的词汇教学中，语块教学是很受重视的。

2.3.1 什么是语块

《汉语水平词汇与汉字等级大纲》除收录词外，还收录了大于词的短语、包括固定格式、成语和惯用语等。在李红印的《汉语水平词汇与汉字等级大纲》（2005）中，这些成分共收了 254 个，主要类别为固定格式、惯用语、"语块"和成语。其中，固定格式有 35 个，语块有 26 个。

《汉语水平词汇与汉字等级大纲》的固定格式和语块分级表见表 2–4。

表 2–4 《汉语水平词汇与汉字等级大纲》的固定格式和语块分级表

《汉语水平词汇与汉字等级大纲》	固定格式	语块
甲级	除了……以外，从……到……，从……起，……得很，……分之……，……极了，连……都/也，一边……一边……，一……就……	为什么，有时候

续表

《汉语水平词汇与汉字等级大纲》	固定格式	语块
乙级	边……边……，从……出发，当……的时候，……的话，非……不可，既……也……，既……又……，一……也……，一方面……一方面……，越……越……，越来越……	不是吗，感兴趣，进一步，没用，算了，有的是
丙级	不是……而是……，不是……就是……，到……为止，对……来说，就是……也……，拿……来说，一面……一面……，愈……愈……	得了，对了，或多或少，就是说，无论如何，有一些，这样一来，总而言之
丁级	从……看来，非……才，……来看，……来讲，……来说，连……带……，一会儿……一会儿……	编者按，除此之外，看起来，可想而知，没吃没穿，通货膨胀，推来推去，由此可见，与此同时，总的来说

关于"语块"，有的学者定义范围较宽一些，如高燕（2005）认为："语块是根据语言习得理论，从教学的有效性出发，把交际中使用频率较高但又不是真正意义上的固定短语的词语组合形式（包括常用句式）作为词汇的单位，我们称之为语块，它是一种预制的语言板块结构，包含一定的结构和意义。这是从教学实用目的的角度提出的概念，因此可以称之为教学词汇。对外汉语词汇应包括本体词汇和教学词汇。"高燕的"语块"包括多词结构、插入语、框架语、关联词语、习惯搭配形式、口语惯用形式等。

传统的语言研究包括语法规则和由一个一个词构成的词汇两部分，但在实际的言语交际中，人们并不总是一个词一个词地表达。刘叔新（2007：214）认为："人们说出话语或写出言辞作品，除了使用词之外，还往往用上词的固定组合体。"钱旭菁认为，语块是由两个或两个以上词构成的、连续的或不连续的序列，整体储存在记忆中，使用时整体提取，是一种预制的语言单位。

语块是语言中符合语法规则的习用单位。语块的使用保证了语言是自然的、地道的，而存储于记忆中的大于词的语块减轻了编码负担，符合语言的经济性原则。

2.3.2　语块的交际功能与教学

语块的产生与语用和交际功能密不可分。《新汉语水平考试大纲——HSK 一级》

收录了 150 个词，包括"打电话、火车站、不客气、对不起、没关系"等语块；《新汉语水平考试大纲——HSK 二级》收录了 300 个词，包括"打篮球、踢足球、火车站、什么、公共汽车"等语块；《新汉语水平考试大纲——HSK 三级》收录了"行李箱"等语块；《新汉语水平考试大纲——HSK 四级》收录了"开玩笑、来得及、来不及、受不了、不得不、弹钢琴、做生意"等语块；《新汉语水平考试大纲——HSK 五级》收录了"不得了、不见得、不耐烦、不要紧、打交道、打喷嚏"等语块；《新汉语水平考试大纲——HSK 六级》收录了"不敢当、打官司、爱不释手、无可奉告、斩钉截铁、总而言之"等语块。

陶红印的研究发现，由"知道"构成的一些结构正逐渐走向凝固，"这些格式常常不带宾语，受主语类型等因素影响很大，同时还有明显的语音弱化形式"。更重要的是，它们通常具有特殊的语用意义。"我不知道"表示说话人的猜疑；"不知道"表示说话人的不坚定态度；第二人称结构"你知道"通常作为调节谈话的一种手段。这些固化格式及其所具有的特殊语用功能通常出于语言的主观性特点和调节谈话双方交际的需要。正是这些深层交际的原因造成这些格式在语用中以高频率出现，从而诱发这些格式产生共时语法化。这样的语法后果很难说是由构成成分的内在语法要求或语义性质决定的，恰恰相反，它跟动词的语法、语义的要求背道而驰。这就提醒我们，只凭语感研究语言或者只用控制语法成分组合的形式规则来解释语言，很可能会忽略很多重要的语法现象。

再比如，"看"是一个动词，最早用于"探望"义，从魏晋时代开始成为"观看"语义场的常用词。在现代汉语中，"看"的"观看"义、"观察"义最为常见（吕东兰）。这里所要讨论的是，在现代汉语中，"看"经常与人称代词"我""你"结合后，不仅可以表示"观察"等动作行为义，还可以表示"认为"等认知动词义，甚至发展成为一种专表态度、意向的话语标记（discourse marker）。比如：

［例 2-19］我看哪，你就跟她过吧，啥户口不户口的。（张贤亮《邢老汉和狗的故事》）

［例 2-20］你看，人家指控你的每个行为都有充分的旁证。（王朔《我是你爸爸》）

例 2-19 和例 2-20 中的"看"与人称代词"我""你"配合后，不是表示动作行为义，而是表示说话人的一种推论，因而"我看""你看"成了一种表示个人看法的词语，与韩礼德所说的人际功能有关，属于一种"认识情态"（epistemics）。而认识情态，是以主观性为特征的，关系到"对命题的信仰、知识、真实性"等问题，以及"说话的人对其所说的话的坚信程度"。（Palmer，1986：18）

例 2-20 可变成：

［**例 2-20a**］我看，人家指控你的每个行为都有充分的旁证。

但"看"与第三人称代词"他"或"她"配合后，不表示评价义，不能表示说话人的看法。

例 2-20 不能变成：

［**例 2-20b**］他看，人家指控你的每个行为都有充分的旁证。

人称代词"我"和"你"同"看"配合后，经常表示评价义，有一种"主观性"（subjectivity）蕴含其中，与"看"的本义——"观察"义不同。下面重点研究"我看"与"你看"。

"我看"与"你看"由于经常用来表示个人的主观看法，渐渐凝固成为一种话语标记。"话语标记"（Schiffrin，1987；Bussmann，1996；方梅，2000）主要有 4 个功能：① 话语转接（turn-talking）；② 话题处理（topic management）；③ 指示说话人的态度（speaker's attitude）；④ 指示段落或意群的开始和结束。

按照《国外语言学通观》的解释，话语标记指的是一些界定谈话单位的顺序依存成分，如关联词（and，but，or），语助词（oh，well），副词（now，then），以及词汇化短语（y'know，I mean）。像"I mean""y'know""now"这类标记是表现说话人对讲话的对象及所讲的内容的态度与主观倾向的。

英语中也有类似的表达，Halliday（1994/2000：354）认为，"I think"是在一个复句中，用一个独立的小句来表达情态的，"I think"与"John think"是不同的。例如：

［**例 2-21**］I think it's going to rain，isn't it？ 而不用 don't I？

［**例 2-22**］John thinks it's going to rain，doesn't he？

例 2-21 可以变为"it's probably going to rain（isn't it？）"，而例 2-22 不行。

例2-22是John实实在在地想，例2-21中"I think"是表达情态的。

另外，"事实上""实际上""老实说""说实话""说句老实话""确切地说"这些表示实际情况的连接成分，也是一种"话语标记"。

"语块"属于表达的半成品，学习者首先机械地、整体地使用一些基本的语块，其内部结构和语义构成是他所意识不到的，随着词汇量的增加及对句法规则的初步认识，他自然而然地会将现成的语块分解离析为一个个的构成成分，从而对词和语块及句法规则有进一步深入的理解。随着语块的不断积累，学习者的表达也会越来越准确、流利和得体。

Bai Jianhua（2009）编写了150个最基本、最常用的语言点，大部分都是语块，如：

> A比B；跟B比（起来），A；不但……，而且……；不仅如此，……还/也……；不能不v；不是……而是……；不是A就是B；才……就……；（到）……的程度；除了……（以外），……都……；除了……（以外），……还/也……；从……起；倒是……，可是……；……得不能再……了；v得起……

拿语块"不仅如此，……还/也……"的教学来看，其示例非常典型。

操练时，可分步练习。

（1）用"不仅如此"连接句子，如：

> 改革开放使中国的经济得以迅速发展，还使老百姓过上了小康生活。

（2）让学生完成句子，如：

> 大学生打工，可以＿＿＿＿＿＿，也可以＿＿＿＿＿＿，不仅如此，＿＿＿＿＿＿。

（3）回答问题，如：

> 找工作的时候你会考虑哪些问题？（薪水、兴趣、离家的距离）

（4）开放式活动，如：

> 谈谈计算机技术的进步给人们的生活带来了什么样的变化。

在传统的语言学观念里，人们通常认为"什么"的主要功能是表示疑问。但是通过对自然口语材料中出现的"什么"进行分析发现，"什么"在自然口语中表示很强的疑问信息的情况很少。"什么"在对话体中更多地表示否定、怀疑、不确定及相应的篇章功能——替代、话题处理、话轮处理等（王海峰等，2003）。例如：

［例 2—23］

> 嗯，
> 你你——
> 那个<u>什么</u>，
> 上——
> 上那个博士，
> 住宿它管吗？

例 2—23 中"那个什么"起到将一个尚不具备话题特征的言谈对象置于话题位置上并处理为话题的作用。

国际汉语口语教学，尤其是中高级口语教学，教师常常感到学生的对话表达，特别是表达中的篇章衔接部分不太理想。学生往往长于模仿课文对话，但在自然对话中，对话题及话轮处理等方面时有障碍。这其中原因很多，但课文对话贴近自然会话的程度也许是一个相关因素。

王海峰、王铁利选取了较有影响的一套口语教材的一部分——北京大学出版社出版的《中级汉语口语（上）》《中级汉语口语（下）》《高级汉语口语（上）》《高级汉语口语（下）》作为样本，对这 4 本书中出现的"什么"的用法进行了粗略的调查。

调查结果显示："什么"共出现了 287 个，各用法的分布比例与在自然口语中调查的情况很不一致，其中有两项截然相反。

（1）在自然口语中，作为疑问标记的"什么"只出现了 11 个，占总数的 3.83%，几乎最少；而在教材中却出现了 145 个，占总数的 50.5%，位居第一。

（2）在自然口语中，作为话语标记的"什么"出现了 88 个，占总数的 30.66%，位居第一；而在教材中却只出现了 2 个，仅占总数的 0.7%，位居最后。

这是否能从一个方面说明所调查的教材在贴近自然口语方面，至少在篇章方面注意得不够呢？当然课文对话同自然对话并不完全是一回事，教材的编写要考虑许多因素。但篇章表达是中高级班学生的重要技能，是非常重要的一环，对这一技能的训练不可或缺。该调查结果对提倡口语教材的"口语化"有一定的参考价值。

2.3.3 成语教学

在国际汉语词汇教学中，成语教学是一个难点，下面专门探讨一下。

成语是最能体现固定短语特点的。汉语的成语以 4 个音节为主，字面上表现为四字格。成语大多来自历史事件、寓言传说，如"四面楚歌""亡羊补牢"等，也有来自诗词名言或民间口头用语的，如"名正言顺""欢天喜地"等。

成语是一种相沿习用并有特定意义的固定短语，它浓缩了人类社会悠久历史和灿烂文化的精华，是汉语词汇的一个宝库。成语虽然是由词组成的，却也作为一个整体成为组成句子的备用单位，也具有"建筑材料"的性质和作用，语言词汇是不能把它们排斥在外的。

在词汇的组成上，成语和词具有同等地位，但是实际上，成语不同于词。从构造上说，成语的结构方式要比词复杂得多；从组合关系上看，由于语法结构、语法功能的不同，它在与其他词语组合时也有诸多限制。

由于不清楚成语的语法性质和语法功能，留学生在成语使用中经常不明白成语的意思，问"这个词语该怎么用"，教师应对成语的意义进行充分的解释，更重要的是要举出典型例句，如学到"门庭若市"时，应该讲解成语的意思，还要说明这个成语怎么用，给出足够的例句，学生明白后再自主造句，如"他们的生意很好，门庭若市"。

在留学生的作业和写作中发现，成语的使用有很多偏误。尤其在进入中高级阶段学习以后，随着汉语水平的提高，留学生在语言表达中使用成语的意识会逐步加强，这既是他们自觉追求提高语言表达能力的主观要求，也是他们进一步提高汉语理解力和表达力的客观要求。因而，成语在针对中高级学习者的教学中有十分重要的地位。但是，成语不属于基本词汇，而且其自身在结构、语义和语法

41

方面存在自足性和封闭性的特点，使得留学生在使用成语时经常出现偏误。例如，学生在介绍一位日本英雄时说道：

[**例 2-24**] 他对妻子的死心塌地的爱情也是他很有人气的原因之一。

"死心塌地"为贬义词，例 2-24 中用这个词，感情色彩不妥当。

成语使用的偏误有很多是语义偏误。例如：

[**例 2-25**] 我还是<u>走马观花</u>地看了他的一部分性格。

《现代汉语成语规范辞典》是这样解释"走马观花"的："骑在奔跑着的马上看花。原形容愉快得意的心情，后指大略地观看一下。"但"走马观花"在词典训释中没有明确说明观看对象的语义类别。如果明确指出粗略观察的对象是大的景物、环境，便可以避免例 2-25 的错误。

分析留学生的成语使用偏误发现，不能仅仅讲解成语的语义，还要让留学生明白该成语的句法成分。例如，某留学生在作文中写道：

[**例 2-26**] 你应该尊重人们的<u>乐山乐水</u>。

"乐山乐水"是由两个动宾词组构成的动词性结构，而例 2-26 却将该词语当作名词性词组"不同的爱好"来使用了。

成语的使用偏误主要表现在句法、语义、语用三个方面，很多学生不明白成语的语法性质与句法功能，如不了解成语是名词性功能的，还是动词性、形容词性功能的，也不了解成语能做什么句法成分，加上缺乏对成语语用条件的说明，自然会产生大量的使用偏误。

王若江认为，产生成语使用偏误的原因是多方面的：汉语成语有其特殊性，确实难以掌握；学生的汉语水平有限，以及文化背景上的差异，制约了其对成语的理解和运用。

成语教学在国际汉语词汇教学中是一个难点。对成语不应采取回避策略，能使用成语的留学生，应该肯定他的挑战精神。在成语教学中，可以通过讲成语故事、演成语故事来使留学生体会成语的用法，挖掘成语所蕴含的文化内容。例如，可在留学生的表演比赛中，让他们表演"塞翁失马""愚公移山"，让他们身临其境地体会成语的用法。

2.4　国际汉语教学词汇大纲

可依据汉语词汇等级大纲对汉语词汇进行选择。很多针对外国留学生的教学大纲和考试大纲都分阶段、分等级地列出了词汇表，这些词汇表的列出都是定量研究的结果。如《汉语水平词汇与汉字等级大纲》《高等学校外国留学生汉语言专业教学大纲》《高等学校外国留学生汉语教学大纲》（长期进修）、《汉语国际教育用音节汉字词汇等级划分》《HSK 考试大纲》（一级至六级）等都分层次地列出了每个阶段或等级的词汇表。

2.4.1　汉语水平词汇与汉字等级大纲

《汉语水平词汇与汉字等级大纲》是在国家汉办领导下编制的用于国际汉语教学与考试并有着明确目的与较强约束力的指导性大纲。《汉语水平词汇与汉字等级大纲》1990 年正式列入国家汉办科研规划，1992 年第一版出版。2001 年，《汉语水平词汇与汉字等级大纲》（修订本）出版。《汉语水平词汇与汉字等级大纲》为我国汉语水平考试的开发和教材编写提供了明确的依据和规范，在对外汉语教学领域发挥了巨大的作用。

《汉语水平词汇与汉字等级大纲》共收词 8 822 个，分甲、乙、丙、丁四个等级。其中，"甲级词"收词语 1 033 个，"乙级词"收词语 2 018 个，"丙级词"收词语 2 202 个，"丁级词"收词语 3 569 个。全部词语按级别和音序分别做了两种排列，每一词目逐一标注排列序号、词语、汉语拼音、词性、等级等。

1992 年面世的《汉语水平词汇与汉字等级大纲》"不同于一般的教学大纲，而是一种规范性的水平大纲"。《汉语水平词汇与汉字等级大纲》的编制以词语的使用频率为原则，用使用频率来衡量词语的常用程度，以进行词语筛选和确定词语的等级。在研制过程中考虑了 8 个指导性原则：① 常用性原则；② 均匀性原则；③ 科学性原则；④ 规范性原则；⑤ 实用性原则；⑥ 联想性原则；⑦ 包容性（节省性）原则；⑧ 序列性（等级性）原则。

《汉语水平词汇与汉字等级大纲》为我国汉语水平考试的开发和教材编写提供了明确的依据和规范，在对外汉语教学领域发挥了很大作用。《汉语水平词汇与汉字等级大纲》研发 20 多年来，基于《汉语水平词汇与汉字等级大纲》的讨论比较多，如收词量问题、词频问题、口语词问题、多义词及兼类词的分级问题、联想缺位问题、收词标准、词性标注、同形词和一词多义的处理、轻声和儿化的处理、研制原则等，提出了许多修订《汉语水平词汇与汉字等级大纲》的意见。

马清华（2008）认为，不少与社会生活关系密切的重要词汇在《汉语水平词汇与汉字等级大纲》中得不到反映，词义系统在不少方面已经不合时宜。如《汉语水平词汇与汉字等级大纲》有"欠（动，乙）"，没有现在常见的新闻词"拖欠"（如"拖欠农民工工资"）；有"辞职（离合词，丁）、解雇（动，丁）、失业（离合词，乙）、待业（离合词，丁）"，没有"下岗"；有已不大使用的物质文明词，如录音机"磁带（名，甲）"，但没有反映现代社会生活的词"光盘、硬盘、上网、互联网、网络、网站、装修、保安、后妈/继母、后爸/继父"等。随着时代的发展，如今的"微信、博客"使用率很高，但《汉语水平词汇与汉字等级大纲》中却没有这些词。

2.4.2　高等学校外国留学生汉语言专业教学大纲

《高等学校外国留学生汉语言专业教学大纲》是国家汉办为指导全国高等学校外国留学生汉语言专业教学而制定的，根据四年专业学制，分四个年级设立了专业课程。

《高等学校外国留学生汉语言专业教学大纲》的词汇表是按照一年级、二年级和三、四年级分别收选的。

一年级词汇表收词 2 704 个，分为一级词汇和二级词汇。

一级词汇 993 个，全部为复用式词汇（听说读写）。例如：

工作 gōngzuò　（1）［动］积极～/开始～

　　　　　　　　（2）［名］你做什么～？

二级词汇 1 711 个，其中复用式词汇 763 个，用★表示，其余为领会式词汇。例如：

故乡　gùxiāng ［名］

★故意　gùyì ［形］～大声说话/他这样做不是～的。

二年级词汇表收词 2 215 个。三、四年级词汇表收词 2 635 个。二年级和三、四年级词汇表不再区分复用式词汇与领会式词汇。

《高等学校外国留学生汉语言专业教学大纲》的多义词按义项进行选择，区分出不同年级应讲授的义项。对多义词的义项进行说明，是对词语知识深度把握的体现。

2.4.3　高等学校外国留学生汉语教学大纲（长期进修）

《高等学校外国留学生汉语教学大纲》（长期进修）也是由国家汉办制定的，不过是针对非学历教育的。该词汇表确定了三个阶段的词，初等阶段 2 399 个、中等阶段 2 849 个、高等阶段 2 760 个。

该大纲初等阶段包括最常用词 764 个、次常用词 1 635 个。在确定中高等阶段词时考虑了科学性、实用性和时代性。科学性上比较注重义项区分，如“白”作为一种颜色，属于初等词，但作为“没有效果”或“不付代价”的副词，则属于中高等词。兼类词也会标出不同的词类。实用性上收录了一些短语，如“吃不消、免不了”等。时代性上收录了当时的一些新词，如“网络、多媒体、扫黄”等。

2.4.4　新汉语水平考试大纲（HSK 一级至六级）

《新汉语水平考试大纲——HSK 一级》至《新汉语水平考试大纲——HSK 六级》

是由国家汉办/孔子学院总部制定的，目的是"以考促教"和"以考促学"。该大纲一级到六级是按汉语水平由低到高制定的，分别和《欧洲语言共同参考框架》的 A1，A2，B1，B2，C1，C2 对应，A 为初学阶段，B 为独立阶段，C 为精通阶段。

新汉语水平考试大纲 HSK 一级至六级的词汇量是呈阶梯状分布并成倍增长的，一级词因是入门水平，收词 150 个；二级词是一级词的 2 倍，收词 300 个；三级词是二级词的 2 倍，收词 600 个；四级词是三级词的 2 倍，收词 1 200 个；五级词大概是四级词的 2 倍，收词 2 500 个；六级词是五级词的 2 倍，收词 5 000 个及以上。

下面分析一下《新汉语水平考试大纲——HSK 一级》的词，一共 150 个，列举如下：

> 爱　八　爸爸　杯子　北京　本　不　不客气　菜　茶　吃　出租车
> 打电话　大　的（de）　点　电脑　电视　电影　东西　都　读　对不起
> 多　多少　儿子　二　饭馆　飞机　分钟　高兴　个　工作　狗　汉语
> 好　喝　和　很　后面　回　会　火车站　几　家　叫　今天　九
> 开　看　看见　块　来　老师　了　冷　里　零　六　妈妈　吗　买
> 猫　没　没关系　米饭　名字　明天　哪（哪儿）　那（那儿）　呢　能
> 你　年　女儿　朋友　漂亮　苹果　七　前面　钱　请　去　热　人
> 认识　日　三　商店　上　上午　少　什么　十　时候　是　书　谁
> 水　水果　睡觉　说话　四　岁　他　她　太　天气　听　同学　喂
> 我　我们　五　喜欢　下　下午　下雨　先生　现在　想　小　小姐
> 些　写　谢谢　星期　学生　学习　学校　一　衣服　医生　医院
> 椅子　有　月　再见　在　怎么　怎么样　这（这儿）　中国　中午
> 住　桌子　字　昨天　坐　做

上述一级词虽然只有 150 个，却能用这些词形成 15 个语法点，包括代词、数词、量词、副词、连词、介词、助动词、助词、叹词、陈述句、疑问句、祈使句、感叹句、"是"字句等特殊句型、动作的状态等。一级词由于数量有限，只能形成短语。短句一般由 3～5 个词组成。语音上一级词中已经出现了轻声、儿化现象，如"爸爸（bàba）"中的轻声、"哪（哪儿）"中的儿化。另外，一级词中出现了多音词，如"的（de）""和（hé）"等。

《新汉语水平考试大纲——HSK 二级》的词，在原来一级词的基础上，增添了 150 个词，增添的词列举如下：

吧　白　百　帮助　报纸　比　便宜　别　长（cháng）　唱歌　出　穿　船　次　从　错　打篮球　大家　但是　到　得（de）　等　弟弟　第一　懂　对　房间　非常　服务员　高　告诉　哥哥　给　公共汽车　公斤　公司　贵　过　孩子　好吃　号　黑　红　欢迎　还　回答　机场　鸡蛋　件　教室　姐姐　介绍　近　进　就　觉得　咖啡　开始　考试　可能　可以　课　快　快乐　累　离　两　路　旅游　卖　慢　忙　每　妹妹　门　男人　您　牛奶　女人　旁边　跑步　票　妻子　起床　千　晴　去年　让　上班　身体　生病　生日　时间　事情　手表　手机　送　所以　它　踢足球　题　跳舞　外　完　玩　晚上　为什么　问　问题　西瓜　希望　洗　向　小时　笑　新　姓　休息　雪　颜色　眼睛　羊肉　药　要　也　一起　已经　意思　因为　阴　游泳　右边　鱼　元　远　运动　再　早上　张　丈夫　找　真　正在　知道　准备　着（zhe）　自行车　走　最　左边

二级词比一级词的词汇量丰富了一倍，比如一级词在亲属关系上出现了"爸爸、妈妈、儿子、女儿"等亲属关系词，二级词在此基础上，增添了"弟弟、哥哥、姐姐、妹妹、妻子、丈夫、孩子"等亲属关系词。像前面的一级词一样，上面列举的二级词有少量的词也标注了拼音，因为这些词是多音词，如"长（cháng）""着（zhe）"等。

相比于一级词，二级词的语法点项目增加得并不多，只增加了"动词的重叠"一项，如"问问""想一想"等。但是，很多语法点的内容增加了，主要有：

（1）副词的增加，如增加了时间副词"正在、已经、就"，语气副词"也、还、真"，频率副词"再"等。

（2）连词的增加，如增加了"因为……所以……""……但是……"等。

（3）介词的增加，如增加了"从、对、比、向、离"等。

（4）助动词的增加，如增加了"可以、要、可能"等。

（5）助词的增加，如增加了结果补语标志"得（de）"等，例句如"你做得对"。还增加了语气助词"吧"和动态助词"着、了、过"。

（6）疑问句中增加了语气助词"吧"的运用，如"你是中国人吧"。疑问句中还增加了"为什么、多"的运用，如"他为什么没来"和"从这儿到那儿多远"等。

（7）祈使句的增加，如增加了祈使句"别、不要"等。

（8）特殊句型的增加，如增加了单比句"今天比昨天冷"。

（9）动作状态的增加，如增加了标志词"正在、着、了、过、要……了"等。

《新汉语水平考试大纲——HSK 三级》的词共 600 个，在二级词的基础上增加了以下 300 个：

阿姨　啊　矮　爱好　安静　把　班　搬　办法　办公室　半　帮忙
包　饱　北方　被　鼻子　比较　比赛　必须　变化　表示　表演
别人　宾馆　冰箱　才　菜单　参加　草　层　差　长　超市　衬衫
成绩　城市　迟到　出现　除了　厨房　春　词语　聪明　打扫　打算
带　担心　蛋糕　当然　灯　低　地（de）　地方　地铁　地图　电梯
电子邮件　东　冬　动物　短　段　锻炼　多么　饿　而且　耳朵
发烧　发现　方便　放　放心　分　附近　复习　干净　敢　感冒
刚才　根据　跟　更　公园　故事　刮风　关　关系　关心　关于
国家　果汁　过去　害怕　河　黑板　护照　花　花园　画　坏　还
还是　环境　换　黄　会议　或者　机会　极　几乎　记得　季节
检查　简单　见面　健康　讲　角　脚　教　接　街道　节目　节日
结婚　结束　解决　借　经常　经过　经理　久　旧　举行　句子
决定　可爱　渴　刻　客人　空调　口　哭　裤子　筷子　蓝　老
离开　礼物　历史　脸　练习　辆　了解　邻居　楼　绿　马　马上
满意　帽子　米　面包　面条　明白　拿　奶奶　南　难　难过　年级
年轻　鸟　努力　爬山　盘子　胖　啤酒　葡萄　普通话　其实　其他
奇怪　骑　铅笔　清楚　秋　裙子　然后　热情　认为　认真　容易
如果　伞　上网　生气　声音　使　世界　瘦　叔叔　舒服　树　数学
刷牙　双　水平　司机　虽然　太阳　糖　特别　疼　提高　体育
甜　条　同事　同意　头发　突然　图书馆　腿　完成　碗　万　忘记
为　为了　位　文化　西　习惯　洗手间　洗澡　夏　先　相同　相信
香蕉　像　小心　校长　鞋　新闻　新鲜　信　兴趣　行李箱　熊猫
需要　选择　眼镜　要求　爷爷　一般　一边　一定　一共　一会儿

一样　一直　以后　以前　以为　音乐　银行　应该　影响　用　游戏
有名　又　遇到　愿意　月亮　越　云　站　照顾　照片　照相机
只　中间　终于　种　重要　周末　主要　注意　祝　着急　字典
自己　总是　最近　作业　作用

《新汉语水平考试大纲——HSK 三级》的语法点在二级的基础上有所增加，在词汇上，出现了同素词，如"面包、面条""重要、主要"等。在语法上，主要表现为数词、量词、副词、连词、介词、助动词、助词"地"、疑问句、特殊句型的增加，具体如下。

（1）数词增加了表示长度的"万"，如 1 万米；还有表示概数的数词，如"四五千个""800 多人"。

（2）量词增加了"一会儿""一点儿"，如"他坐了一会儿""快一点儿"。

（3）副词增加了：程度副词，如"更、越、特别、多么（多）、极、几乎"等；范围副词，如"一共、只"；时间副词，如"先、才、一直、总是、马上"等；语气副词，如"终于、其实、当然"等；频率副词，如"又、经常"等。

（4）连词增加了"虽然、而且、然后、如果、一边、或者、还是"等。

（5）助动词增加了"应该、愿意、敢"等。

（6）疑问句中增加了"好吗、对吗"，并出现了选择疑问句，如"你喝茶还是喝咖啡"。

（7）特殊句型增加了"把"字句、被动句、连动句、存现句和兼语句。

由于篇幅所限，新汉语水平考试大纲 HSK 四级、五级、六级新增的词不再一一列出了，请结合思考题去研读。

？想一想

下列词语属于新汉语水平考试大纲的几级词？这样安排道理何在？

喂　菜　下午　女儿　帮忙　帮助　真　很　并且　而且　尴尬
打算　打扰　打电话　打篮球　打工　打交道　打击

词汇教学大纲虽然经过了各方专家的审视，但随着语言的发展，仍然在不断地修订，比如上述三级词中的"字典"一词，在修订本的 HSK 考试大纲中就被删除了。

国家汉办修订了 2009、2010 新汉语水平考试大纲，编制出 2015 HSK 考试大纲（一级至六级），由人民教育出版社（简称"人教社"）出版。人教社的大纲对 2009、2010 词汇大纲进行了微调，调整幅度为 12%，并标明了词性和词汇等级。同时，人教社的大纲增加了词汇扩展学习，包括：重组默认词，如"采用"由"采取"和"使用"组合而成；减字默认词，如"编辑"减掉"辑"字后，有"编"一词；特例词主要是专名，如书名《三字经》、地名"四川"、人名"孔子"等。

2.4.5　汉语国际教育用音节汉字词汇等级划分

《汉语国际教育用音节汉字词汇等级划分》以当代大型动态语料库和多种具有代表性、针对性的词典、词表和字表为依据，包括三个等级：一级（普及化水平）、二级（中级水平）、三级（高级水平）。

在《汉语国际教育用音节汉字词汇等级划分》中，普及化等级词有 2 245 个，中级词有 3 211 个，高级词有 5 636 个（高级水平词 4 175 个+高级附录词 1 461 个），词汇总量共计 11 092 个。

《汉语国际教育用音节汉字词汇等级划分》在框架上注重音节、汉字、词汇"三合一"，《汉语国际教育用音节汉字词汇等级划分》的基本框架见表 2-5。

表 2-5　《汉语国际教育用音节汉字词汇等级划分》的基本框架

等级划分与等级水平		音节/个	汉字/个	词/个	汉字与音节比	词与汉字比
一级（普及化等级）		608	900	2 245	1.48	2.49
二级（中级）		300/908	900/1 800	3 211/5 456	1.98	3.03
三级（高级）	高级水平	163/1 071	900/2 700	4 175/9 631	2.52	3.57
	高级附录	39/1 110	300/3 000	1 461/11 092	2.70	3.70
总计		1 206	3 000	11 092	—	—

有些音节是国际汉语教学的非基本音节，如"zè（仄）"等；但"zé（责）""zhè（这）"是基本音节。《现代汉语词典》（第 7 版）音节表中，基本音节 1 148 个。删除了方言、古汉语和拟声词音节后，《汉语国际教育用音节汉字词汇等级

划分》共收 1 206 个音节。音节表和汉字表的筛选基本上是结合在一起进行的，即在进行汉字分级时，兼顾音节频率的统计。

另外，需要补充说明的是，《汉语国际教育用音节汉字词汇等级划分》设置了"最低入门等级"，降低了起步的门槛，便于激发学习者的兴趣。其中，一级普及化等级的词共 2 245 个，分为三个小层次：① 最低入门等级最常用词 505 个；② 最常用词 837 个；③ 常用词 903 个。所谓的最低入门等级，包括入门等级汉字 300 个，入门等级音节 272 个和入门等级词 505 个。《汉语国际教育用音节汉字词汇等级划分》改变了"先词汇，后汉字"的筛选原则和顺序，打破了"词汇牵着汉字走"的传统做法，把分级常用汉字表的筛选放在最重要的位置，重视同级汉字"生成、搭配"同级常用词的数量和比例。

 思考

（1）你怎样认识国际汉语教学的词汇单位？请举例说明。

（2）请分析新汉语水平考试大纲（HSK一级至六级）的词汇特点，并举例说明该词汇大纲给予你什么样的教学启示。

第 3 章

词的构造与国际汉语教学

本章主要讲解构词和造词的理据，让学生了解现代汉语构词的规律、造词的方法，理解现代汉语类词缀的构词与教学，并分析类词缀在对外汉语教材中的运用。

3.1 现代汉语构词法

所谓构词，是指词的内部结构问题，它的研究对象是已经存在的词。构词法指的是词的内部结构规律的情况，也就是语素组合的方式。学习构词法有助于准确地把握语素、结构与整个词义的关系，从而准确地理解词义。

3.1.1 单纯词

由一个语素构成的词称为单纯词。例如：

    鸡　看　热　吉他　糊涂　意大利　奥林匹克

从以上例子可以看出，在现代汉语中，单音节词都是单纯词，但单纯词中有些是双音节的，甚至是多音节的。

双音节的单纯词主要有联绵词、叠音词、音译词及拟声词。

3.1.1.1 联绵词

联绵词指从古代汉语传承下来的单个音节没有意义的双音节词。根据两个音节之间的语音关系，联绵词又分为双声、叠韵、非双声叠韵三种。

1. 双声

双声联绵词是两个汉字的声母相同的词。例如：

    秋千　蜘蛛　流连　犹豫　仿佛　参差

2. 叠韵

叠韵联绵词是两个汉字的韵母相同的词。例如：

橄榄　徜徉　怂恿　肮脏　从容　烂漫

3. 非双声叠韵

非双声叠韵联绵词既不是双声联绵词，也不是叠韵联绵词。例如：

鹌鹑　嘀咕　牡丹　芙蓉　憔悴

对前两类联绵词，可以向留学生解释，它们在发音上有关联。至于非双声叠韵联绵词，可以向他们解释，这一类联绵词，有的两个字在字形上有一些类似，如"鹌鹑""嘀咕""芙蓉""憔悴"等，它们两个字的偏旁相同。

3.1.1.2　叠音词

叠音词指由一个音节重叠构成的词，这个音节单独无意义，只有重叠起来才有意义，或是单独存在时的意义跟叠音形式的意义没有关联。例如：

姥姥　饽饽　蛐蛐　蝈蝈　冉冉　孜孜　历历　拳拳

3.1.1.3　音译词

音译词是模拟外语词的语音形式，用汉字写下来的词。例如：

苜蓿　咖啡　克隆　基因　沙龙　沙拉　吉他　葡萄
奥斯卡　马拉松　高尔夫　三明治

留学生对这一类词的接受度比较高，因为这一类词和外语大都有直接联系，是汉语向别的语言"借"过来的。

3.1.1.4　拟声词

拟声词是指模拟声音的词。例如：

轱辘　哎哟　叽咕　轰隆

联绵词中的字绝大多数是形声字，因此可以利用形旁表示意义类属、声旁表音或大致表音的特点进行讲解，帮助学习者掌握其意义和读音。

3.1.2　合成词

由两个或两个以上语素构成的词称为合成词。例如：

　　木头　支柱　奇怪　鸭蛋　研究生　成绩单

根据《现代汉语频率词典》统计，中文里 70% 以上的词都是由两个或两个以上语素构成的合成词。合成词主要分为复合式和派生式两种类型。

3.1.2.1　复合式

复合式词指的是词根语素和词根语素相结合构成的词。这类词的几个词根是根据句法的结构规则组合而成的，可表现为以下五种方式。

1. 联合式

联合式复合词的两个语素之间的关系是平等、并列的，具体又有以下几种类型。

（1）两个语素意义相同或相近联合，构成的是名词、动词或形容词等。例如：

　　语言　道路　泥土　思想　教授　波浪
　　斗争　裁判　研究　帮助　选择　呕吐
　　鲜艳　丰富　美丽　优良　温柔　孤独

在教学时，教师指出两个语素之间的同义关系不仅有助于学习者的理解，而且有助于强化他们的语素意识，扩大他们同义语素的积累量，从而通过语素猜测理解其他陌生的词语，进而了解词汇习得的策略。

？ 想一想

留学生在产出联合式合成词时，经常产出"顾照""论讨""乡家"之类的词，为什么会出现这种偏误呢？

（2）两个语素意义相关联合。例如：

骨肉　江湖　皮毛　眉目　矛盾　口舌
手足　风浪　山水　尺寸　领袖　笔墨

这种类型的词，有的词义不是字面意义的简单相加，而是一种通过比喻、借代等产生的比喻义或引申义，因此应该讲清楚意义比喻或引申的方式。

（3）两个语素反义联合。例如：

东西　始终　反正　开关　收发
往来　深浅　是非　高低　长短

有的语素可能有多个反义语素，比如有留学生在写"中西"医的反义联合时，写成了"中外"医。反义联合构成的合成词，有些词的词义也不是字面意义的简单相加，而是在语素意义组合的基础上产生了新的意义，如"开关"表示的是接通和截断电路的装置，"长短"表示长度等。

（4）两个语素意义相关或相反联合，但是构成词的语素，只有其中一个意义起作用。这样构成的词也就是习惯上所说的"偏义复词"。例如：

国家　窗户　兄弟　质量　人物　干净　忘记

在教学时，应指出词义所"偏"向的语素。例如，"国家"词义偏向于"国"义，"家"义淡化。

2. 偏正式

偏正式复合词的两个语素之间是修饰和被修饰的关系，在意义上前一个语素修饰限制后一个语素，前"偏"后"正"。

（1）偏正式名词，构成的词为名词，两个语素形成句法上的定中关系。例如：

汉语　乐事　短裤　宋词　收条
红色　电灯　香水　军人　爱情

? 想一想

某位乌兹别克斯坦留学生可能会把"蜂蜜"说成什么词？

（2）偏正式动词或形容词，构成的词为动词，两个语素形成句法上的状中关系。例如：

> 合唱　微笑　热爱　笔谈　公审　胡来
> 火红　飞快　闷热　笔直　雪白　冰冷

3. 动宾式

动宾式复合词的两个语素之间是支配和被支配关系，前一个语素表示动作行为，后一个语素表示动作行为关涉支配的对象。例如：

> 买单　报名　知己　伤心　管家　开幕
> 司机　表态　播音　吹牛　加班　有名

动宾式复合词有的是动词，有的是名词或形容词，但以动词居多。动宾式动词一般不会再带宾语，对于学生出现的偏误，如"因此我报名了贵公司的招聘"，应告诉他"报名"不需要再带宾语。

4. 主谓式

主谓式复合词的两个语素之间是陈述和被陈述的关系。例如：

> 地震　自杀　胆大　年轻　性急　眼花
> 头痛　心慌　民办　自动　耳鸣

5. 补充式

补充式复合词的两个语素之间是补充和被补充的关系，前一个语素表示某种动作行为，后一个语素补充说明动作的结果或趋向。例如：

> 提高　降低　说明　抓紧　推广
> 改正　加强　推翻　房间　车辆

补充式是汉语比较独特的一种构词方式，所构成的词一般为动词。

汉语复合词在意义上具有一定的透明度，词义大多可从其语素义推测出来。符淮青从词典释义的角度，考察了由多个（主要是两个）语素构成的合成词的词义与语素义之间的关系。在此基础上，符淮青把词义与语素义的关系概括为以下五种类型。

（1）语素义直接地完全地表示词义，如"平分、哀伤"等。

（2）语素义直接地但部分地表示词义，如"平年"等。

（3）语素义间接地表示词义，如"铁窗、反目"等。

（4）表词义的语素有的失落原义，如"船只"等。

（5）语素义完全不表示词义，如"东西"等。

彭小川、马煜逵认为，"山地""火山"是可以让留学生利用已学过的知识猜测词义的，留学生在学过"山""地""火"等的基础上，可以推导出词义。但是像"进步"之类的词较于"山地"要抽象一些，可先由教师通过动作演示"进""步""进了一步"，然后给出情景，引导留学生自己说出和"进步"有关的句子。

张江丽对 40 名中级水平的汉语第二语言学习者的调查结果表明，被试对 5 种类型复合词的猜测成绩存在显著差异。这说明词义与语素义之间的关系影响被试猜测词义的效果。词义与语素义之间的融合程度越高，被试猜测的难度越大；词义与语素义之间关系的复杂程度越高，被试猜测词义的成绩越差；语素义体现词义的内容越多越直接，被试猜测词义的成绩越好。由此，建议在汉语第二语言词汇教学中注意以下四个方面的问题。

（1）增强学习者的语素意识。

（2）加强对复合词内部关系复杂性的认识。

（3）重视对词汇、汉字的"深度加工"。

（4）重视词的文化意义。

3.1.2.2　派生式

派生词是由词根加词缀构成的，主要有以下两种。

1. 前缀+词根

在现代汉语中，由前缀"老、阿、第、初"构成的词。例如：

老师　老乡　老王　老大　老虎　老鼠

阿姨　阿爸　阿哥

第一　第二

初一　初二

2. 词根+后缀

在现代汉语中，由后缀"子、儿、头、者、家、化"构成的词。例如：

桌子　椅子　粽子　毯子　疯子　胖子　泥腿子

个儿　罐儿　尖儿　棍儿　魂儿　活儿　角儿　脑瓜儿

锄头　风头　斧头　跟头　骨头　看头　念头

笔者　编者　患者　记者　长者　独裁者　领导者

作家　思想家　专家　歌唱家　外交家

丑化　毒化　进化　简化　多极化　公开化　国际化

对于派生式构词，在讲解了词缀的基本意义之后，可以鼓励学生采用联想记忆法组词。

例如，"～家"是指"掌握某种专门学识或从事某种专门活动的人"，重点解释是表示"某种很成功的人"，然后鼓励学生组词。

再如，"～者"是表示"做某件事的人"，然后引导学生思考用"～者"构词的情况。

讲解合成词的构词情况，是为了利用合成词的构词法，帮助学生体会词的构成。为中级水平的学生设计如图 3-1 所示的"填字组词"练习，可以帮助学生建立词与词之间的联系。

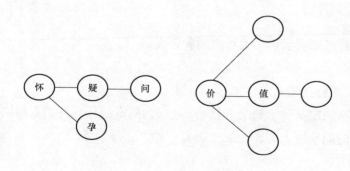

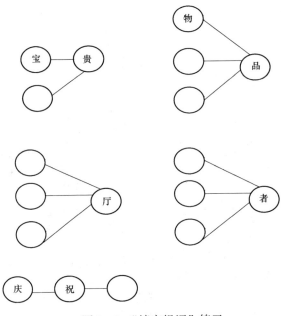

图 3-1 "填字组词"练习

汉语构词法的一大特点是具备"分子网络"式的结合衍生方法，每一个语素都有自己的意义，它与别的语素结合成新的词。每一个活跃的构词能力强的语素就像一个分子，在它周围往往能集合起一个与其原来意义关联的词群。

3.1.3 同素词与教学

3.1.3.1 同素词

关于现代汉语同素词，大致有两种定义。

1. 比较严格的定义

比较严格的定义以丁勉哉为代表，他认为同素词是一种词素相同而结构次序相反的词，即同素逆序词，比如"语言"和"言语"等。

2. 宽泛的定义

以常敬宇、刘叔新（1990）为代表的学者则对同素词定义较宽泛。

常敬宇（1985）认为，在现代汉语词汇中，有一种介于词和词组之间的词汇单位，叫作同素词群。同素词群里的词彼此在词素上都存在同一性的联系，因而彼此互称为同素词。例如，以"火"为词素构成的同素词有"炉火、煤火、焰火、烈火、怒火"等。

刘叔新（1990）提出了"同语素词语族"这个术语，简称为"同素族"。他认为同素族含有同样一个语素，即含有同一材料的共同意义成分，而彼此在意义上相互因应，使相应的词语单位形成一个聚合的组织。比如，"地、地面、地底、大地、落地、坠地、脚踏实地、平地一声雷"等，可以称为"同素族"。

3.1.3.2　同素词教学

在国际汉语教学中，同素词教学是词汇教学的重点和难点。同素词之间语义交织，对留学生容易造成困扰，故本书采取比较宽泛的定义，选取刘叔新（1990）的定义，主要考察意义比较实在的共同语素的构词情况。

留学生经常混淆同素词，比如混淆"生"与"出生"及"经验"与"经历"等。这两组词在 BCC 语料库[①]的 HSK 动态作文语料库中的偏误分别有 10 例、92 例。以下示例中，括号里为正确的词语。

［**例 3–1**］孩子<u>生</u>了以后每天学会各种各样的东西。（出生）
［**例 3–2**］我来华三年多了，我在北京语言文化大学学汉语的过程中，我<u>经验</u>了很多有意思的和不太高兴的事情。（经历）

例 3–1 中将"出生"误用为"生"的单向错误，是由于这两个词的论元结构（argument structure）不同所导致的，"生"与"出生"这两个动词所带的论元数目是不一样的，"生"可以带两个论元，"出生"只能带一个论元。

"经验"与"经历"都可以做动词和名词，学生经常出现当用"经历"却误用"经验"的情况。杨寄洲、贾永芬（2005）只是将这种情况解释为："动词'经验'有'经历'的意思，但是常用的是'经历'；名词'经历'有'经验'的意

---

① 网址：http://bcc.blcu.edu.cn。

思，但是常用的是'经验'。"这样的解释有些迭代。例 3-2 中"经验"应改为"经历"。"经验"强调"正面的结果"，并且专指"由实践得来的知识或技能"，而"经历"侧重于事件的过程，不关注结果的好坏。

同素词在教材、大纲中出现的频率很高，值得重视。邱军主编的系列教材《成功之路》，其词表共 7 367 个词语，由 2 737 个语素构成，其中 108 个语素能构成同素词 20 个以上，《成功之路》生词中构词频率高于 20 个的共同语素见表 3-1。

表 3-1 《成功之路》生词中构词频率高于 20 个的共同语素

共同语素构词数/个	共同语素数/个	共同语素枚举
80～82	1	一
70～79	2	人、大
60～69	3	不、生、心
50～59	1	意
40～49	13	力、气、天、体、来、有、出、自、成、上、学、然、面
30～39	24	手、好、地（dì）、行（xíng）、无、发、动、小、老、家、情、下、开、实、分、口、理、重、国、同、于、过、外、对
25～29	25	感、年、当、事、前、风、中、以、名、明、应、打、相、高、会、本、美、说、业、可、回、身、法、后、山
20～24	39	为、日、物、主、代、如、是、水、定、时、流、关、花、语、差、节、起、量、安、养、边、点、新、亲、多、车、进、观、神、提、性、制、现、样、信、工、包、白、想

在《汉语水平词汇与汉字等级大纲》8 822 个词语中，有同素名词 258 组、同素动词 305 组和同素形容词 87 组。

（1）构成同素名词频率最高的共同语素前 10 位是：

人（60）[1] 地 dì（40） 力（36） 面（34） 气（32） 事（30）
体（30） 年（28） 心（27） 方（26）

（2）构成同素动词频率最高的共同语素前 11 位是：

动（32） 发（28） 行（xíng）（25） 出（23） 解 jiě（20） 收（19）
交（18） 进（18） 开（18） 用（18） 转 zhuǎn（18）

---

①人（60）：括号中数目为"人"的构词数，下同。

（3）构成同素形容词频率最高的共同语素前13位是：

实（15）　平（13）　好（11）　密（10）　新（9）　正（9）　安（8）
静（8）　美（8）　难（8）　优（8）　严（8）　沉（8）

表 3-2 举例说明了以该大纲为基础构成的同素词词库中部分共同语素的构词情况，并标出了每个词在大纲中的级别，包括甲、乙、丙、丁四个级别，便于同素词的教学。

表 3-2 《汉语水平词汇与汉字等级大纲》中的同素构词举例

共同语素	构词数/个	词语	词性
部（乙）	18	部分（甲）、部门（乙）、部队（乙）、部长（乙）、部署（丙）、部件（丁）、部位（丁）、干部（甲）、全部（甲）、北部（乙）、东部（乙）、南部（乙）、内部（乙）、西部（乙）、局部（丙）、外部（丙）、中部（丙）、支部（丁）	同素名词
窗（甲）	4	窗户（甲）、窗口（丙）、窗帘（丙）、窗台（丙）	
想（甲）	28	想念（乙）、想象（乙）、猜想（丙）、幻想（丙）、回想（丙）、梦想（丙）、设想（丙）、构想（丁）、空想（丁）、联想（丁）、妄想（丁）、着想（丁）	同素动词
忘（甲）	2	忘记（乙）、忘却（丁）	
好（甲）	11	好看（甲）、好吃（甲）、好听（乙）、好玩儿（乙）、好些（乙）、好多（丁）、友好（甲）、良好（乙）、美好（乙）、正好（丁）、要好（丙）	同素形容词
难（甲）	8	难看（乙）、难过（乙）、难受（乙）、难得（丙）、难堪（丁）、难免（丁）、艰难（丙）、疑难（丁）	

表 3-1 和表 3-2 通过《成功之路》教材和《汉语水平词汇与汉字等级大纲》，根据构词频率的高低，抽取和构建了关于同素词的词库，该词库也可加入共同语素和词的义项信息。这种计数式词库貌似完备，但也存在一些问题。比如，"适合"与"合适"，可以把词的义项和每一个语素的意义都列举出来，但还是不能解决学生将二者混淆的问题。混淆不单纯是意义理解上的问题，还和论元结构等相关。

Pustejovsky（1995：39）认为，计算语言学家和理论语言学家大都把词库作为一个词义的统计集，用句法特征、语素和语义信息进行标注，这属于一种词义计数式词库（sense enumeration lexicons）。Pustejovsky 批评词义计数式词库的框架是自然语言语义学贫乏的模式，这样的词库在下列语义描述中存在不足：① 词的创造性用法的解释；② 词义的渗透性（permeability），即词义不是原子（atomic）的定义，而是与该词的其他意义有重叠和参照；③ 多种句法形式的表示，单个的词义可以由多种句法来实现。这三种不足同时也是汉语同素词计数式词库面临的问题。

Pustejovsky（1995：1）区分了对比（contrastive）歧义和补足（complementary）歧义。

对比歧义指同音异义现象，指某个词偶然带了几个明显的不关联的意义，比如汉语中表植物义的"花"组成的"花朵、桃花"和表"用、耗费"义的"花钱、花费、花销"的"花"是同音异义词，是对比歧义，可以用词义的计数式来处理。

补足歧义指同一个词的词义具有逻辑关联。Pustejovsky（1995）指出："尽管计数式词库足以处理对比歧义，但是不能处理多义的本质。为了审慎处理补足的多义，我们必须谈及词义和组构性（compositi-onality）的每一个假设。为了掌握组构性，我们必须丰富语义组构表达，在这个原则上做成的语义学模型的概要，叫生成词库。"

同素词共同语素的多个义项之间是有逻辑关联的，这也是词义渗透性的一个重要体现。比如，汉语"部"既可以指"部分；部位"，又可以指"单位"。同素多义造成了留学生理解上的混淆。例如：

［例3-3］先读提纲和结语，然后再逐步精读主要部门。（部分）

［例3-4］我希望在导游的部分工作。（部门）

在例3-3与例3-4中，"部分"与"部门"的混淆，可以用生成词库的物性结构（qualia structure）来分析。物性结构定义物体的性质，由构成（constitutive）、形式（formal）、功用（telic）和施成（agentive）四个角色构成。"部分"注重形式角色，是形式上的"整体"与"局部"的关系；而"部门"注重功用角色，"部门"是一种社会机构，是功用上的"整体"与"局部"的关系。

Pustejovsky（1995：58—61）认为，生成词库的语义表征（semantic representation）详细地说明了词汇信息的组织形式，其目标是给语言提供一种形式化的表述，既有表现力，又能灵活地抓住词汇的创造性和词义引申现象的生成本质。由此，他提出了一种新的分解（decomposition）观点，词项（lexical items）被分解为最小的结构形式或块（templates），比分解成特征（features）集合适。简言之，生成词库至少包括四个层面的语义表征：论元结构、事件结构、物性结构和词汇承继结构（lexical inheritance structure）。这四种结构是相互作用的。

例3-1已经提到了论元结构。论元结构指某个词项所包括的论元数目和论元类型，以及它们是怎样在句法上实现的。例如，留学生经常将"合适"与"适合"、"变动"与"改变"、"着想"与"想"弄混。

［例3-5］我自认为贵社的职务很<u>合适</u>我。（适合）

例3-5中"合适"与"适合"的偏误也可从论元结构来解释，"适合"后可直接带（+有生）论元，而"合适"不能直接带论元，如果需要带这样的论元，可用介词"对"等引出论元，如例3-5可改成"贵社的职务对我很合适"。

［例3-6］我用一个道理来讲就是自然变化,如山会<u>变动</u>,水会减少。（改变）

例3-6中"变动"与"改变"语义相近，《现代汉语词典》也将"变动"解释为"动① 变化；② 改变"，但二者所带论元的类型不同，"变动"所带论元多指"社会现象"，而"改变"所带论元语义范畴较宽，所有指"事物"的均可，所以例3-6中"变动"应改为"改变"。

［例3-7］我们应当<u>着想</u>一下这个问题。（想/考虑）

例 3-7 中"着想"用错，主要在于"着想"这个动词不可直接带论元，如果需要带（+有生）论元，句法表现上须用"为、替"等介词将这一论元引出，如《成功之路》（进步篇）中的例子"为客户着想"。

有意思的是，"交流"可以说"交流经验/技术"等，但日本留学生在作业中却出现了"交流中国人"的说法。例如：

［例3-8］我们吃地地道道的中国菜,<u>交流</u>很多中国人。（日本留学生作文）

当例3-8中的"交流"需要带（+有生）论元时，应该用"和/与"等介词引出人物，故例3-8应改为"和很多中国人交流"。

与英语等别的语言相比，汉语动结式是比较特殊的结构，很多留学生回避使用该结构，如留学生常常不会运用"v 开"这个结构，只会用其中的一个单音节动词。

［例3-9］听到他这么说，第二个和尚也不愿意<u>离</u>这里了。（离开）
［例3-10］在回中国的飞机上，我<u>开</u>了女朋友送给我的礼物。（打开）

例3-9与例3-10只有改成"v 开"的动补结构，才能表示动作的完成。

物性结构是生成词库一种重要的结构，与亚里士多德解释物体和关系的模式相关。构成角色注重物体和构成成分之间的材料、质量、部分和组件元素之间的关系；形式角色区分物体在更大的"域（domain）"中的方向、量度、形状、维度、颜色和位置等；功用角色侧重物体的功能和目的，包括施事履行这个行为的目的、建造功用等；施成角色提示物体起源或产生的因素，包括创造者、人工产品、自然类、使役链等。比如"窗口"和"窗户"的使用，留学生容易出现错误：

[例3-11]爱烟的人应该尊重不吸烟者，在屋子里吸烟的话，把<u>窗口</u>打开等等办法来找共存。（窗户）

例3-11中的"窗口"应为指实体的"窗户"，而不应为多指功用角色的"窗口"。"窗口"的物性结构偏重于其功用义，用在不同的领域有不同意义：用在服务业如"售票处、挂号室、银行"时，具有"营业"义；用在计算机操作系统，是"人机对话"的"窗口"；用到心灵、事物上，具有比喻义。

"门口"与"窗口"在表层上看都属于"房屋类+口"构成的同素词，但是在物性结构上，"门口"着重指"门跟前"的处所义，而"窗口"则如上所述，具有很多引申义和比喻义。

词汇的承继结构用以识别某个词汇结构如何和类型格架（lattice）中其他结构关联，以及它在整个词库组织中的贡献，同素词的聚合反映了其承继性。比如，"好"与"难"做形容词性语素时都能跟动词性语素"看、吃、闻"等组成下列A组与B组词，具有一定的承继性。

A组：难看 难吃 难闻 难听 难过
　　　难办 难唱 难说 难受
B组：好看 好吃 好闻 好听 好过
　　　好办 好唱 好说 好受

再如下列C组与D组词中，"窗"构成的同素词与"门"构成的同素词也体现了承继性。

C组：窗帘 窗框 同窗 窗口 窗户
D组：门帘 门框 同门 门口 门户

同素异序词可能整个意义都相同，在使用过程中可以替换；也可能只在某个义项上相同，在使用过程中，仅在这个义项上可以替换；还可能只在某种用法上相同，仅在这种用法上可以替换。从可以替换这一点上看，它们是同义的。同素异序词在意义上的对应主要有下面三种情况。

（1）词义全部对应。例如：

〔延伸〕延长；伸展：这条铁路一直～到国境线。

〔伸延〕延伸：公路一直～到山脚下。

二者在任何情况下都可以替换。

（2）词义基本对应，只在某种用法上不对应。例如：

〔羊羔〕小羊。

〔羔羊〕小羊，多比喻天真、纯洁或弱小者：替罪的～。

在"小羊"意义上二者可以任意替换，在"比喻天真、纯洁或弱小者"的意义上，二者不能替换。

（3）词义的某些义项对应。例如：

〔计算〕① 根据已知数通过数学方法求得未知数：～人数|～产值。② 考虑；筹划：做事没个～，干到哪儿算哪儿。③ 暗中谋划损害别人：当心被小人～。

〔算计〕① 计算数目：数量之多，难以～。② 考虑；打算：这件事慢一步办，还得～～。③ 估计：我～他今天回不来，果然没回来。④ 暗中谋划损害别人：被人～。

二者在〔算计〕的义项②和④上可以替换，①和③上不能替换。

同素异序词在使用过程中的差异表现为同中有异。这些差异除了意义交叉以外，还有方言、语体色彩、词义发展变化和语用方面的因素。同素异序词是有生命力的，如"饭盒"是固有的，《现代汉语词典》1983 年第 2 版收录了这个词，但没有"盒饭"。1996 年修订本（第 3 版）和 2005 年增补本（第 5 版）都收录了"盒饭"，它的词义是"装在盒子里出售的份儿饭"。

同素异序词属同义词的一部分，学习它对扩大留学生的知识面、发展扩散性思维是有益的。从应用上来说，同素异序词的教学和研究，对如何排除母语和目的语的干扰，避免负迁移，以便规范地学好汉语，是有普遍意义的；而对日本学生则有其特殊意义。从提高上来说，对外汉语要加强比较语言学的研究。

有汉、日同义的同素异序词，如"会议、议会""国王、王国""蜜蜂、蜂蜜"等。

有汉、日有别的同素异序词，如"事故、故事""习惯、惯习"。"故事"日语是"典故"义，汉语则是指"一种文体，如民间故事，相当于日语的'物语'"。"惯习"日语指"传统习惯"，汉语则没有这个词。

这里就"同素异序词"谈"汉、日比较"，目的在于引导学生注意各种语言的差别，关心有些现象的同一性和相似性。

3.1.4　构词法对于词汇教学的意义

根据语素与语素之间的结构关系，即根据构词法来展示词的意义，是一种有效的教学方法。

首先，通过构词分析，整词的意义由语素全部或部分体现出来，词音与词义的内在联系被发掘出来，语素义与词义顺理成章的联系带给学习者的是自然感和熟悉感，这有助于淡化生词的陌生感。比如在处理《生活119》一课时，可以让学生找出含有"火"字的词语，有"防火、火场、火警、火灾、灭火、救火"等，这就是将与"火"这个语素相关的词形成一个词群。一方面，这些词的词义易于为学习者所理解；另一方面，也有助于学习者学会词义辨析的方法。

汉语中的很多词都是通过两个词或几个词"压缩"而成的。一个词，如果学生学过其中的某一个或某两个语素，教师就可以通过语素扩展的方法给学生释义。比如"赞扬"一词，如果学生学过"表扬、称赞"的话，教师就可以把"赞扬"解释为"称赞表扬"。同理，还可以解释"病危——病情危险——快要死了""欢笑——欢乐/快乐地笑"等。

类推法是利用一部分有词汇意义的语素类推出新词语意义的方法。比如，学过了"学员、职员"，知道"员"是表示"工作或学习的人或团体组织中的成员"，利用汉语里前缀、后缀的关系，教师就可以在学习其他词语时引导学生类推词义，如类推"演员、店员、邮递员、党员、队员"等词义。有一些语素虽然不是词缀，但构词能力强，也可用于类推释义。例如，表示地方、场所的"馆"，有"饭馆、宾馆、茶馆、图书馆、博物馆、大使馆、游泳馆"等。

其次，汉语的复合词的语素可以形成各种基本的结构关系，而结构意义也是词义的一部分。汉语词法和句法的一致性也给词义理解和短语分析带来了便利。特别是对于同素异构词而言，语素之间的结构关系对词义的影响就表现得更为明显，如"炒菜"作为动宾式理解的意思是用"炒"这个方法做菜，作为偏正式理解的意思是指"什么样的菜"。

再次，对学习者进行语素观念和构词意识等的培养，有助于他们用已有知识推测新词语的意义，培养他们的猜词能力。例如：

［**例3－12**］他的发音很清晰。

［**例3－13**］飓风对这一地区的交通造成了很大的破坏。

［**例3－14**］在一个寂静的夜里，他离开了生活了三十年的城市。

［**例3－15**］时间对他来说非常宝贵，他的一个钟头值很多钱。

碰到"清晰、飓风、寂静、宝贵"这样的词，可通过已经掌握的语素和上下文来猜词，增强学生学习的成就感，借此还可以增强学生对汉语词语结构的认识。

美国汉语教材 *Integrated Chinese*（《中文听说读写》）第二册第 13 课（第 1版，第 2 版，第 3 版）对同素词"亲眼、亲自、亲耳、亲手、亲身"等进行了专门的分析，解释这些词都是副词，"亲眼"和"亲耳"强调第一手感官经验（first hand experiences），"亲身"和"亲自"表示了个人的参与和特殊的关照等，并举了 4 个典型例句加以说明。

［**例3－16**］这顿年夜饭是奶奶亲手做的，快吃吧。

［**例3－17**］她和男朋友分手了，我亲耳听她说的。

［**例3－18**］这件事很重要，你一定要亲自去办。

［**例3－19**］这些是我亲身经历过的。

《成功之路》进步篇（第二册）也有"亲眼、亲耳、亲笔、亲口、亲自"的词语扩展和例句说明。

泰国林可唯在调查泰国佛丕府师范大学的 50 名初中级水平学生的猜词情况时，让学生"看句子，说出画线词的意思，可以用泰语或者汉语回答问题"。下面有一道测试题：

[**例 3 - 20**] 在网上还可以查找到很多有用的<u>参考</u>资料。(《成功之路》)

想一想

泰国学生会怎么理解"参考"?

有一部分学生会猜错"参考"的意思,你能预测学生会将"参考"理解为什么吗?请分析原因。

词的内部构造对猜词有影响,联合式合成词的一部分(如"孤独、攻击"),其意义可由其中的任一语素义推知,猜测起来最容易。偏正式合成词(如"正视、武断"),如果知道中心语素,可以部分地猜出整词的意思。猜测陈述、支配、补充式合成词时,则需要了解全部语素的意义,难度更大。然而,不少合成词也与成语、典故一样,"趋于符号化、形式化,其含义不能从字面意思进行推理"(于善志、张新红),学生在利用语素知识对这样的词进行推测时,往往猜不出来。猜词是一个受多种因素影响的复杂的过程,猜词训练也是对学生用汉语进行思维训练的尝试之一。

外国学习者在使用词语时经常出现构词错误,产生"生造词",即该词是学习者自造的,或某些外语中可能有而汉语中不存在的。例如:

[**例 3 - 21**] 绿色食品的好处在于吃这些食品后在身体里没有农药的潜留量(残留量)。

例 3 - 21 中的"潜留量"是生造词。另外,在 HSK 考生的作文中,还发现有将"农作物"生造为"农产物/农物",将"农产品"生造为"农作品"的,这也反映了外国学习者对于汉语造词的初步认知。

3.2 现代汉语造词法

"造词"和"构词"作为语言学的两个术语,表示两个既有联系又有区别的不同的概念。尽管"造"和"构"具有同义关系,但是"造词"的意义重在"制造","构词"的意义重在"结构";"造词"是就词的创制规律说的，"构词"是就词的结构规律说的。因此，我们应该把"造词法"和"构词法"区分开来。[①]

　　区别造词法和构词法，可以明确造词的理据和构词的规律。例如，"白菜"和"木马"虽然都为偏正结构，但是二者从造词法的角度来说，却有不同之处，"白菜"中的"菜"作为造词原料来说，确实是"菜"；而"木马"中的"马"却是另一种性质的造词原料，并非真马，是一种比喻造词。由"木马计"还可引申到"木马病毒"。再如"银币、银河、银耳"三个词都属偏正结构，但是它们的意义却和造词的理据相关："银币"确实是一种"钱币"；"银河"是一种比喻造词，指"天上呈现的明亮的光带，像一条银白色的河"，甚至可以引入"牛郎织女"形象地解释天上的"银河"；"银耳"是一种长得像耳朵的菌类植物。再如，给学生解释"甭"的意义时，可以解释"甭"是"不用"的合字，是利用文字方面表现出来的某些特点造词的。

　　造字时要符合经济性原则，不能把所有的语义因素都考虑在内。造字与造字时的心理模式有关。造字时也许过多考虑的是"义素核心"。

　　格雷马斯（1999）认为："在最好的情况下，构形成分所覆盖的不是义子，而仅仅是义子的'义素核心'。通过它与其他类似的构形成分的对立，构形成分保证了义子的'否定义'，并间接地保证了义子的形象特征。"[②] 比如"木耳"的两个结构项，是"木头上"与"耳朵形"两个意思，"木耳"一词，体现了"字组"的形象色彩，有别于"银耳""牛耳"。

　　所谓造词，是指创造词语。它是解决一个词从无到有的问题。人们造词是为了满足社会交际的需要，如"豆浆机、饮水机、网费、网友"的出现是为了适应新事物出现的需要，"KTV"的产生是为了表现这一新现象的需要。研究用什么原料和方法造词是造词法的问题。

　　造词法研究比起构词法研究来要薄弱得多，但是造词问题在社会生活中更具有广泛性，一般人对造词问题的关心甚于对构词问题的关心。造词法就是创造新词的方式和方法，通过造词法的分析，不仅可以使学习者了解词的产生机制，便于他们理解和记忆，同时也可以提高他们的学习兴趣。

　　综合各家对汉语造词法的分类，可将造词法归纳为以下九种。

[①] 葛本仪，2006. 汉语词汇研究［M］. 北京：外语教学与研究出版社：34.
[②] 格雷马斯，1999. 结构语义学方法研究［M］. 吴泓缈，译. 北京：三联书店：159.

1. 音义任意结合法

音义任意结合法指的是一种用某种声音形式任意为某种事物命名的造词方法。词是一种语言符号，语言符号的音义结合最初大都是任意的。语言中最早产生的一些词，往往就是用音义任意结合法创制出来的。例如：

车　深　千　万　蚯蚓　铅

音义任意结合法构成的词，需要学生记忆。同样，英语、日语等语言中的词也大都是采取音义任意结合法构成的。

2. 摹声法

摹声法指的是一种用人类语言的语音形式，对某种声音加以模拟和改造，从而创制新词的方法。汉语的摹声法造词可以表现为两种情况。

（1）模仿事物发出的声音来造词。例如：

猫　鸦　知了　蝈蝈　呼噜　啊　嘀嗒　哈哈　叮叮当当

？ 想一想

外国学生可能会把"我不在时，猫在干什么"中的"猫"读成什么？

（2）模仿外族语言中某些词的声音来造词。人们又称其为"音译词"。例如：

麦当劳　夹克　纽约　马拉松

3. 音变法

音变法指的是一种通过语音的变化来创制新词的方法。汉语中的儿化韵造词就是一种音变造词。例如：

盖（gài，动词）——盖儿（gàir，名词）
尖（jiān，形容词）——尖儿（jiānr，名词）

在学生不明白"好人"和"爱好"中的"好"读音不一样时，可以把这种情况当作多义词的义项通过音变而独立成词。

4. 说明法

说明法指的是一种对事物加以说明的造词方法。说明法往往由于人们说明的角度不同而表现出一些不同的情况，可以从事物的情状、性质特征、用途、领属、颜色、数量等各方面进行说明。例如：

国营　绿茶　白云　武昌鱼　浴盆　豆芽　静悄悄

5. 比拟法

比拟法指的是一种用现有的语言材料，通过比拟、比喻等手段来创制新词的方法。例如：

龙头　雀斑　银耳　木马　虾米　蜂窝煤　鸭舌帽

6. 引申法

引申法指的是一种用现有的语言材料，通过意义引申的手段来创制新词的方法。例如：

开关　领袖　出纳　左右

7. 双音法

双音法指的是一种随着汉语词汇向双音化发展而出现的造词方法。例如：

妈妈　星星　往往　斤斤　区区　道路　坟墓　石头　第一

8. 缩略法

缩略法指的是一种把词组的形式，通过缩略而改变成词的造词方法。例如：

扫除文盲——扫盲
邮政编码——邮编
青年、壮年——青壮年

缩略法是一种比较复杂的词语简化方法，大都选取名称中有代表性的语素或词，把全称精简为简称。缩略的方式，大体上有以下几种。

（1）截断简缩，即截取原专用短语的一部分进行简缩。例如：

> 中国人民解放军——解放军
> 清华大学——清华

（2）分段简缩，即选取原短语中最主要的语素重新组合。
有"ABCD"简缩为"AC"式的词语，例如：

> 药物检查——药检　家用电器——家电
> 邮政编码——邮编　环境保护——环保

有"ABCD"简缩为"AD"式的词语，例如：

> 空中小姐——空姐

有"ABCD"简缩为"BD"式的词语，例如：

> 电影明星——影星

还有用其他方式简缩的词语，例如：

> 个体经营户——个体户
> 立体交叉桥——立交桥
> 发展改革委员会——发改委

（3）合并全称中几个并列成分的相同语素，即保留相同的语素作为共有成分，例如：

> 出境、入境——出入境
> 青年、少年——青少年
> 中学、小学——中小学

（4）数目概括，例如：

> 身体好、学习好、工作好——三好
> 海军、陆军、空军——三军

缩略是语言交际经济性原则作用的结果，让外国学生了解缩略词语可以帮助他们提高阅读速度。需要注意的是，一个简称有时候可能有几个意思，比如"人大"，可能是"中国人民大学"的简称，也可能是"全国人民代表大会"的简称，要结合上下文来判断。

9. 字母词

以英文字母构成的词在现代汉语词汇中越来越多，如"WTO、NBA、H1N1、MBA"等。

造词活动具有广泛的社会性，社会上的任何成员都可以创制新词，只要能为社会约定俗成，就可以作为语言成分保留下来。

3.3　现代汉语类词缀构词与教学

3.3.1　什么是类词缀

越来越多的新词语，如"先导型""舒适度""瑜伽热""上班族""里程碑式"等的出现，引导人们思索现代汉语的构词规律。

"型、度、热、族、式"这一类语素的构词很有规律，构成的词数量也多，但不可能都收入词典。1998 年和 2000 年《人民日报》的语料中有 340 个"～型"的词语出现，如"技能型、搬运型、板块型、闭合型、便捷型、标准型、参与型、成年型、城郊型"等。为了解释现代汉语构词法中的这一类现象，有必要引入语言学中的"类词缀"概念。

关于"类词缀"的定义、性质、范围和分类的探讨，语言学界的参与者主要有赵元任、吕叔湘、汤廷池、陈光磊、马庆株、朱亚军、富丽、王洪君、富丽、冯敏萱、杨翠兰、陈小荷等。但是，在汉语的构词法著作中，对于词缀或类词缀，一般只有列举性的说明，少有穷尽性的分析。本书基于《现代汉语语法信息词典》的 8 万多个词，对每一个词的构成都进行了分析，穷尽性地考察了基于本书标准的类词缀。

中文信息处理学界对"词缀"和"类词缀"也有具体的研究，主要是从应用的角度去编制分词规则和词表，如刘源、谭强、沈旭坤，台湾"中研院"的中文词知识库小组成员吴赣、孙茂松、王洪君、李行健等。他们虽然列出了"词缀""接头词""接尾词"，但是各家所列的都不一致，因此，需要进一步探讨类词缀的确立标准，以期更加深入地了解类词缀的构词规律。

国家汉办于 2002 年编订的"高等学校外国留学生汉语教学大纲"（长期进修），在"语法项目表"中列出了 6 个类前缀和 14 个类后缀，并举例做了说明。

（1）类前缀举例。

多～：多功能、多渠道、多方位、多层次……

（2）类后缀举例。

～法：说法、看法、想法、做法……

～观：人生观、恋爱观、生活观、世界观……

3.3.2 类词缀的定量考察

关于类词缀的范围，各家所确立的内容都不一样。

吕叔湘（1979）针对"汉语里地道的语缀不很多"的现象，提出了"类语缀"一说，并列出了"可、好、难、准、类、亚、次、超"等 18 个类前缀和"员、家、人、民、界、物、品、度"等 23 个类后缀。

汤廷池（1992）列出了"阿、老、小、打、见、可、难、好、而、以、第、初、不、非、反"15 个词首和"人、师、员、士、生、手、派、性、度"等 48 个词尾。

朱亚军（2001）列出了"阿、半、本、不、超、初、打、单、第、多、反、泛、非、分、副、该、可、见、老、所、总、准"22 个前缀和 "巴、处、达、得、度、儿、法、分子、鬼、汉、化、家、件、匠、角、界、具、率、论、迷、派、品、气、然、热、师、士、式、手、坛、腾、头、性、学、员、者、子、族、主义"39 个后缀。

刘源、谭强等的《信息处理用现代汉语分词规范》采取了一种分层处理的方式，分类有"完全虚化的前后加成分""部分虚化的前后加成分""接头词和接尾词、不虚化或基本不虚化"之别，共列了 15 个前加成分和 22 个"接头词"、32 个后加成分和 98 个"接尾词"。台湾中研院的《"搜"文解字——中文词界研究与资讯用分词标准》则列举了 9 个前缀和 41 个接头词、20 个后缀和 441 个接尾词。

《现代汉语语法信息词典》收录了前接成分 11 个，后接成分 42 个，前缀包括"阿、超、非、过、老、微、伪、小、以、之、准"11 个，后缀包括"赛、办、式、边、长（zhǎng）、场、单、度、堆、儿、方、感、观、乎、化、机、计、家（jiā）、界、老、狂、率、论、们、面、品、器、然、生、手、体、头、型、性、学、炎、业、仪、员、者、制、子"42 个。

本书对于类词缀的研究是建立在定量研究基础上的，选取的是《现代汉语语法信息词典》数据库中的词语。北京大学《现代汉语语法信息词典》1998 年第 1 版收录了现代汉语词语 5 万多个，2003 年第 2 版增加至 7.3 万多个，到目前为止增加至 8 万多个，该词典采用关系数据库的文件格式。本书就是基于《现代汉语语法信息词典》这个丰富的词库，并结合 1998 年全年《人民日报》的语料库，对类词缀进行定量研究的，所以本书对类词缀的研究不是凭经验、语感的选取，而是基于对语料库的统计和分析而得出的。

本书基于对《现代汉语语法信息词典》8 万多个词语的统计和分析，具体地衡量类词缀的构词能力，在词库中全面系统地调查哪些语素可能成为类词缀，穷尽性地探讨类词缀的范围。这种方法是一种定量的分析，而不是简单的例证式说明。

苏新春指出："定量研究在词汇研究中具有直观、可靠的作用，它能直接、真实地反映词汇的内在规律……词汇的量化研究主要体现为词的频率研究，如结构频率、分布频率、使用频率等。"苏先生（2001：30）继续指出："定量研究的实质是通过对语料的典型取样、定量调查、深入分析，由此类推以达到认识同类语言现象本质的目的。"

按照王洪君、富丽的观点，词缀的核心搭配范围在于单音字，延展到了一部分双音词；类词缀与单音字的搭配已不太自由，其核心搭配已转移到了双音词，并延展到了多音节词和类词。于是，本书选取了词库中的三字词来穷尽性地调查类词缀。

本书从《现代汉语语法信息词典》80 685 个词中抽取出 13 778 个三字词，并抽取出《人民日报》1998 年上半年语料库中的 17 848 个三字词作为参照。下面按构词频率排列。

（1）词频高的前 50 位分别是：

子　性　机　器　学　人　员　化　会　品
者　儿　率　法　费　家　病　部　表　剂
线　权　车　力　量　站　队　式　室　花
片　物　纸　生　业　体　石　头　词　面
期　书　场　油　图　素　炎　点　虫　院

词频高的前 50 位的构词频率都在 53 次以上。

（2）词频低的后 50 位分别是：

妻　浅　签　千　传　汽　喘　棋　脐　喷
凄　抢　谱　浦　泼　坪　频　篇　屁　春
皖　戚　卿　染　犬　醛　丑　趣　渠　黢
屈　出　欠　囚　川　沁　勤　储　怯　俏
瞧　黜　蟆　跑　除　曼　朦　氓　闷　搭

词频低的后 50 位根本没有成为类词缀的可能，词频高的前 50 位有成为类词缀的潜能，但最后的定性还要结合别的因素来加以考虑。

按照同样的方法抽取类前缀，得到词频由高到低的前 10 个汉字是：

大　电　小　老　水　打　中　地　白　保

它们是否以"类前缀"的方式构词，有待于后面有关类词缀定性的验证。应该说，定量研究是定性研究的先行者。

3.3.3　类词缀构词特征

关于类词缀构词特征，前贤已经讨论过很多，如构词的能产性、定位性、类词缀虚化、结构的黏附性、语音的弱化性等，这里要强调的是，本书讨论类词缀的特征是采取一种实证式的考察，比如考察类词缀的能产性，不是举几个构词能力强的类词缀的例子，而是在数据库中全面系统地考察单音节语素，列出每个类词缀在词库中的构词词频；考察类词缀的定位性，就对每个类词缀在词中的位置加以统计说明；考察类词缀意义的虚化，就对每个类词缀是在哪个义项上虚化加以说明。因此，本书的研究是一种实证式研究，有统计的方法，也有定性的逐一考察。考察的类词缀的构词特征拟从能产性、定位性、意义半虚化、不成词四个方面加以说明。

3.3.3.1　能产性

正是着眼于类词缀的构词能力强，在现代汉语构词和中文信息处理的分词中起着重要作用，是现代汉语词汇中的构词部件，所以要把类词缀从语素库中提取出来。

《现代汉语语法信息词典》收词规模属于中型，目前收录了 8 万多个词，收词是很精练的，对于有一些能用规则控制的词，8 万多个词是不会穷尽性地收录的。但即便如此，因为有些语素在词库中构词频率非常高，所以本书采取统计的方法排查出了一些能产性非常强的语素。

对《现代汉语语法信息词典》三字词中的位于词尾的语素进行抽取，按构词频率由高到低排列的前 11 个语素分别是：

子　性　机　器　学　人　员　化　会　品　者

在前 11 个语素中，"子"为真词缀。

"性、学、员、化、品、者"这几个语素被列为类词缀，是基于它们的定位性、虚化义和能产性来考虑的。

把"机、器"列为类词缀的原因是基于"机、器"的构词频率高。《现代汉语语法信息词典》有 13 778 个三字词，而"机、器"这两个不成词语素的词频分别高达 238 次和 215 次，形成了各种各样的"～机"和"～器"结构，如"电报机、锁边机"和"观测器、搅拌器、缓冲器、激光器"等。检验"～机"在 1998年和 2000 年《人民日报》语料中的出现情况，共有 444 次[①]。例如：

---

① 其中包括少量以"机"为词尾的四字词或五字词。

饮水～	板轧～	拌和～	包装～	报到～	报话～	壁挂～
编织～	变位～	变稳～	标签～	表演～	并条～	并行～
播放～	播种～	补报～	步话～	部手～	彩电～	操舟～
操作～	插件～	查询～	柴油～	铲运～	唱盘～	抄纸～
超滤～	称量～	成塑～	成像～	成型～	程控～	充气～
抽水～	抽油～	出票～	出生～	锄草～	处理～	触摸～
穿梭～	传呼～	传真～	窗式～	吹风～	磁带～	磁电～
粗纱～	打包～	打谷～	打火～	打浆～	打麦～	打药～
打印～	打桩～	打字～	大型～	单板～	单放～	单片～
滴丸～	点钞～	电报～	电铲～	电唱～	电传～	电动～
电话～	电排～	电视～	电影～	定型～	动力～	豆浆～
豆奶～	读卡～	赌博～	堆积～	对讲～		

值得注意的是，上述以"机"为词尾组配出来的词，有些词的频率并不高，如"打药机、电排机"等，它们没有必要收入词典，处理成以"机"为类词缀的构词比较妥当。尽管"机、器"的意义在构词中没有虚化，表示"机器"或"器具"义，都是表示"人造物"的，但是鉴于"机"和"器"的高能产性，本书把"机"和"器"看成类词缀，这也可以说是把"能产性"这一衡量标准"加权"了的结果。比如列入类后缀表的"赛、园、症"等，意义不一定特别虚化，但是由于它们的能产性和构词的规则性，把它们列为类词缀，是基于语言的应用来考虑的。虽然很多学者没有把"赛"作为类词缀来考虑，但是《现代汉语语法信息词典》把"赛"标为类词缀，这样对在语料中识别"滑雪赛、亚洲杯赛、挑战赛、友谊赛"等词很有帮助，此时的"赛"作"比赛活动"解释①。在 1998 年《人民日报》的语料库中，"～赛"达 158 个之多。

类词缀构成的词的意义具有透明性，一般可以通过成分义和类词缀义相加而得到，所以词典不会全部收录这种方式构成的词。这种意义的透明性、构词的规则性决定了构词语素的能产性。比如，"迷、狂②、记、群、件、族"等类词缀，

---

① "～赛"中的"赛"应作"比赛活动"解释，《现代汉语词典》忽略了这一名语素的用法，《现代汉语规范词典》解释了这一用法。

② "狂"作为类词缀在构词中改变了自己的词性，《现代汉语规范词典》和《现代汉语词典》只列了它的副词和形容词词性，实际上，"狂"和"迷"一样，也有"沉醉于某一事物的人"的含义，如"工作狂、色情狂"等，这里"狂"转变了词性，这种派生属于 Beard（1995）所说的"换类派生"。

虽然在《现代汉语语法信息词典》所抽取出的三字词库中频率很低，都不超过10次，但这些类词缀在1998年全年的语料库中出现的频率比较高，分别为17、9、29、34、29次。它们尽管在词典中出现的次数不是很多，但在语料中出现的次数却比较多，所以具有造新词的能力。

3.3.3.2 定位性

所谓定位性是指词缀、类词缀在某个义项上会出现在组合的固定位置上。前缀和类前缀只出现在组合的最前面，后缀和类后缀只出现在组合的最后面。例如：

类前缀：半～ 大～ 总～ 代～ 单～ 反～ 非～ 副～

类后缀：～度 ～方 ～感 ～观

关于类词缀的定位性，前贤讨论过很多次。马庆株认为："词缀的分布特征是定位性，不定位的不是词缀。"不管是真词缀还是类词缀，都具有定位性，所以，要确立类词缀，先要对这些语素进行定位，是位于词首，还是位于词尾，位于词首的才有可能成为类前缀，位于词尾的才有可能成为类后缀。类词缀的定位性，不能简单地理解为定位于词中的位置，而是体现在三个方面：一是定词性；二是定义项；三是定词中的位置。类词缀的定位是指在某一个词性、某一个或几个义项上的定位，而不是说充当类词缀的这个语素在任何情况下都是定位的。

充当类词缀的语素一般不止一个词性，而是兼属好几个词性。比如，"～观"中的"观"有"动语素、名语素"两种词性，只有在做名语素，表示"对事物的认识或看法"时，"观"才是类词缀。再如，"鬼"兼属名词、形容词、名语素几种词性，而它做类词缀时，如"烟鬼、讨厌鬼、小气鬼、吝啬鬼、冒失鬼"中的"鬼"，只位于词尾，表示"对具有某种特点的人的蔑称"，在这一固定义项上该语素的位置是固定的。在指"迷信的人所说的人死后的灵魂"这一义项时，"鬼"就不是定位构词，如"鬼魂、鬼神、魔鬼、孤鬼"等中的"鬼"，其位置可以位于词首，也可以位于词尾，在这个义项上的"鬼"就不是类词缀构词。本书所列的类词缀表中，每个语素都有自己的义项。为什么要给每个语素一个义项的解释？因为有的语素不止一个义项，究竟是在哪一个或哪一些义项上这个语素能成为类词缀，这就要考虑语素义项的选取问题。

讨论类词缀的定位性，是定位于词首还是定位于词尾，主要是用词库中的数据来加以说明的。从数据中看出，"度（dù）"①这个语素兼属名词语素（ng）、动词（v）、量词（q）等，《现代汉语词典》（第7版）列出"度"有15个义项，但"度"只是在做名语素且表"程度"这个义项时，才能充当类词缀，构成如"舒适度、回旋度、信誉度"等词。比较显著的是在《现代汉语语法信息词典》8万多个词的数据库中，"度"位于词尾时构成的词有167个，其中指"程度"这一义项的"～度"结构有93个；而位于词首形成"度～"的情况只有10个，如"度过、度假、度量"等。

调查"非"在《现代汉语语法信息词典》和《人民日报》1998年上半年语料库中的情况，包含"非"的词语一共有229个，"非"位于词首时构成的词有157个，位于词尾时构成的词有48个，位于词中时构成的词有24个。位于词首的"非"才有可能成为类词缀。"非"位于词首时，以类词缀方式构成的词很多②，例如：

非蛋白　非伙伴　非样本　非结盟　非船舶　非试点　非经济

非正常　非市场　非工程　非机动　非官方　非西方　非关键

非政府　非骨干　非常规　非工会　非互惠　非科技　非现金

非结晶硅　非主导方面　非正规就业　非对抗方式　非生产人员

非饱和脂肪酸　非法定标志牌

董秀芳（2005：105）提到了左向替换率和右向替换率构词问题。所谓左向替换率，即保持右边的成分不变，替换左边的成分所能造出的同类词的数量。所谓右向替换率，即保持左边的成分不变，替换右边的成分所能造出的同类词的数量。上述"非"做类词缀时构词157个，可看成右向替换率为157。"非"的构词能力很强，产生了很多新词，有很多新词都是用"非～"结构创造的，如英语中的"non-system disk"译为"非系统盘"，"non-profit corporation"译为"非营利公司"，"non-member"译为"非会员""非成员"，等等。这些译词，反映了语言中大量产生的新概念，很容易用类词缀的形式来表达。

"非"位于词尾时构成的词一般不是类词缀构词。"非"位于词尾时，有时是指"非洲"这一义项，如"北非、中东非"等；有时构成成语或习惯用语，如"似

---

① "dù"表示"度"的读音，因为"度"还有duó这个读音，为了区别，所以标示出来。

② "非"位于词首时，也有不是以类词缀方式构成的词，如"非同一般、非此即彼、非国大、非得、非常、非法、非洲队"等。

是而非、是是非非、惹是生非"等；有时构成二字词，如"绝非、莫非"等；有时构成简称，如"国转非、农转非"等。

"非"做类词缀时的义项，《现代汉语词典》和《现代汉语规范词典》的解释大致相同，指"用在一些名词性成分的前面，表示不属于某种范围"。如果是指"非洲"这个义项，"非"是不可能产生类词缀用法的。

需要指出的是，"率（lǜ）、器"在类词缀构词时位置很固定，一般位于词尾。"率（lǜ）"在词库中就没有出现过"前字构词"的情况，它做类词缀时，在读音上定位，在词性上定位，在义项上定位，表示"两个相关数量间的比例关系"。

"器"在《现代汉语语法信息词典》的三字词库中，位于词尾的有215个，位于词首的为零。在1998年《人民日报》和《现代汉语语法信息词典》的三字词库共52 209个词中，"器"位于词尾的多达343个，位于词首的仅11个。由此可见，"器"的词尾构词和词首构词的比例相差很大。

再如"单"。位于词首的"单"和位于词尾的"单"都被列为类词缀，一个是类前缀，一个是类后缀。

类前缀"单"构成的词如"单比例、单航次、单功能、单精度"等，在《现代汉语语法信息词典》的三字词库中有12个；在1998年《人民日报》和《现代汉语语法信息词典》的三字词库中有18个，表示的义项是"独自一个；不跟别的合在一起的"。

类后缀"单"构成的词比较多，在《现代汉语语法信息词典》的三字词库中多达44个；在1998年《人民日报》和《现代汉语语法信息词典》的三字词库中多达96个，如"化验单、工资单、汇款单、承包单、检查单"等，表示的义项是"分项记载事物的纸片"。

《现代汉语语法信息词典》把"～单"中的"单"列为类后缀，在语料分析中有不错的效果，本书也把"～单"中的"单"列为类后缀。

3.3.3.3　意义半虚化

语素意义的虚化与否，作为衡量类词缀的一个标准，很多前贤都探讨过，如朱德熙、马庆株、朱亚军、王洪君、富丽，董秀芳等。虽然语义虚化很难作为判定词缀的必要条件，但是考虑类词缀又无法回避类词缀的语义问题，为此本书提出类词缀的语义半虚化的观点。

朱德熙（1982：29）认为："真正的词缀只能黏附在词根成分上头，它跟词根成分只有位置上的关系，没有意义上的关系。"朱先生只列举出了"初、第、老"3个前缀，"子、儿、头、们、着、了、过、的、得"9个后缀，还认为"性、式、自"都不是词缀。

汉语中真正的词缀并不多，真正的词缀意义必须是虚化的，没有实际的意义。①

例如，"老"是真前缀，在"老好人、老鹰、老王"中，"老"并不承担什么实在的意义。"好人"在《现代汉语词典》（第7版）的解释中，义项❸就是"老好人"。"老好人"并不意味着年纪大，年轻的人也可以称为"老好人"。但是，在"老朋友、老交情"中，"老"有实际意义，不是词缀。那么，"老"在什么义项上是词缀身份呢？本书归纳了一下，"老"在做前缀时，是没有意义的，表现在：① 加在某些动植物名称前面；② 加在姓氏前面。

"老"在做类词缀时，表现在：① 表示排行，如加在"大、二、三……十"前面；② 表示排行在末了的，如"老儿子"；③ 表示尊称，如"老佛爷、老好人"。

比如，"性"不是真词缀，是类词缀。"性"的意义部分虚化，表示"抽象物或属性"，在"思想性、对比性、艺术性"中，"性"若去掉，词义就改变了。

再如，"手"本义是指"人体上肢前端能拿东西的部分"，但在"攻击手、拳击手"中，"手"是指"擅长某种技能的人或做某种事情的人"，意义部分虚化。

又如，在"晚会风、迷信风、打折风"中，"风"是指"风潮；风俗；风气"，意义比"跟地面大致平行的空气流动的现象"这个含义要虚灵。

而"石"也有一定的构词能力，如构成"火山石、磨刀石、打火石"等，其中的"石"是指"岩石，矿物的集合体，是构成地壳的主要成分"，意义很实在，没有虚化。即使"试金石、绊脚石"中的"石"有"转义"的情形发生，但是这里的"石"还是指"岩石"，所以尽管"石"是不成词语素，但由于意义没有虚

---

① 朱先生所列的真正的词缀，如"子"的意义极其虚化，只能解释为"名词后缀"，从共时角度看，有时是羡余成分，如"刀子、马鞍子、脚脖子"中的"子"就可以去掉。"儿"的解释是"后缀，充当名词和少数动词的后缀"，但是像"着、了、过、的、得"等，本书认为它们是助词。

化，不能算作类词缀。

类词缀的意义是半虚化的，类词缀不是可有可无的，半虚化的意义体现在类词缀不像真词缀那样，去掉之后不影响整个词义的表达。类词缀在词语的构成中充当的意义通常不是该语素的本义，而是该语素的比喻义或引申义。如"星"的本义是"天文学上泛指宇宙间能发光或反射光的天体"，由此构成的词有"织女星、启明星"等，比喻有"某种突出的、有特殊作用或才能的人"，构成如"致富星、文教星、法纪星、勤俭星"等。

类词缀常表示某种语义类属，表示人物的某个类型或者动作行为的某个类型。类词缀构成的词常形成一个词群。例如，以"师"构成的词有"厨师、面包师、魔法师、美发师、会计师、音乐师"等，其中，"师"表示"掌握专门学术或技艺的人"，表示某一类型的人，有共同的语义类属，但是具体是哪一类型的人，得由前面的词语来决定。

据 Beard（1995）[①]的分类法，派生构词可分为四个类型：特征值转换派生（feature value switches）、表达性派生（expressive derivation）、功能性派生（functional derivation）和换类派生（transposition）。表达性派生有指小、增量、轻蔑、喜爱、表敬 5 个功能类别。董秀芳（2005）认为，汉语派生结构的类型以表达性派生为主，如用在单音姓氏前的"老""小""阿"，表示了亲近喜爱之情。

下面来探索汉语派生结构的性质。

首先，汉语派生结构具有表达性派生的性质。除了"老""小""阿"外，还有"大"也可以用在单音节姓氏之前，表达一种喜爱之情，如"大李"。还有一个很有意思的类后缀"鬼"，既可以表示蔑称，意义为"称有不良嗜好或行为的人"，如"小气鬼、吝啬鬼"；又可以表示爱称，意义为"对人的昵称（多用于未成年人）"，如"小鬼、机灵鬼、调皮鬼"。

表达性派生除了有 Beard 所说的"指小、增量、轻蔑、喜爱、表敬"5 个类别外，还有一些表示评价的"类词缀"，如"多～、反～、泛～、可～、零～"等，以及对真假值进行判断的"类词缀"，如"不～、非～、伪～、无～"等。

其次，除了表达性派生外，汉语派生结构还可以考虑功能性派生。Beard（1995）所谓的功能性派生，指改变词的语义，所表达的意义相当于一些格（case），

---

① 董秀芳，2005. 汉语词缀的性质与汉语词法特点［J］. 汉语学习（6）：13－19.

如表示施事、受事、地点、来源等。

通过对类词缀几乎穷尽性的调查发现，类词缀的意义大致可以归纳为对人、事物、性质、时间或处所这几个"格"的概括，即类词缀常概括性地表示某类人、事物、性质、时间、处所、观点、方面、样式、方法等。

（1）表示某一类型"人"的类词缀比较多，如"犯、鬼、佬、家、户、狂、迷、群、商、生、手、星、员、者、族、分子"等。这些表示人的不成词语素，描写的是社会生活中的某一类人。人群的划分和描写在语言中常被应用，人常作为对象或主体在语言中被描绘。这类语素能产性比较强，所以本书建议把表示某一类型人的不成词语素列为类词缀。这样就把类词缀中表示人的类型又聚成了一个小类。

（2）表示"物"的意义的类词缀是比较笼统的，如"品、体、物、件"都有表示"物品、事物"义。①"品"的含义是"物品"，如"收藏品、滋补品、洗涤品"等；②"体"的含义是"物体"，如"棱柱体、立方体、结晶体"等；③"物"的含义是"东西；事物"，如"图腾物、吉祥物"等；④"件"的含义是"指总体中可以分开一一计算的事物"，如"焊接件、加工件"等。

（3）表示事物性质的类词缀，有"化、度、气"等。①"化"的类后缀义表示"加在名词或形容词之后构成动词，表示转变成某种性质或状态"，《中国语言生活状况报告》（2010—2015）媒体高频词语中，使用较多的词语是"城镇化、深化、现代化、标准化、绿化"等；②"度"的类后缀义表示"物质的有关性质所达到的程度"，《中国语言生活状况报告》（2010—2015）媒体高频词语中，使用较多的词语是"程度、高度、速度、知名度、满意度"等；③"气"的类后缀义表示"人的作风习气"，《中国语言生活状况报告》（2010—2015）媒体高频词语中，使用较多的词语是"人气、勇气、脾气、名气、景气"等。

（4）表示"时间"的类词缀，有"期"。"期"的类词缀义表示"一段时间"，如《中国语言生活状况报告》（2010—2015）媒体高频词语中，使用较多的词语是"长期、近期、前期、高峰期、有效期"等。

（5）表示"处所"的类词缀，有"园、带"。"园"的类词缀义表示"集中发展某事业的区域"，《中国语言生活状况报告》（2010—2015）媒体高频词语中，使用较多的词语是"产业园、工业园、创业园、科技园、物流园"等。在"～带"

的构词中，"带"有两个义项，有虚化和不虚化之别：一个是"带子或像带子的长条物"，如"彩带、传动带"等；另一个是"地带；区域"，如"开发带、交错带、贫困带"等，后一个"带"表示处所，较前一个"带"的意义虚化，是类词缀。

（6）表示观点、态度的类词缀，有"论、观、感"等。类词缀构词"～论"中的"论"表示"分析和说明事理的话或文章"，如"导论、宿命论、概率论、空想论"等。类词缀构词"～观"中的"观"表示"对事物的认识或看法"，如"科学发展观、价值观、世界观、人生观、政绩观"等。类词缀构词"～感"中的"感"表示"感觉；情感；感想"等，如"动感、性感、责任感、灵感、口感"等。

（7）表示事物所在方的类词缀，有"方、面"等。类词缀构词"～方"中的"方"表示人物所在的方面，如"双方、警方、官方、对方、第三方"等。类词缀构词"～面"中的"面"也可表示事物所在方，如"基本面、对立面、工作面、覆盖面"等。

（8）表示样式、形状的类词缀有"式、型、形、状"等。类词缀构词"～式"中的"式"表示"样式"，如"开放式、跨越式、一站式、中式、复式"等。类词缀构词"～型"中的"型"表示"类型"，如"血型、流线型"等。类词缀构词"～形"中的"形"表示"形状"，如"半月形、圆锥形"等。类词缀构词"～状"中的"状"表示"形状；样子"，如"树枝状、松散状、寒酸状"等。

（9）表示方法的类词缀，有"术"等。类词缀构词"～术"中的"术"表示"方法；策略"，如"战术、移花接木术"等。

通过实证性的考察得出的上述关于类词缀的结论，还是比较符合 Beard（1995）所说的功能性派生的。这些表示某类人、事物、处所的类词缀大致相当于 Beard 的施事格、受事格、地点格等。另外，本书还增加了一些格，如时间格、方式格等。

3.3.3.4　不成词

这里所说的语素的"不成词"只是"相对不成词"。按照马庆株的解释，相对不成词语素有两个或更多义项，有的义项使它有时定位，另外的义项又使它不定位。在词缀义项上定位并且可能不成词，而在其他义项上不定位并且可能成词的，就是相对不成词。

比如，"狂、迷"可以充当形容词或动词，但是在指某类人时，这些语素就不成词了。再如，"热"在"资产经营热、书画热、养鸡热"中是指"某种热潮"义，是不成词的。

在确立类后缀时发现，很多能产性很强的语素，如"法、病、权、量、站、队、室"等，构成的词很多，如"广告法、票据法""佝偻病、肠胃病、稻热病""主办权、决定权""埋藏量、生长量、发生量""雷达站、辅导站""四川队、汽车队""总裁室、监察室"等，但由于这些语素是成词语素，所以不把它们列入类词缀的行列。

需要指出的是，成词语素和不成词语素在现代汉语中是不能截然分开的，有一些"灰色"地带，不好区分成词与否，这里基本依据的是《现代汉语语法信息词典》对于词性的标注。

通过对前面类词缀性质的探讨，我们把具有定位性、语义上比较虚化的能产性强的不成词语素称为类词缀。

3.3.4 基于词库确立的类词缀

类词缀可以通过现代汉语的词库及语料库中进行的实际调查，并结合类词缀的性质而确立下来。

首先，调查语素在三字词中位于词首的频率，按照频率的高低和前面所确立的类词缀标准，逐一筛选类前缀。

其次，抽取三字词中位于词尾的语素，按照频率的高低和前面所确立的类词缀标准，逐一筛选类后缀。

本书就是按照这种定量研究和定性研究相结合的思路来考察现代汉语类词缀的。定量研究是研究的基点，定性研究是类词缀确立的标准。

（1）调查出的类前缀有 23 个，分别是：

半　不　超　大　代　单　第　多　反　泛　非　负

　　　副　可　老　类　零　软　伪　无　相　小　总

　　在这 23 个类前缀中，"可""相" 2 个语素只能充当二字词的类前缀。[①]

　　"阿"没有列入类前缀，因为"阿+姓氏"这一规则可生成很多词，如"阿唐、阿王"等，这一规则具有周遍性。

　　（2）通过定量研究和定性研究相结合，共整理出了 53 个单音节的类后缀，分别是：

　　　带　单　度　额　犯　方　费　风　感　观　鬼
　　　户　化　机　计　记　家　件　界　狂　力　率
　　　论　迷　面　品　期　气　器　群　热　赛　商
　　　生　式　手　术　体　物　星　形　型　性　学
　　　业　仪　员　园　者　症　制　状　族

　　除了单音节的词缀外，还有两个以上音节的词缀，如"～巴巴、～沉沉、～冲冲、～主义、～不溜秋"等，这些词缀都没有列举出来。

　　需要注意的是，类前缀和类后缀常结合在一起使用，如"泛"常和"化""论""主义"等类后缀一起，组合成"泛道德论""泛日耳曼主义"等词。

　　下面列出类前缀和类后缀词目，见表 3-3。[②] 记录的编排顺序如下：词目、出现频率、义项。义项用《现代汉语词典》的标注条目。对台湾"中研院"的报告和《信息处理用现代汉语分词规范》的信息做了比较，将台湾"中研院"的报告没有收录的加下画直线，将《信息处理用现代汉语分词规范》没有收录的加下画曲线，二者皆无的加*号。上标"1、2"之类表示引用《现代汉语词典》的标注。如果某语素只有一条义项，《现代汉语词典》没有标出其序号，本书也不标序号。

　　另外，本书有不同意《现代汉语词典》解释的地方，已经在脚注中标出。

---

　　① 充当二字词的类前缀语素如"可、相"等，其能产性在新词的构造中十分有限，派生的词大多可以收入词库中。

　　② 本书分析了台湾"中研院"的 511 个词缀、接头词和接尾词及刘源等的《信息处理用现代汉语分词规范》的 168 个词缀、接头词和接尾词。台湾"中研院"和刘源等只是列举出词，而没有考察义项。

表 3-3　类前缀和类后缀词目

项目	举例
类前缀词目	半（20）❹、不（54）①、超（21）❷、大（83）②、大（42）③、大（5）❽、大（6）❺、代（27）❷、单（12）④、第¹（5）❶、多（37）❶、反（36）❹、泛（1）❸、非（6）❶、负（12）❿、副¹（9）❶、副¹（3）❸、可¹（24）❶、老（1）⑥、老（3）15、老（7）❷、老（7）❽、类（7）❸、零（15）❶、*软（31）⑦、伪（10）❶❷、无（45）❶、相¹（15）❶、小（35）❽、小（36）❾、小（15）⑧、小（6）❺、总（20）❷、总（10）❸
类后缀词目	带（19）❸、单（44）⑪、度（45）❹、额²（25）、犯（30）❸、方²（15）❷、费（94）❶、风（40）❺、感（30）❺、观（11）❸、鬼（8）❷、鬼（3）⑫、户（23）❷、化（129）❽、机（238）❶、计（36）❷、记（4）❸、家（94）❺、件（10）❶、界（51）❸、狂（5）⑬、力（80）❷、率⑭（95）、论（44）❸、迷（1）❸、面（58）❹、品（107）❶、期（57）❷、气（44）❽、器（215）❶、群（3）❶、热（15）❽、赛（34）❶、商（20）❸、生³（63）❶、式（72）❷、手（32）❼、术（17）❷、体（63）❷、物（66）❶、星（37）⑯、形（27）❶、型（35）❷、性（303）❸、学（188）❹、业（63）❶、仪²（33）、员⑰（159）、园（16）

注：① 在调查语料基础上义项增改为"用于某些名词、动词、形容词或名词性语素前，构成具有否定意义的形容词"。

② 义项增改为"在体积、面积、数量、力量、程度、强度、幅度等方面超过一般或超过所比较的对象"。

③ 增加一义项为"用在事物名前，表示分类"。

④ 引用《现代汉语规范词典》义项❶。

⑤ 表示排行。

⑥ 表示"蔑称"。

⑦ 该义项词典没有，本书确定为"指生产、经营、科研等部门中的非设备性因素"。

⑧ 义项增改为"在体积、面积、数量、规模、力量、程度、地位、年龄等方面不及一般或不及比较的对象（跟"大"相对）"。

⑨ 增加一义项为"用在事物名前，表示分类"。

⑩ 归纳"小"的其中一个义项为"表示爱称、小称"。

⑪ 引用《现代汉语规范词典》义项❻。

⑫ 引用《现代汉语规范词典》义项❼。

⑬ 增加一义项为"指某种狂热的人"。

⑭ "率"读音为"lù"。

⑮ 引用《现代汉语规范词典》义项❸。

⑯ 引用《现代汉语规范词典》义项❺。

⑰ 引用《现代汉语规范词典》义项❶。

　　限于篇幅，表 3-3 只摘取类词缀知识库中的主要字段，在举例中尽量照顾不同词性的词语与类词缀的结合，以及不同音节数与类词缀的结合。另外，表 3-3 所列出的类前缀和类后缀都是通过词义、词频的考察初步得出的结论，还有待于进一步的考察。

　　本书所确定的类词缀是基于词库的定量研究和定性研究的，与前人所确立的类词缀相比，有不少继承，也有一些发展。不同的是，本书在确立类词缀时，是基于词库来研究的，对于《现代汉语语法信息词典》中统计出来的高频语素，有些是学界已经承认的类词缀，如"性、学、员、化、品、者、率（lǜ）、家、式"等，还有一些是本书和少数学者收录的，如"机、器、品、费、力"等。本书因其高能产性而收录。

在类词缀确立的标准上，本书对"类词缀的定位性"强调得更加具体，强调类词缀定词性、定义项、定词中的位置，在对类词缀的描写上更加具体。由于对类词缀的特征——虚化程度的理解不大一致，本书理解的"虚化"除了有表达性派生之外，还有功能性派生，另外，还扩展到了语义上的"格"。

综合考虑类词缀的统计数据和性质，本书确定了类词缀的范围，一方面为适应对外汉语教学的需要，另一方面也是为适应中文信息处理的需要。

本书所确定的类词缀范围之所以与前人的研究有所不同，一个是因为标准的差异，另一个是因为语言的发展。近年来，汉语新词语的构词过程正兴起"词缀化"倾向，类词缀的数量正出现扩充的趋势。类词缀的数量增多有两个原因，一个是从外语翻译过来的词很多，另一个是本土用类推的方式构造的词也很多。这就使派生法构词具有越来越重要的意义，而有关类词缀的研究也很有价值。

3.4　汉语类词缀在国际汉语教材中的分析

类词缀在国际汉语教材中使用得比较多，如张世涛、周小兵等主编的《汉语阅读教程》，白乐桑主编的《说字解词》，李晓琪主编的《博雅汉语》，姜丽萍（2015）主编的《HSK 标准教程（6 上）》等都有很多对类词缀的讲解。

白乐桑所著《说字解词》对《汉语语言文字启蒙》中 7 000 个词进行了解释。对这 7 000 个词进行逐页翻查发现，这些词条中有很多词缀和类词缀，如"～子、～手、～费、～性、～学、～制、～分子、～主义、～家、～迷、～品、～观、～度、～化、～者、小～、大～"等。

《HSK 标准教程（6 上）》在"热身练习"中涉及了很多对类词缀的讲解，如"～物、～费、～手、～化、～式、～观、～于、～品、～界、～器、～型、～率"等，该教程注意到了类词缀构词的潜在能力。

本书以定量统计的方式考察类词缀构词在目前比较通行的几套教材中的应

用情况，选用的教材为张世涛、周小兵等主编的《汉语阅读教程》，刘珣主编的《新实用汉语课本》，李晓琪主编的《博雅汉语》，陈光磊主编的《汉语口语教程》（A 种本）。在这四套教材中，《新实用汉语课本》和《博雅汉语》为综合课本，其余两本为分技能课本，一册为阅读教材，另一册为口语教材。这四套教材的课文和生词表中均含有类词缀构词。但是在《汉语阅读教程》和《博雅汉语》中没有见到词缀或者类词缀的相关标注和明确说明。在《汉语口语教程》（A 科本）中，有的生词表中已经有了"词头""词尾"等相关表达，例如，"第"的词性标注为"词头"，"～迷"中"迷"的词性标注为"词尾"。在《新实用汉语课本》第三册教师用书第 35 课《汽车我先开着》的第五部分"课本'字与词'知识"中，构词法（9）附加式③后面的解释这样写道："汉语中用类后缀语素，附加在单纯词或合成词后边，构成新词。"其列举的类词缀构词原文为：

（1）生：医生① 学生 先生② 小学生 中学生 大学生 留学生 研究生

（2）员：队员 演员 售货员 售票员 服务员 技术员 教员 学员

（3）家：画家 美术家 书法家 科学家 文学家 旅行家 教育家

（4）馆：饭馆 茶馆 咖啡馆 图书馆 美术馆 博物馆 展览馆 熊猫馆

（5）院：医院 学院 医学院 商学院 文学院 科学院 语言学院
　　　　电影院 长安大剧院

在统计中发现，类词缀构词在对外汉语教材中的运用有逐渐增多的趋势。

3.4.1 类词缀在《新实用汉语课本》和《博雅汉语》中的具体运用

本书以《现代汉语类词缀的定量与定性研究》（曾立英，2008）所列的类词缀为标准，对《新实用汉语课本》和《博雅汉语》全套教材的课文内容进行了穷尽式的考察，并将两套教材的类前缀与类后缀分别进行了对比，区分了例频和类

---

① "医生"中类后缀"生"的义项与本文所参考的类后缀"生：学习的人"的义项不符，但还是表示某类人。

② "先生"中类后缀"生"的义项与本文所参考的类后缀"生：学习的人"的义项不符，但还是表示某类人。

频。例频指的是类词缀构词出现的总次数，重复出现的构词也计算在内。类频指的是类词缀构词的词种，重复出现的构词不计算在内。

下面以《博雅汉语》教材中的类后缀"员"为例，说明构词类频和例频的计数："员"在该教材中具体构词为"服务员、售货员、演员、运动员、辅导员、官员、球员、推销员"，构词类频为8；其中，"服务员"出现的次数为11次，"售货员、演员、运动员、辅导员、官员、球员、推销员"出现次数分别为7次、4次、4次、3次、1次、1次、1次，例频累计为32次。

两套教材的类前缀构词分别见表3-4和表3-5。

表3-4　《新实用汉语课本》的类前缀构词

序号	类前缀	构词例频/次	构词类频/次
1	大	119	30
2	不	87	31
3	小	24	13
4	第	17	7
5	代	14	4
6	老	10	6
7	相	10	8
8	可	9	6
9	多	6	5
10	半	3	2
11	反	1	1
12	总	1	1
	总计	301	114

表3-5　《博雅汉语》的类前缀构词

序号	类前缀	构词例频/次	构词类频/次
1	不	584	107
2	大	249	84
3	小	167	60
4	老	149	36
5	可	110	11

续表

序号	类前缀	构词例频/次	构词类频/次
6	无	91	39
7	相	79	25
8	第	73	9
9	非	64	3
10	多	51	14
11	单	23	9
12	半	22	6
13	度	19	11
14	超	19	8
15	代	19	5
16	总	12	4
17	反	6	4
18	软	1	1
	总计	1 738	436

两套教材的类后缀构词分别见表3-6和表3-7。

表3-6 《新实用汉语课本》的类后缀构词

序号	类后缀	构词例频/次	构词类频/次
1	员	46	5
2	生	27	6
3	学	16	5
4	面	12	7
5	品	10	5
6	园	10	4
7	期	9	6
8	者	8	4
9	费	6	6
10	机	5	4

续表

序号	类后缀	构词例频/次	构词类频/次
11	力	5	4
12	术	5	3
13	家	5	2
14	方	4	2
15	性	3	3
16	件	3	2
17	族	3	2
18	业	3	2
19	制	3	1
20	单	3	1
21	式	2	2
22	度	2	2
23	化	2	1
24	物	2	1
25	论	1	1
26	鬼	1	1
27	观	1	1
28	商	1	1
29	型	1	1
	总计	199	85

表3-7 《博雅汉语》的类后缀构词

序号	类后缀	构词例频/次	构词类频/次
1	方	126	13
2	家	108	26
3	物	101	16
4	面	82	18
5	生	53	8

续表

序号	类后缀	构词例频/次	构词类频/次
6	力	50	16
7	化	46	13
8	机	39	8
9	期	38	12
10	者	37	18
11	性	34	23
12	员	32	8
13	式	29	9
14	园	24	8
15	迷	24	3
16	学	21	6
17	品	20	11
18	制	18	7
19	体	16	5
20	手	16	5
21	单	16	4
22	感	15	11
23	费	15	8
24	术	14	6
25	族	13	7
26	论	11	5
27	件	10	7
28	鬼	10	2
29	气	10	7
30	型	9	6

续表

序号	类后缀	构词例频/次	构词类频/次
31	业	9	4
32	记	9	3
33	器	8	5
34	观	8	3
35	界	6	4
36	风	5	4
37	赛	5	3
38	星	2	2
39	商	1	1
40	户	1	1
	总计	1 091	326

通过类前缀和类后缀的 4 个表可以看出,《新实用汉语课本》的类词缀构词的类频和例频数要远低于《博雅汉语》的类频和例频数。《新实用汉语课本》中含有 12 个类前缀,《博雅汉语》中含有 18 个类前缀;《新实用汉语课本》中含有 29 个类后缀构词,《博雅汉语》中含有 40 个类后缀。

表 3-8 列举了两套教材中前五位类前缀与前十位类后缀,通过对比可以看出,两套教材在类词缀构词方面存在差异。

表3-8 《新实用汉语课本》与《博雅汉语》中前五位类前缀与前十位类后缀

教材	类前缀	类后缀
新实用汉语课本	不~、大~、小~、相~、第~	~面、~生、~费、~期、~员、~学、~品、~者、~机、~力
博雅汉语	不~、大~、小~、无~、老~	~家、~性、~者、~面、~物、~力、~化、~方、~期、~品

由表 3-8 可以看出,在前五位类前缀中,《新实用汉语课本》和《博雅汉语》中的前三个相同,它们是"不、大、小",而类后缀的差别远甚于类前缀,但其

中还是有五个相同的类后缀，它们是"面、期、品、者、力"。这说明了类后缀的多样性。

需要注意，只统计课文内容中的类词缀构词，会忽略类词缀构词在教材中的释义和在练习中的出现，如在《新实用汉语课本》（第三册，第29课）中，附在"书法家"英文释义后面的"艺术家""美术家""音乐家""画家""小说家"未正式列在生词表和课文中，在课文内容中无法检索。

3.4.2　将类词缀引入国际汉语教材中的作用

本书对《汉语阅读教程》和《汉语口语教程》这两套教材（共 10 册）生词表中的类词缀构词进行了穷尽式的考察。

《汉语阅读教程》4 册教材中共有 1 579 个生词。在这 1 579 个生词中，有 167 个未标注词性的生词，本书将其作为词组来处理。从余下的 1 412 个标注词性的生词中筛选出类词缀构词，其类频为 53 次，占标有词性生词总数的 3.86%。

《汉语口语教程》6 册教材中共有 2 416 个生词。在这 2 416 个生词中，有 253 个未标注词性的生词，处理同上。从余下的 2 163 个标注词性的生词中筛选出类词缀构词，其类频为 111 次，占标有词性生词总数的 5.13%。

《汉语阅读教程》和《汉语口语教程》中所筛选的类词缀构词均未做重复计算。例如，类后缀"员"，在《汉语阅读教程》中的构词有：

员：官～　演～　议～　职～

其中，"官员"分别出现在《中级汉语阅读教材 I》第 10 课和《中级汉语阅读教材 II》第 2 课中。

［例 3-22］2003 年春节，总统梅加瓦蒂没有去上班，她在自己的家里会见了来访问的客人，一些政府官员还在电视上用汉语向华人表示祝贺。

［例 3-23］美国财政部官员对新闻界公布：他们发现有一批百元美钞印错了，票面金额至少达到 460 万美元。

　　在本书的统计中，"官员"一词只计入一次。"官员"一词的重复出现也从侧面说明了编者在编写教材时意识到了词汇重现的必要性。

　　以下列举《汉语阅读教程》和《汉语口语教程》中构词种数大于或等于 2 的类词缀。

　　《汉语阅读教程》中的类前缀构词：

　　　　大：　～陆　～拇指　～人物

　　　　总：　～统　～经理

　　　　老：　～板　～百姓

　　　　可：　～怜　～疑

　　　　相：　～爱　～信

　　　　不：　～料　～详

　　《汉语阅读教程》中的类后缀构词：

　　　　员：　官～　演～　议～　　职～

　　　　感：　灵～　反～　观～　　荣誉～

　　　　户：　用～　个体～

　　　　力：　毅～　注意～

　　　　家：　专～　艺术～

　　　　化：　净～　恶～

　　　　记：　题～　传～

　　《汉语口语教程》中的类前缀构词：

　　　　大：　～街　　～学　～衣　～人　～权　～自然　～楼　～众

　　　　相：　～信　　～爱　～处　～差

　　　　单：　～亲　　～干　～行道

　　　　不：　～错　　～利　～得了

　　　　小：　～伙子　～朋友

　　　　总：　～统　　～值

《汉语口语教程》中的类后缀构词：

力：听～　　能～　　权～　　实～　体～　阻～　　劳动～　压～
　　智～

化：绿～　　美～　　退～　　现代～　社会～

方：南～　　男～　　女～　　双～　　西～

机：飞～　　电视～　　洗衣～　　照相～

员：演～　　服务～　　管理～　　运动～

性：个～　　积极～　　倾向～　　一次～

面：前～　　外～　　后～　　下～

园：公～　　幼儿～　　动物～

症：癌～　　肥胖～　　综合～

家：作～　　科学～　　音乐～

生：学～　　留学～　　毕业～

品：食～　　补～　　商～

学：化～　　数～　　医～

器：瓷～　　净水～

犯：毒～　　罪～

期：长～　　短～

业：工～　　农～

由于受课型限制，《汉语阅读教程》和《汉语口语教程》所含类词缀构词类频和例频数远不如《新实用汉语课本》和《博雅汉语》。由此更加说明，词汇的出现依附于教材类型和内容。

类词缀介于词缀和自由语素之间，之所以能够单独列为一类，是因为其有自身的特点。下面结合上述讨论来分析将类词缀引入国际汉语教材中的有益作用（谢祎坤等，2014）。

1. 将类词缀引入对外汉语教材有助于学生了解词语的意义

类词缀具有类化作用。所谓类化作用就是说由类词缀构成的词一般都具有标示词性的作用，可以帮助学生掌握词类。以《汉语阅读教程》为例：形容词性的类前缀"可"在这套教材中所构成的词共有"可怜""可疑"两个，均为形容词；

动词性的类后缀"化"在这套教材中所构成的词有"净化""恶化"两个,均为动词。同样,在其他三套教材中也是这样:"可爱""可惜"(《汉语口语教程》),"可喜""可行"(《新实用汉语课本》),"可观""可笑"(《博雅汉语》)均为形容词;"绿化""退化"(《汉语口语教程》),"现代化"(《新实用汉语课本》),"简化""进化"(《博雅汉语》)均为动词。

除词性的类化外,类词缀的类化作用还包括意义的类化。例如:"～者"表示"从事某项工作、做某件事、持某种信仰观念的人",与学生学习生活密切相关的构词有"学习者""教育工作者""作者""表演者";"～迷"表示"沉醉于某一事物的人",相关构词有"足球迷""摇滚迷""舞蹈迷"等。

汉语兼类词颇多,本就是学生学习的难点。教材中将具有类推性特点的类词缀纳入其中有助于学生判断词类,与此同时,还可以提高学生使用汉语的正确率。这一点也充分说明了类词缀的实用性。类词缀具有很强的类推性,降低了学生学习的难度。例如:类前缀"不"在"不易"(《博雅汉语》)、"不足"(《新实用汉语课本》)、"不料"(《汉语阅读教材》)、"不错"(《汉语口语教程》)中义项为"用于某些名词、动词、形容词或名词性语素前,构成具有否定意义的形容词";类后缀"费",在"学费"(《新实用汉语课本》)、"电费"(《博雅汉语》)、"稿费"(《汉语阅读教程》)中的义项为"费用,开支的钱"。

2. 将类词缀引入对外汉语教材有助于学生了解汉语的构词法

杜旭东(2011)提到,类词缀是合成词派生方式中的构词要素,了解它可以对现代汉语的派生构词法有一定的把握。

本书主要从类词缀的特性——定位性来说明。

类词缀具有定位性,即充当类词缀的语素位置固定。类词缀为黏着语素也限定了它的这一特点。按照这一特点可将类词缀分为类前缀和类后缀。类前缀在构词时位于词首,如"单",其充当类前缀义项所构之词有"单方面""单相思""单比例"等。如果将其置于词尾,虽同为类词缀,但就定位性而言,必须加以区分,而将其归入类后缀一类,所构之词如"承包单""化验单""报销单"等。就"单"这个字的字形和读音而言,在充当类前缀和类后缀时,没有任何差别;而就意义而言,两者又毫不相干。充当类前缀的"单"义项为"独自一个;不跟别的合在一起的",充当类后缀的"单"义项为"分项记载事物的纸片"。

类词缀以定位性的形式在教材中的出现为学生的学习提供了便利。例如，充当类前缀的"相"只能出现在词首，如"相爱"（《初级汉语阅读教材 I》第 9 课）、"相信"（《初级汉语阅读教材 I》第 11 课），而当其为非类词缀义时，也可以出现在词尾，如"竞相、争相"。充当类后缀的"感"只能出现在词尾，如"荣誉感"（《中级汉语阅读教材 II》第 11 课）、"反感"（《中级汉语阅读教材 II》第 54 课），而当其为自由语素时，也可以出现在词首，如"感情、感谢"。学生除了记住类词缀的义项外，还可以根据所处的位置来判断其是否为类词缀。

3. 将类词缀引入对外汉语教材有助于学生扩大词汇量

杜旭东（2011）提到了类词缀构词有助于扩大学生的词汇量，满足其交际需求。本章主要从类词缀的能产性来说明将类词缀引入对外汉语教材的有益之处。所谓能产性是指构词能力。类词缀能产性强，就是说类词缀有很强的构词能力，即构词数量多。词汇量的扩大使学生交际时可选择的词汇增多，交际更加流畅。例如，类后缀"者"在《博雅汉语》中的构词有：

者：读～　记～　劣～　智～　说～　　前～　听～　学～
　　旅行～　旁观～　素食～　孙行～　统治～
　　欣赏～　优秀～　爱好～　胜利～　肉食～

通过"者"可以看出，一个类词缀可以和多个语素组合成词，与之组合的语素可以是名词性的、动词性的，可以是形容词性的，范围广。同时，类词缀与其他语素组合成词，既可以是二字词如"用户"等，也可以是三字词如"非结盟"等，还可以是多字词如"零附加税"等，层次多。

《新实用汉语课本》的编排体现了将类词缀构词引入对外汉语教材的有益作用。如前所述，将类词缀构词的"书法家"扩展为"艺术家""美术家""音乐家""画家""小说家"等，既有利于学生词汇量的扩大，满足了克拉申"i+1""可理解输入"假说的要求，又让学生有源于课本而高于课本的成就感。

此外，由类词缀构成的词，词义一般由词缀义和语素义相加而得，对于把汉语作为外语学习的人来说，这种词在日常生活中更易习得。

3.4.3　类词缀在对外汉语教材中的个案分析——以"化"和"方"为例

本节以《汉语口语教程》为参考，对其课文和练习中所含语素"化"和"方"的构词进行穷尽式的考察，以便准确说明类词缀在对外汉语教材课文和练习中的运用情况。

3.4.3.1　动词性类后缀"化"

《汉语口语教程》共 6 本书，其所含语素"化"的构词频次与"文化"一词在语素"化"构词中的比例见表 3-9。

表 3-9　语素"化"的构词频次与"文化"一词在语素"化"构词中的比例

课本名称	《汉语口语教程》初级上	《汉语口语教程》初级下	《汉语口语教程》中级上	《汉语口语教程》中级下	《汉语口语教程》高级上	《汉语口语教程》高级下
语素"化"构词频次/次	0	19	1	14	21	96
"文化"一词出现的频次/次	0	12	1	2	13	74
"文化"一词在语素"化"构词频次中所占比例/%	0	63	100	14	62	77

由表 3-9 可知，在包含语素"化"的构词中，"文化"一词有相当数量的分布，可见"文化"一词为国际汉语教材的高频词。

在《汉语口语教程》（中级上）中开始出现"文化"一词，如：

[例3-24] 在你们的文化里，有没有不许男人（man）或女人（woman）做的事？

例 3-24 中出现了"文化"一词，但"化"做类后缀时为动词性的，显然，以名词形式出现的"文化"并非类词缀构词，也不计入分析范围。但是，6本书的共同特点之一就是前言中多次出现"文化"这个词。

"化"作为类词缀构词频次在语素"化"构词频次中的比例见表3-10。

表3-10 "化"作为类词缀构词频次在语素"化"构词频次中的比例

课本名称	《汉语口语教程》初级上	《汉语口语教程》初级下	《汉语口语教程》中级上	《汉语口语教程》中级下	《汉语口语教程》高级上	《汉语口语教程》高级下
语素"化"构词频次/次	0	19	1	14	21	96
"化"作为类词缀构词频次/次	0	6	0	6	3	11
"化"作为类词缀构词频次在语素"化"构词频次中所占比例/%	0	32	0	43	14	11

在计入分析的4本书中出现的类词缀构词有：

化：绿～ 美～ 退～ 现代～ 社会～ 工业～ 集体～

这7个词出现的构词频次分别为10，5，4，3，3，1，1。可见，"绿化"出现的频次最高。

下面以"绿化"为例分析一下它在《汉语口语教程》中的运用情况。"绿化"这一类词缀构词首先出现在《汉语口语教程》初级下册第13课《谈生活环境》中。由题目便可知道文章与"绿化"相关，也就是前面提到的词汇与文章主题紧密相连，重现率高。"绿化"在这一课中共出现了5次，其中课文中出现1次，练习中出现4次。练习四部分中有三部分出现了"绿化"："朗读下面句子"中出现2次；"朗读下面对话"及"组词成句"中各出现1次。

吴世雄指出："确保新教的字词可以在短时期内有较高的重现率，可以显著提高习得效率和记忆效果。"类词缀构词以这样的形式在教材中运用对于学生的轻松理解、牢固识记、灵活运用有很大益处。其中，原句复述环节的设置更是凸显了重点词汇，也保证了其重现率。尤其是词汇在教材中间隔式重现，对于国际汉语学习者减少遗忘、习得汉语更加有利。"绿化"不仅在该课中高频次出现，在后面的课文中也有重现。

另外，"现代化"一词在《汉语口语教程》生词表中虽标注为形容词，但与本书所说的"化"为类词缀构词并不矛盾。

类词缀构词在教材中循序渐进地运用还体现在同一个类词缀构的词多上，说明了类词缀能产性强的特点。下面比较一下"化"作为类词缀构词在《汉语口语教程》各阶段的分布情况，见表3-11。

表3-11 "化"作为类词缀构词在《汉语口语教程》各阶段的分布

课本名称	"化"的类词缀构词
《汉语口语教程》初级下	绿化
《汉语口语教程》中级下	绿化、现代化
《汉语口语教程》高级上	社会化
《汉语口语教程》高级下	退化、工业化、现代化、美化、集体化

由表3-11可知，在《汉语口语教程》这套教材中，最后一本也是难度最大的一本，是以"化"为例的类词缀构词的集大成者，构词最多，较之以前所出现的词汇也稍难，反映了类词缀教学难度上的循序渐进。

3.4.3.2 名词性类后缀"方"

《汉语口语教程》共6本书，其所含语素"方"的构词频次与"方"作为类词缀构词频次见表3-12。

表3-12 语素"方"的构词频次与"方"作为类词缀构词频次

课本名称	《汉语口语教程》初级上	《汉语口语教程》初级下	《汉语口语教程》中级上	《汉语口语教程》中级下	《汉语口语教程》高级上	《汉语口语教程》高级下
语素"方"的构词频次/次	0	83	14	32	78	86
"方"作为类词缀构词频次/次	0	0	4	1	23	35
"方"类词缀构词频次在"方"构词频次中的比例/%	0	0	29	3	29	41

《汉语口语教程》（初级上）中没有语素"方"构成的词，所以不计入分析。初看表3-12，语素"方"所构之词在《汉语口语教程》中似乎并未按照由易到难的等级分布，《汉语口语教程》（初级下）中所含数量仅次于《汉语口语教程》

（高级下），但是这并不能说明类词缀构词在教材中的运用是无规律的。下面具体分析类后缀"方"在《汉语口语教程》各个阶段的分布情况。

《汉语口语教程》（初级下）中虽有83个语素"方"的构词，分别为"地方"（49个）、"方便"（18个）、"方面"（11个）、"平方"（5个），但并无类词缀构词，所以，它们不计入分析范围。

如表3−12所列：从数量方面看，《汉语口语教程》（中级下）中语素"方"的类词缀构词（1个，"北方"）虽然没有《汉语口语教程》（中级上）的个数（4个，"南方"）多，但是《汉语口语教程》（中级上）中的类后缀"方"的构词为"南方"的4次重复。《汉语口语教程》（中级下）中虽只有一个"北方"，但由于前面的课本中并没有相关的词，可知"北方"是在"南方"基础上出现的。从"方"类词缀构词频次在"方"构词频次中的比例看，《汉语口语教程》（中级上）中的比例和《汉语口语教程》（高级上）中的比例一样，都是29%，但是就种类而言，《汉语口语教程》（高级上）中的种类却是《汉语口语教程》（中级上）中的3倍。《汉语口语教程》（中级上）中只有1种类词缀构词（南方），而《汉语口语教程》（高级上）中却有3种（南方、女方、双方）。《汉语口语教程》（高级下）中与《汉语口语教程》（高级上）的种类相同，但是除"双方"是重现词外，其余都为新词。所以，类词缀在该教材中的运用符合循序渐进的原则。同时，类词缀构词在教材中与主题的相关性也十分可观，最突出的例子为《汉语口语教程》（高级下）第3课《涉外婚姻》，全书中所有类词缀"方"的构词全部汇集在这一课了，总数为35个，重现次数最多。

国际汉语教材数量众多，本书之所以选择这套教材的两个主要原因在以"化"和"方"为例的讨论中已经十分清晰：首先，教材中所现词汇与文章主题紧密相连，重现率高；其次，教材中所现词汇体现了教学中循序渐进的原则，包括词汇重现和新词出现的数量都充分体现了这个原则。

由此可见，类词缀在对外汉语教材中的运用，既是高效学习新生词、巩固旧生词的方式，又是在此基础上扩展词汇、增加词汇量的有效途径，可以让留学生掌握汉语的构词法，富有成效地学习汉语。

Bybee在关于儿童语言习得的新研究中，强调了儿童在早期阶段对某种构式例子的使用，逐渐地引出更多一般构式。在教材中也可以强调如"化"和"方"等典型类词缀构式例子的使用，从而逐渐引出更多一般类词缀构式。

3.4.4　类词缀在国际汉语教学中的运用

　　是否可以直接将词缀、类词缀的构词无选择地教给学生？当然不可以。类词缀构词在对外汉语教材中的运用需要注意一些问题。

　　类词缀作为语素和词缀中间地带的构词成分，它只是在某种义项上出现在某个固定的组合上，在汉语教学中，应注意类词缀定位性的限制条件，不能一概地把这个语素构成的词全部看成类词缀构词。比如，"制、性、学"，它们位于词首时构成的词，如"制成、制度、性别、性格、学生、学习"等，不属于类词缀构词，只有当它们位于词尾时才有可能是类词缀构词，构成如"公有制、必然性、优生学"等词。即使同一个字放在词尾，但由于义项不同，其所构成的词也是有区别的，如"帮手、好手、选手"中的"手"与"分手、拿手"中的"手"义项不一样，前者是类词缀构词，后者不是类词缀构词。"手"的构词在《发展汉语·中级听力（Ⅱ）》中包括类词缀构词和非类词缀构词两类，前者如"（电脑）高手"，后者如"分手、亲手"。"分手"在教学中的重现率要高于"高手"，这反映了类词缀在面向外国学生的汉语教学中，要受到一定的限制。

　　首先，就学生了解词语的意义而言。由于有些语素本身有多重义项，类词缀的义项仅是其多重义项中的一项，这就造成了学生区分上的困难。在学生记忆尚不牢固的情况下，混淆便会发生，在混淆的情况下，必然会给判断该词是否为类词缀构词带来困难。从类词缀的类推性看，以类前缀"总"为例，在《汉语阅读教程》中构词共有"总裁、总是、总统、总经理"4个，其中"总裁、总统、总经理"为名词，而"总是"为副词。"总是"并非类词缀构词且词性为副词，其余3个均为类词缀构词且词性为名词。所以，一定要让学生注意"总是"的词性为副词，意义是"表示一直如此，经常如此；全是，都是"，尽量避免学生出现偏误，造成化石化现象。同时，也要告诉学生，不能将类词缀规则泛化。编者也要在生词义项条目中将它们区别开来。

　　其次，就学生了解汉语的构词法而言。有的同一个语素在不同义项下既可以作为类前缀，又可以作为类后缀。如前面所提到的类词缀"单"，在表示"独自一个；不跟别的合在一起的"这个义项时构词为"单方面、单相思、单比例"等，在表示"分项记载事物的纸片"这个义项时构词为"承包单、化验单、报销单"等。这样，教材所列类词缀生词便对老师教授学生义项方面提出了更高的要求，也对学生关于类词缀义项的识记程度提出了更高的要求。所以，教材在编排类似类词缀时需要有恰当的时间间隔，以免使学生分辨不清。

最后，就扩大学生的词汇量而言。类词缀的能产性在一定条件下与时代性密切相关。新词总是因社会某一方面的需求而产生，在产生新词的同时，也赋予了这类构词时代性的特点。如"个体户"是因为改革开放初期很多人自立门户而出现的；"搬迁户"是因某种原因某一地区居民需要大规模迁移到他处而出现的，三峡大坝修建期间这样的搬迁户就很多；"暴发户"是指因征用土地受益、发现矿藏、赌博等短时间内发财得势的人。这些词因其表意明确、简单、易懂而在特定的时间内不分社会阶层地广泛地被人们所使用，即流通性强。再如当下正在流行的类词缀"丝、二代、体"：

丝：粉～　屌～

二代：官～　红～　富～

体：淘宝～　陈欧～　甄嬛～

编者在收录相关类词缀构词时要斟酌挑选，尽可能地让学生学习使用价值大的词。学生在学习这类词时不能照单全收，要有所选择。

 思考

（1）谈谈你对汉语构词法和造词法的理解。

（2）汉语的"火车、汽车、轿车"在泰语中分别是"รถไฟ、รถยนต์、รถเก๋ง"，汉语的"车"与泰语的"รถ"对应，由此体现了汉语和泰语在构词法上有什么关系？另外，与汉语"盲人"对应的泰语词为"คน（人）ตา（眼）บอด（盲）"，这一词语，汉、泰语都有"失去视力的人"的意思，但泰语还比喻"男女在恋爱中被迷惑了"，这反映了汉、泰语在词义对应上有什么特点？

（3）请谈谈汉语的同素词及其在教学中可能出现的问题，试举例说明。

第 4 章

词语教学的释义与方法

　　本章主要聚焦于词语的释义，首先谈词义的特点和构成：词义具有概括性、模糊性和民族性，词义由词汇意义、语法意义、色彩意义构成。词义具有组合关系和聚合关系，特别是近义词、多义词，是词语释义的重点和难点。词语释义方法一方面要反映语言学的规律，另一方面要契合国际汉语教学的实际，注意准确地运用"语言法和非语言法"的语境法、"文化含义阐释法"等释义方法。

4.1 词义的特点和构成

4.1.1 词义的特点

词义具有概括性、模糊性和民族性三种特性。

概括性是词义的一个重要特性。所谓概括，是指对现实现象的分类，把有共同特征的现象归集在一起，给予一个名称，使它和其他现象区别开来。如"菜"有"白菜、菠菜、油菜、芹菜、青菜、蔬菜"等，人们在概括出了"菜"的意义的同时，也舍弃了各种"菜"的具体的个别的特征，这就是词义的概括性。

模糊性也是词义的一个重要特性。汉语中有些词义反映的对象，其本身具有什么特征很明确，但与其他对象的界限或某对象不同发展阶段的界限不很明确，是逐渐过渡的，这就是词义的模糊性。如"中年"和"老年"之间的界限并不很明确，"我们现在就走吧！"和"我们现在都是年轻人"中的"现在"所指的时间长短也不一致。

民族性是词义的另一个重要特性。每个民族都有自己的语言，都有为本民族所约定俗成的词义。词义在形成和发展的过程中，往往要受到使用它的民族条件的制约。民族的文化素养、心理状态以及生活习俗等，都可以对词义产生影响，这就是词义的民族性。离开民族文化背景，有的词义就难以理解。如学习者把"铁窗"理解为"用钢材做的窗户""窗的外面东西，用铁来做的""窗口的材料是铁材""地铁的窗户"。有斯里兰卡学生不懂"红娘"这个词，认为其意义有些偏颇，因为给人介绍对象的人也有男的。但"红娘"一词源于《西厢记》，因该戏曲中的"红娘"促成了崔莺莺和张生的结合，后"红娘"用作"媒人"的代称。因此，对于有特定文化意义的词语，应该引导学习者在汉文化的系统中体会词义所蕴含的民族特点和意义。

4.1.2　词义的构成

词义一般由词汇意义、语法意义、色彩意义三个部分构成。

词汇意义也称概念意义，是人们对现实现象的反映以及由此带来的人们对现实现象的主观评价。如"书"和"书籍"词汇意义就有区别，"书"是"装订成册的著作"，"书籍"是书的总称。词的词汇意义包括人们对现实现象的反映以及对现实现象的主观评价。如"人、上帝、天堂、鬼"等词的词义是有现实根据的，人们对现实现象的反映虽然以"被摹写的东西的客观实在性为前提"，但不是简单的、直接的、照镜子那样死板的，而是复杂的、曲折的，有时带有幻想成分。

语法意义是词表示语法特点和语法作用的意义。"书"和"书籍"除了词汇意义有区别外，语法意义也不同。"书籍"是抽象名词，不可数；"书"是可数名词，也是动词。"书"做名词时，可做主语、宾语。"书"还是个语素，有构词能力，而"书籍"没有构词能力。

对于同样的现实现象，人们的主观态度可以不同，这就给词义加上了一层附加色彩。如"节约、抠""领袖、头子""牺牲、完蛋"等词附加的色彩意义完全不同。

色彩意义是词所表示的某种倾向或情调的意义。色彩意义包括感情色彩、形象色彩、语体风格色彩、时代色彩、外来色彩、地方色彩、民族色彩等。

感情色彩主要指褒贬色彩。带有赞扬、肯定、褒扬等色彩的词叫褒义词；带有厌恶、否定、贬斥等色彩的词叫贬义词。在两者之间还有中性词。如"成果"表达的是褒义的感情色彩，"后果"表达的是贬义的感情色彩，"结果"表达的是中性的感情色彩。汉语的"热心"表示"有热情，有兴趣，肯尽力"义，而泰语的"ร้อนใจ（热心）"则为"心急"义，多用于贬义。外国学习者经常出现"褒词贬用"的情况。例如：

［例4-1］这里的环境和空气得到了污染。

例 4-1 中的"得到"应改为"遭到"。"得到"表示"事物为自己所有；获得"义，至少是中性词，而"遭到"是贬义的。

汉语的"鸡冠花、连环画、红艳艳"具有形象色彩，"祖母"和"奶奶"语体风格色彩不同，"红卫兵"具有时代色彩，"浪漫"具有外来色彩，"胡同"具有地方色彩，"丝"具有民族色彩。

Lyons（1995）将词义分成指示意义（denotation）、关系意义（sense）和指称意义（reference）。"指示意义"反映语言以外的某类事物，是和外部世界的实体（entity）相关的一种表达；"关系意义"反映语言内部的单位关系意义，是和语言系统相关的；"指称意义"反映语境中的特定事物。这些意义彼此是相关联的，词的意义不是笼统的一个意义，意义也是分不同层面的。像很多虚词，如连词"而、而且"等，表示的是两个单位之间的连接关系。

4.2　词义的组合和聚合

组合关系和聚合关系是语言学中的两条纲，当符号组合表达意义时，符号和符号之间的结构关系为组合关系。在组合链条上能互相替换的符号，具有某种相同的功能，它们之间的关系是聚合关系。

词义也具有组合关系和聚合关系，词义的组合主要是通过词语的搭配来实现的，词义的聚合主要体现在近义词、多义词、反义词、上下位义、语义场等关系上。

4.2.1　近义词

近义词指声音不同、意义相同或相近的词。其中，意义完全相同的词叫等义词。"土豆、马铃薯""维他命、维生素"是等义词。等义词往往是语言借用的结果，借自方言和外语的词与本土的词形成等义词。等义词在长期的使用中或者意义产生分化，或者其中一个被淘汰。如"电话"和"德律风"为等义词，从外语借用的音译词"德律风"就被淘汰了。

一般所说的近义词指的是意义相近的词。近义词在汉语中大量存在，如何辨析是多数语言教师每天都必须面对的事情。

近义词的辨析应从词义概念、感情色彩、语体意义等方面入手。如："盼望"比"希望"程度要重；"生命"比"性命"词义要广，"性命"只能指"人"，而"生命"则可指一切生物；"人"和"人们"有个体与群体之别；"鼓动"与"煽动"意思相近，但"鼓动"是中性词，"煽动"是贬义词；"祖母"和"奶奶"、"虽然"和"虽说"、"擅长"和"拿手"有书面语和口语之别。

？想一想

留学生为什么会询问"本人"和"亲自"的区别？

郭志良指出，对外汉语教学同义辨析对象的范围不仅大于同义词典词义辨析对象的范围，也大于汉语教学词义辨析对象的范围。

李绍林认为，对外汉语教学的同义范围大到什么程度难以确定，因为不管是研究同义词还是编同义词词典，都是由研究者、编写者按照一定的标准筛选同义词，编写者有主动性，在对外汉语教学中，只有部分同义词是由教师提出来的，而更多的同义词是由留学生提出来的。不管是同义词还是准同义词，甚至不是同义词，留学生觉得混淆了，区分不开，他就认为是同义词，就要求老师解释。

张博（2007）指出，二语学习者还会受母语词汇知识的影响而混淆某些形音义都非常疏离的汉语词。有鉴于此，对外汉语教学中的词语辨析应当放弃"同义""近义"这类汉语本体研究提供的标尺，真正转换视角，基于中介语词语混用的现实进行词语辨析，所辨析的对象就是"易混淆词"（confusable word）。

国际汉语教学的近义词的范围比较广，比如英文注释相同的汉语词，在留学生看来，可能是近义词，如"也"和"还"都有 also 义，"搬"和"动"都有 to move 义，"穿"和"戴"都有 to wear 义，"主意"和"意见"都有 idea 义，等等，像这些近义词，学生容易出现偏误。解决此类问题，首先，可以彻查近义词辨析方面的工具书，当手边没有工具书，又是在课堂现场讲解时，面对近义词的辨析，可以先从典型例子与语料中，归纳出近义词的区别。

比如，对"也"和"还"进行辨析。

首先，探讨它们出现相异的典型语境：

［**例4-2**］你有一个问题，我<u>也</u>有一个问题。

You have a question，I also have a question.

［**例4-3**］我已经谈了不少想法，但我<u>还</u>有一个问题。

I have already talked a lot about my thoughts，but I also have a question.

在例 4-2 中，"你有一个问题，我也有一个问题"，这两个问题是一样的，所以构成并列关系。但在例 4-3 中，"我已经谈了不少想法，但我还有一个问题"，"问题"很显然是附加在已经谈过了的想法之后的，两者并不构成并列关系。

然后，尝试归纳"也"和"还"的出现规律。"也"是用来表示与前面所说相同的东西，是对前面所给信息的重复，因此，"也"所引出的东西（或事情），跟上一句中所说的东西形成一种并列关系。"还"表示一种另加的成分，跟前述的东西不一定形成并列关系。

虽然"也"和"还"在某些情况下可以互换使用，但其侧重点是不一样的。比较以下两例：

［**例4-4**］李老师教我们汉字和语法，她<u>还</u>教我们口语。

［**例4-5**］李老师教我们汉字和语法，她<u>也</u>教我们口语。（傅鸿础，2010）

例 4-4 和例 4-5 虽然都可大致英译为"Li teaches us Chinese characters and grammar；she also teaches us conversation"，但它们强调的重点不同：例 4-4 强调除了其他课程之外，李老师另外还教口语；例 4-5 则只是列举她所教的三门课，没有先后轻重之分。

词与词的辨析要从概念意义、句法表现、语体色彩、母语解释等多方面进行探讨。比如"再"和"又"，表示"重复"的意思时，英文都有"again"的意思。"又"可以说"又来了"，"再"不可以说"再来了"，说明"又"用于"完成体"，"再"用于"未完成体"。这种近义词的辨析是从动词的"时、体"上来分析的，和句法表现有关。

 想一想

"祝"和"祝贺"有没有类似的情况？

通过对《汉语水平考试词汇与汉字等级大纲》中的甲级词和乙级词中英文注释相同的词的抽取，抽出 44 个近义词，列成 19 组，摘录如下：

（1）主意、意见。（2）应该、该。（3）作用、影响。

（4）使用、用。（5）再、又。（6）咱、咱们、我们。

（7）祝、祝贺。（8）装、运、搬。（9）词、字。

（10）做、作。（11）失败、败。（12）帮、帮忙。

（13）薄、细、瘦。（14）保、保护。（15）宝贵、珍贵。

（16）报到、报道（报导）、报告，报、报纸。（17）北部、北方。

（18）城、城市。（19）得、得到。

这 19 组近义词，大都有相同的英文注释。由此可以反观，在词语的释义中不能仅仅根据英文翻译来进行。

近义词可组成"近义关系网络"。如以"静"为中心的近义关系词群：

静、安静、宁静、寂静、幽静、肃静、清静、平静、僻静、沉静、冷静、静穆、恬静、静谧、冷清、安谧、镇静、心静、悄然、悄悄、寂然、冷寂、幽寂、静谧、静悄悄、冷清清、悄然无声、悄无声息、夜深人静、夜阑人静、万籁无声、鸦雀无声……

再如以"商谈"为中心的近义关系词群：

商谈、商量、商洽、商议、商酌、商榷、商讨、商定、商计、协商、面商、相商、磋商、洽谈、会谈、面洽、核计、共商、谈判、议事、讨论、研讨、研究、切磋……

近义关系网络词群有助于学习者将某个词与其他词联系起来，深入了解词语的用法，进行词语的深度学习。

近义词的教学在汉语作为第二语言的教学中是难点。

杨寄洲（2004）认为，外国学习者一旦学完了汉语的基本语法并掌握了 1 500 个左右的常用词语以后，就会遇到同义词、近义词用法方面的问题。那么，在对留学生进行词语教学的过程中要不要进行词语辨析？对这一问题，在对外汉语教学界还存在不同的认识。一种意见认为，词义辨析是教学的难点，很难使留学生理解，碰到时应回避，尽量不辨，或者不作为重点，不必重视，不要多讲。还有一种意见，是与上述意见截然不同的。这种意见认为，掌握近义词的多少往往标志着掌握一门语言的程度，一般在中级阶段扩词的范围是近义词、反义词或形近词，所以基础汉语教材后期开始涉及一些常用的近义词，应该用实例说明它们的异同，加深留学生对近义词细微差别的印象。

从教学实践中认识到，随着留学生汉语词汇量的增加，碰到的近义词会越来越多，留学生掌握词汇的难点也越来越集中在词义辨析方面。不可避免地，到中高级阶段，词义辨析的任务会越来越重。这项工作对学汉语的留学生来讲并不是可有可无的，相反，它决定着他们是否能比较准确、比较生动地用汉语进行口头或书面交际。因此，词语辨析应得到足够的重视。

4.2.1.1 近义词的分类

根据学习者词语混用和误解的影响因素，可把汉语易混用的近义词分为以下几种。

1. 理性意义基本相同的词，也就是狭义的近义词

"解释、说明""粗心、马虎""诞辰、生日"等词，语义关系近，其间的细微差别很难被学习者感知和把握，被混用的可能性很大。对这类词的辨析应主要在用法和附属意义上。邓守信主编的《汉英汉语常用近义词用法词典》和杨寄洲、贾永芬主编的《1700 对近义词语用法对比》就特别侧重于辨析近义词的搭配关系、词形变化及语体限制、褒贬色彩等方面的异同。

2. 有相同语素的近义词

在汉语中，大量复合词因含有相同的语素，在意义和书写形式上都有相同之处，最容易发生混淆，例如：

[**例 4-6**] 虽然我们很少寄信，但是每年她一定寄我一张生日卡片。（虽然我们很少通信，但是每年她一定寄我一张生日卡片。）

[**例 4-7**] 他们谈了一下儿，就开心地回家了。（他们谈了一会儿，就开心地回家了）

[**例 4-8**] 下午，要晚上的时候。我们的家都整齐了。除了厨房，还一点脏。

（下午，要晚上的时候。我们的家都整齐了。除了厨房，还<u>有点儿脏</u>。）

关于同素词的教学，前面 3.1.3.2 节已经详细介绍了，可以在 Pustejovsky（1995）生成词库理论下，对同素词进行系统的教学。

3. 母语一词多义对应的汉语词

学习者母语中的一个多义词，可能对应汉语的两个或多个词。学习者学过其中之一后，可能会用这个词表示母语多义词可以表示的其他意思。例如，英语的 live 是一个多义词，有两个常用义：① （在某处）住，居住；② （以某种方式）生活，过日子。当学生学过"住"后，可能会误将汉语"住"与英语的 live 等同起来，在"生活"的意义上也常常使用"住"，写出"我<u>住</u>的地方还留着封建的想法，学汉语的年轻人很少"这类句子。

4. 母语汉字词与对应的汉语词

在日语、韩语等语言中，都有大量汉字词，其中有些汉字词与汉语的某个词同形，可意义和用法并不相同，而是对应另外一个汉语词。日、韩学生对母语与汉语同形的词往往不够敏感，在表达中直接使用母语词，造成母语汉字词与对应的汉语词混淆。

4.2.1.2　近义词的辨析

近义词的辨析主要从意义和用法两个方面入手。

1. 对比近义词意义的异同

对比两个词语意义的异同时，应着重从基本意义、感情意义、语体意义等方面入手。比如"创造、制造""自私、自爱""擅长、拿手"等，就可以从词义的着重点、感情色彩和语体色彩上加以辨别。

2. 对比词语用法的不同

对比近义词的用法时，内容包括近义词的词性、搭配对象、造句功能、构词能力、构形变化等方面。

　　"大概"和"大约"意思差不多，但"大概"既是副词又是形容词和名词，"大约"只能是副词；"不料"和"竟然"都有"没想到"的意思，但是"竟然"前可以带主语，"不料"前不能有主语，如可以说"他竟然连考试都没参加就回国了"，但不能说"他不料连考试都没参加就回国了"。

　　"北"和"北边"表示方向时可以互相替换，但"北"是语素，有构词能力，"北边"则没有构词能力，如可以说"冬天这里常刮北风"，不可以说"冬天这里常刮北边风"。"安静"和"寂静"，前者可以重叠，后者则不行，属于近义词的构形变化不同。

　　"旅行""旅游""游览"这三个词语义近似，但是"旅行"和"旅游"不能带宾语，"游览"则可以带处所宾语。"旅行"多指到比较远的地方去，重在"行"，目的可以是游玩、学习和调查等；"旅游"重在"游玩"，目的是欣赏名胜、风景和市容等。如 BCC 语料库中的句子：

　　　[例 4-9] 他又变得很活跃了。他徒步旅行、调查测勘、发表演说和进行写作。
　　　[例 4-10] 他又变得很活跃了。他徒步旅游、调查测勘、发表演说和进行写作。

　　由于"旅行"的目的可以是非游玩性质的，例 4-9 用"旅行"比较好。例 4-10用"旅游"则不大能被接受。

4.2.2　多义词

　　科学术语是单义的。词在产生之初是单义的，但在使用中往往会变成多义的。一词多义符合经济性原则。所谓多义词是指一个语音形式具有多个有联系的义项的词。

　　多义词的意义有本义、派生义和中心意义之别。"本义"是指有历史可查的最初的意义，如"兵"的本义是"武器"，成语"短兵相接"中的"兵"用的是本义。"派生义"是指由本义衍生出来的意义，如"青"除了指颜色外，还指"青草或没有成熟的庄稼"，还比喻"年轻"。词义派生的途径是引申，引申大体可通过比喻和换喻来实现。比喻的基础是现实现象的相似性，换喻的基础是现实现象的相关性。中心意义是指在一个时代最常用的意义，中心意义有时和本义一致，有时和本义不一致。如"兵"，现在一般人首先想到的是"兵士"义。

词的本义是从历史渊源来说的；词的中心意义是就多义词在某个时代的各个意义的关系来说的。了解词的本义可以帮助解释词义。如学生问为什么说"虎口、鸟嘴"，而不说"鸟口、虎嘴"，因为"口"本义是"孔洞"，而"嘴"本义是"鸟嘴"，"嘴"的词源义是"小"，所以可以这样解释这两个词的来历。

应该注意多义词和同音词的区别。多义词的各个义项之间有联系，而同音词的各个义项之间没有联系。比如"玫瑰花"与"花钱"，两个"花"词义之间没有联系，所以是同音词。再如"买米"的"米"和"1 米 6"中的"米"，一个是"食物"，另一个是音译词，表计量单位，所以它们是同音词。

汉语一个词往往有两个或两个以上的义项，词的多义现象普遍存在，对于留学生来说，要区分同一个词形的几个不同的意义，并在交际中正确地使用，颇有难度。因此，在对外汉语教学中，汉语多义词的教学是词汇教学的重点和难点之一。

如"脸色"一词，在对外汉语教材中出现了多种意义的用法：

［例 4-11］老中医戴上花镜，让马丁坐到他的面前，他先看了看马丁的<u>脸色</u>，又让他张嘴，看了看他的舌头，然后，他让马丁伸出左手。(《成功之路进步篇·上》)

［例 4-12］小女孩也不是一开始就这么懂事的，第一次来的时候，她把玲玲的玩具给弄脏了，玲玲的<u>脸色</u>很难看。(《发展汉语·中级听力（Ⅱ）》)

例 4-11 与例 4-12 中的"脸色"是多义词，例 4-11 中的"脸色"为名词，指"脸上表现出来的健康状况；气色"，例 4-12 中的"脸色"指"脸上的表情"。在教学中，可创设情境，如告诉学生，"今年公司没赚到钱，老板的脸色不好"等。

？ 想一想

在《发展汉语·中级听力（Ⅱ）》中出现了这样一个"判断正误"题，你觉得留学生的理解障碍是什么？

［例 4-13］女孩儿太穷，只好买商店<u>处理</u>的指甲油。

《初级汉语课本》中的"走"作为生词出现在第 29 课。课文中的句子"下车以后是不是往南走"用的是"走"的"向前移动"义。紧接着的第 30 课也出现了"走"的用例:"明天就要走了?怎么这么快?我明天送你。"这里的"走"用的是"离开"义。对于初学汉语的学生而言,这个新的意义,应给予解释。再如"火",学生先接触"物体燃烧时发出的光和焰"这一义项,然后才接触"火"的另一个义项——"比喻热烈、兴旺",如"他们的生意很火"。

多义词的习得情况不仅仅代表学习者词汇学习的数量,同时也关系到词汇学习的质量。因为多义词的各个义项在语义上互有关联,多义词的学习过程实际上就是对目的语词义系统理解和掌握的过程(李慧等)。留学生在多义词的使用中容易出现错误。例如:

[**例 4—14**] 他们聊天,<u>打</u>国际象棋,或一起看电视。

[**例 4—15**] 我跟她说了"你怎么能轻易地忘掉约会呢?我再也不<u>看</u>你了

例 4—14 中"打国际象棋"应为"下国际象棋",造成偏误的原因是"打"在"做某种游戏"这个义项上,常常对译为英语中的"play",但在英语中"play"的搭配范围更为广泛,可以与"basketball,football,tennis"等表示球类运动的词搭配,还可以与"piano,violin"等表示乐器的词和"chess"等表示棋类的词搭配。例 4—15 是把"见"误用为"看",混淆的是"看"的第一个义项,表示"目光接触",应该用"见"表示"看"的结果。

多义词在词汇中占的比例较大,并且现代汉语的常用词多是多义词。周健、廖暑业对《汉语水平词汇与汉字等级大纲》音节首字母为 A 和 B 的多义词进行了统计,发现多义词在词目中所占比例较高,接近三分之一。例如:音节首字母为 A 的词有 58 个,多义词有 18 个,占 31.03%;音节首字母为 B 的词有 505 个,多义词有 156 个,占 30.89%;多义词总共 174 个,占 30.91%。

但是,这个数据没有统计完全,为此本书对《汉语水平词汇与汉字等级大纲》8 822 个词语,从多义词的角度进行了穷尽式调查。首先把这些词语的义项逐一在《现代汉语词典》(第 5 版)中列举出来,排除了"外向型、走弯路、无可奉告、肾炎、由此可见"等词典中没有收录的词语 329 条,然后对《汉语水平词汇与汉字等级大纲》中 8 493 个词语进行了义项分析,发现多义词共 3 191 个,占所分析的《汉语水平词汇与汉字等级大纲》中 8 493 个词语的 37.57%,比周健、廖暑业(2006)的多义词比例要高出 6.66%。

下面列举一些《汉语水平词汇与汉字等级大纲》中的常用多义词：

半天、打（dǎ）、点¹、套、正（zhèng）、花¹、开¹、老、发、放、对、下²（xià）、好（hǎo）、起¹（qǐ）、顶、头（tóu）、号¹（hào）、上²（shàng）、来¹、拉¹（lā）、地（dì）、关、出¹、子¹（zǐ）、天、落（luò）、家（jiā）、道¹、包、去¹、会¹（huì）、是³、把¹（bǎ）、横（héng）、走、坐、过（guò）、管²、算、提、分

这里的"点¹"中的上标1表明还有"点²"，是根据《现代汉语词典》标注的，表明"点¹""点²"两者形同而义不同，"点¹"指"① 液体的小滴。② 小的痕迹。③ 汉字的笔画，形状是'、'。""点²"指"① 铁制的响器，挂起来敲，用来报告时间或召集群众。② 旧时夜间计时用更点，一更分五点。③ 时间单位，一昼夜的二十四分之一。④ 规定的钟点"。

单音节多义词构词能力强，使用频率非常高，这容易给第二语言学习者带来一些困扰。如"打"作为动词时，《现代汉语词典》（第7版）设立了24条义项。

多义词的教学有着循序渐进的过程，要注重从义项的使用频率、学生的接受度、教师的时间等方面来考虑，进行分阶段教学，同时教师也需要有多义词教学的全局观念，注重多义词的词义之间的联系，结合具体场景对多义词进行优化教学。

4.2.3　反义词

反义词是人类各种语言中普遍存在的一种词语类聚。在语言使用者的通常语感中，反义词彼此依存，相反相对，具有高度的对应性。同义和反义中的"同"和"反"是对立统一的。反义词必须以共同的意义领域为前提，没有"同"就无所谓"反"。因此，第二语言学习者在目的语理解和使用中，往往会利用反义关系进行由正及反或由反及正的类推。

反义词意义相反或相对，概括反映的是同类现象中的两个对立的方面。如"长"和"短"都属于长度度量的范围，"白"与"黑"同属于颜色。

反义词有绝对反义词和相对反义词之分。绝对反义词是建立在矛盾关系的基础上，不存在中间状态的反义词。"生、死"是绝对反义词；"冷、热"和"买、卖"允许有中间状态，它们是相对反义词。

留学生在理解和使用汉语的过程中，由于反义词的误导，会生造词语，如会认为"中医"的反义词是"外医"，认为"中"的反义词只有"外"。另外，留学生还会说出"每一个人都有优点和<u>差点</u>"之类的句子，其中的"<u>差点</u>"是指缺点，是生造的词。

4.2.4　语义场和义素分析

4.2.4.1　语义场

凡是具有相同的语义特征，在词义上处于相互联系、相互制约关系中的一群词聚合在一起形成一个语义聚合体，就是语义场（semantic field）。语言学把语义之间的关系也看成一个一个的场，处于同一个语义场中的词义互相联系、互相制约。词义的分析和描写也在语义场中进行，语义场实际上是词义的一种类聚。语义场可以分为不同的类型，常见的如：

> 上下位义场：动物、狗、哈巴狗；水果、苹果、国光苹果
> 顺序义场：元帅—上将—中将—少将—上校
> 关系义场：丈夫—妻子；教师—学生
> 同义义场：老婆、媳妇、妻子、爱人
> 反义义场：死—活

我国在两千多年前就流行于世的《尔雅》是一部重要的语汇学典籍，它是根据上下位概念的关系来编纂的。根据语言学中的上下位概念关系可以形成许多大小语义场，把那些属于上下位概念的结构单位依次列入语义场，使数量庞杂的字或词进入系统的轨道，从而可以把语义研究纳入一个系统。

语义场是有层次的。亲属关系语义场，如图4-1所示。

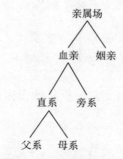

图 4-1　亲属关系语义场

　　语义场的层次性反映了外部世界各种事物在人的大脑中的反映是有层次的，也就是说，语言中的语义是一个有层次的网络体系。语义场是我们对词义进行分析的基础。

4.2.4.2　义素分析

　　义素是最小的语义单位，是对词的义项进行分析后提取出来的带有区别性特征的语义单位，是一个词区别于其他词的本质属性。义素分析法借鉴了语音学中的区别特征的分析，将语义分解成更小的成分。

　　对"男人、女人、男孩、女孩"可进行下列义素分析：

　　　男人：[人][男性][成年]
　　　女人：[人][女性][成年]
　　　男孩：[人][男性][未成年]
　　　女孩：[人][女性][未成年]

　　义素分析还可以采用正负值使描写进一步简化，如"女人：[+人、-男性、+成年]"等。义素分析法是现代语义学所使用的一种深入到词的内部，分析词的理性意义构成的方法，通过对不同词（词群）的一组义位的比较，可以找出它们所包含的共同义素和区别义素。

　　义素的分析离不开语义场，而语义场实际上是具有共同义素的义位形成的集合。义素分析法在国际汉语教学中具有积极的意义，可以有效地说明词义的聚合或组合关系。

义素分析可以清楚地显示近义关系，例如：

> 边疆：［+国土］［+靠近国界］［+范围大］
>
> 边境：［+国土］［+靠近国界］［−范围大］

词的上下位义关系也可以由义素分析显示出来，例如：

> 学校：［+机构］［+专门进行教育］
>
> 大学：［+机构］［+专门进行教育］［+高等］

义素分析的缺陷是语义成分的数量不确定。有些词的词义很难分解成合适的更小的成分，如"红"除了分解为"颜色"之外，很难再分解出其他成分。

4.2.5　词义的组合

词义的组合是通过词语的搭配或组合来实现的。比如，"人"是"能制造工具并使用工具进行劳动的高等动物，如男～｜女～｜～们｜～类"，但是"人"在词语的组合中还产生了很多和这个意义相关但又不同的意义，如：

> （1）长大成人。（指成年人）
>
> （2）人云亦云｜待人诚恳。（指别人）
>
> （3）丢人｜这个同志人很好｜他人老实。（指人的品质、性格或名誉）
>
> （4）这两天人不大舒服｜送到医院人已经昏迷过去了。（指人的身体或意识）

词义的组合是从一般回到特殊，从简单回到复杂，组合中的词义往往会增添词汇中的词所缺少的特征。

据张博（2008：28）的观点，从总体上看，供本族语者使用的汉语近义词词典，由于没有解释词语特定组合关系的压力，比较偏重词义的辨析，略于词语用法的辨析。相比较而言，国际汉语学习词典因注重第二语言学习者的语言生成，故略于词义辨析，偏重词语用法的辨析。这类词典或广列词语搭配实例，以使学习者通过大量语例体会和掌握词的用法；或用表格的形式，在可搭配项下画√，不可搭配项下画×，直观地显示词语用法的异同。

　　贯通词语意义和组合关系非常重要。一方面，词语的搭配受到语法规则的支配，如组合模式在词性方面有严格要求，汉语中"形+名"组合与"动+名"组合都是和语法规则相联系的；另一方面，词义的组合也受到词义条件的限制。比如，"喝"可组合成"喝水、喝汤、喝粥、喝酒"等，却不能组合成"喝馒头、喝烟"等，因为这里"喝"的对象是"液体食物"。再如"生产"和"产生"同为动词，但"生产"的宾语多是具体名词，"产生"的宾语多是抽象名词。词语的搭配还要考虑社会的使用习惯，如"空虚"和"实力"相配，"空洞"和"内容"相配。

　　从认知心理学上讲，一个词语真正被掌握，必须在记忆的存储系统中成为词语语义网络中的一个节点，它的各个义项都能分别同其他有关概念、语义联系起来，这样才能在语言使用中互相激活语义，提取意义。

　　比如"多发"一词，学生不明白该词怎么用，可列举出该词的搭配，如"感冒是春季的多发病""多发季节""日本是地震多发之国"等，归纳"多发"搭配的常用格式为"多发+名词"，是"经常发生"的意思。

　　词义的正确组合除了受词语语义、语法特征的制约外，还应遵循词语语用的规律。据苏英霞的观点，从对部分教材"词语例释"的考察来看，关于词语语用特征的介绍可以说是最欠缺的。词语的语用特征包括很多方面，如在实际交际中的语用前提、语用目的、表达重点、表达功能、语境及适用的语体等。

　　留学生造出的句子中有"词义组合"的问题，比如：

　　[例4-16] 以前，总觉得像上海这样的现代化大都市人们的生活节奏那么快，肯定会<u>少</u>一些人和人之间的交流。

　　[例4-17] 学习与运动可以说是我的<u>爱好之一</u>。

　　例[4-16]中的"少交流"的组合不恰当，应将"少"改为"缺少"。例[4-17]中有两处错误，一处是"学习"一般不归为"爱好"，另一处"学习与运动"不是"爱好之一"。

　　比如，某老挝学生在中国留学时，造了这样一个句子：

　　[例4-18] <u>本国</u>除了有很多名胜之外，还有很多好吃的水果。

　　例4-18中的"本国"应该改为"我国"。"本"用在名词前，是以说话人当

125

时所在的处所为参照的，该老挝学生现在在中国，介绍自己的国家时，最好不要用"本国"。外国学习者不理解"本"的语用功能。

4.3　词语释义的方法与原则

词汇教学的重要环节是释义，而释义要求遵循一定的原则。释义的方法多种多样，虽然可以"综合"运用，但综合运用绝非毫无目的地乱用，使用不同方法时必须考虑到教师的职责、释义的原则、教学的目的、教学对象的情况等。

据傅海燕（2007：V-VI）的观点，教师的职责是将学习的过程和学习的内容化难为易，做到寓教于乐，使学生触类旁通。通过这样的教学理念与实践，让学生致力于长期、有效的努力。化难为易是找出办法帮助学生成功；寓教于乐是为了消除紧张感，让学生愉快地学习；触类旁通指的是学生理解时能举一反三。

《国际汉语教学优秀课例集2》介绍了"出产、一带"的词语教学，面向的是《国际汉语教学通用课程大纲》五级水平的学生，释义的方法值得借鉴。

> 出产
> 提问：新疆出产（重音读）什么水果？（哈密瓜）
> 提问：联想电脑是哪个国家生产（重音读）的？（中国）
> 选词填空练习：
> 出产　　　　生产
> a. 大连＿＿＿＿各种各样的海鲜。
> b. 这瓶可乐的＿＿＿＿日期是哪天？
> c. 新疆很多工厂＿＿＿＿的葡萄酒都是用当地＿＿＿＿的葡萄加工而成的。
> 辨析：如果是可以直接得到的产品，比如水果、海鲜什么的，我们说"出产"；如果还需要再加工的，就说"生产"。
> 一带
> 看图说：在新疆天山北麓，有很多生产葡萄酒的工厂。用"一带"怎么说？（天山北麓一带有很多葡萄酒厂。）
> 你们经常去三里屯，为什么？（三里屯一带有很多酒吧。）

中国哪个地区的城市经济比较发达？（看图说：中国东南沿海一带的城市经济比较发达。）

以上教学能够将比较难的生词讲解得简洁明了，提问的设计符合学生水平，并能够和学生的实际生活和见闻相联系，有必要的近义词辨析，能让学生通过学习，理解"出产""一带"这两个词，体现了在"用中学"的教学理念。

4.3.1　词语释义方法

吕必松（1999）在《对外汉语教学概论》中提到了 6 种词义解释的方法：① 用实物或图片解释；② 用同义词或反义词解释；③ 用语素义解释；④ 类比；⑤ 叙述情境；⑥ 用学生已经掌握的语言解释。吕先生的释义方法至今大多数仍比较适用，还有很多学者对释义方法做出了归纳性分析和总结，如吴勇毅（2004）、钱玉莲（2006）、高燕（2008）、王汉卫（2009）等。

4.3.1.1　非语言法和语言法

1. 非语言法

非语言法是指借用实物、模型、图画、动作、表情等非语言手段解释词语的方法。有：实物法，即用实物、图画、模型等工具来解释词语意义的方法；演示法，包括多媒体等音像的演示和教师动作、手势、表情的演示等。

用动作（包括身段）、手势、表情来解释词语可以用在很多方面，比如教师在解释"拉、推、拖、提、放、端、举、抬、扛、背、抱"等动词时，用动作、手势来解释或辅助解释效果比较好。这种解释方法符合"全身反应法"（total physical response）精神，因为从操练的角度看，"全身反应法"在入门阶段就是以祈使句打头，让学生跟着教师的命令用各种动作做出反应。

周健（2010：164）介绍学习方位词时所采取的"全身反应法"，很适合青少年。一人念方位词"上、下、左、右、前、后"，可以不按顺序念，另一人在身体相应的位置拍手。例如"上"，在头顶上方拍手；"下"，手垂下拍手；"前"，

在身体前方拍手；"后"，在身体背后拍手；等等。教师可先做演示，如果面向的
对象是小学生，还可以让两位小学生登台表演，两人念如下的句子并做动作：

两只小鸟飞过来，（两人各做飞的动作）
上上下下，左左右右，
前前后后到处飞，
飞来飞去不见了。（各自做飞的动作，到"不见了"时飞到自己座位上）

用实物或图片解释词义，其好处是简单明了，可以加快声音和概念的直接联
系，如"钥匙、项链、苹果"等，可用实物或图片来解释，并带上句型的输入与
输出，充分利用某个实物或某张图片的价值。

2. 语言法

和非语言法相对的就是语言法，这是一种常规的普遍使用的方法。比如，解
释"爷爷、后天"，可采取定义法，"爷爷"是"爸爸的爸爸"，"后天"是"明天
的明天"。

比如在《博雅汉语·中级冲刺篇》的生词释义中，就运用了英汉互译和汉汉
互译的释义方法，教材的中文翻译很精当，例句经过了精选，很值得借鉴。

坚果：nut
纤维：fiber
屠宰场：大规模杀死动物的地方。
愈：越。
绝望【动】希望断绝；毫无希望。
老人长期生病，卧床不起，对生活感到绝望了。

4.3.1.2 媒介语释义法、混合释义法、目的语释义法

语言手段的使用还可以从是否使用学习者的母语来进行分类，释义模式大致
有 3 种：

（1）媒介语释义法（单、多语种外文翻译），主要用于初中级阶段水平的学生。
（2）混合释义法（汉外混合解释），主要用于中高级阶段水平的学生。

（3）目的语释义法（汉语解释），主要用于高级阶段水平的学生。

前两种释义模式是翻译法的体现。不同语言之间总会有一些对应词语，比如"艾滋病、电视、浪漫、幽默"可以面向说英语国家的学生采取翻译法，因为这些词都是音译词。但是，翻译法也有弊端，因为在跨语言的对比中，并非所有的对应词语都完全等值。如欧美籍学生说出了"田野里种了很多米饭"的错句，原因是"rice"对应汉语的"饭""米""稻谷"。

胡明扬谈到了语汇教学中对译出现的问题及解决方法。问题在于使用一对一或一对多的生词表成了多年来语汇教学的唯一模式，而且深入人心，在学生和部分教师的心目中形成了一种不同语言词语之间存在简单的对应关系的观点。这种观点不仅不符合事实，而且对语汇教学贻害无穷。事实上，不同语言语汇单位之间，除了专有名词和单义的术语以外，基本上不存在简单的对应关系，更不可能是一种"一对一"的关系，而只有一种极其复杂的交叉关系，也就是说，只有在某些情况下可以互相对译，在其他情况下根本不能对译，而即使在可以对译的情况下，也可能在附加色彩和文化内涵上有不同程度的差异。

在教学中词语的对译不可能像详解词典的注释那样详尽，但是应该一开头就让学生明白两种不同语言的词语之间不存在一对一的关系，绝大多数词语不止一种意义，而且不同语言的词语的语义范围可以很不相同。碰到两种语言在语义或用法上有较大差别的词语应该适当讲解，讲清楚词语的特点，防止母语的干扰。

胡明扬提出了几点解决对译问题的意见，他提出在初级阶段还可以使用现在通行的一对一或一对多的新词语表，不过，应注意两点：① 如果课文中出现的不是有关词语的主要意义，在新词语表中应该补出主要意义，而且应该列在第一位；② 如果对译方式不能反映不同语言有关词语在语义上的差异，而又不太复杂，可以用加注的方式来说明。例如：

饭　cooked rice or other food （a general term for meals）

中级阶段的新词语表应该和初级阶段的新词语表有所不同，对一些跟学生的母语有明显差异的词语，除了加注对译词以外，应该尽可能增加现代汉语原文词典的释义内容，因为这才是有关词语的"原义"。教师在讲解时还必须举例，没有能说明问题的好例子，再详尽的注释也很难说明全部问题。这样做的另一个目的是为在高级阶段学生自己使用汉语原文词典打下基础。在高级阶段似乎可以不再列新词语表，而应该要求学生使用词典，最好是使用汉语原文词典。

4.3.1.3　单动法和互动法

单动法和互动法，是从教学对象的参与程度所做的分类。

1. 单动法

单动法是指教师讲解、学习者接受的方法。这也是一种常用的方法，尤其是对一些词义比较简单的词语而言，它是比较适用的，如"教室、老师、汉语"等。

2. 互动法

互动法是指教师采用积极有效的启发和引导，鼓励学习者参与，由学习者自己发现并总结规律的方法，从过程上可以分为学习者猜测和教师归纳两个步骤。互动法的积极意义在于不仅发挥了学习者的能动性，使他们自觉地寻求词语的意义并牢固地记忆，而且培养了他们良好的自学词语的意识和能力。如教"增加"一词时，可说一下学校这几年的招生人数情况，"2006 年 500 名学生，2007 年 700名，2008 年 900 名，2009 年 1 000 名，今年已经 1 200 名了"，然后启发学生用"增加"一词造句。

4.3.1.4　语素释义法

所谓语素释义法，是指用语素义进行解释的方法，它注重构词理据。汉语的合成词在意义上跟构词成分有一定联系，因此，用语素义解释合成词的词义可以帮助学生更好地理解和记忆。例如学了"甭说"之后，就可以理解"甭"和"听、理、闹"组合成的"甭听、甭理、甭闹"等词语。同样道理，告诉了学生"白吃"中的"白"是"免费的，不要钱的"含义后，接着解释"白用、白拿"就可以类比了。在教合成词的时候，最好同时解释其中的语素，如学生学了"读、作、记、者"之后，就会懂得"读者、作者、记者"的意思。

有很多合成词的意义可以通过构成该词的语素义推导出来。据苑春法、黄昌宁的定量统计，在汉语语素数据库中，由语素构成的二字词共计有 43 097 个，其中名词有 22 016 个，占 51.08%，动词有 15 666 个，占 36.35%；形容词有 3 276 个，占 7.6%；三类词合起来占总二字词的 95.03%。不管是名词、动词，还是形容词，"二字词的意义是两个语素意义的组合"的都占绝大部分。也就是说，语素在构词时一般总是保持原来的意义不变，这也是语素的一个特点。教师可利用这个特点，用语素义解释词义，最好结合汉语的构词法，即说明语素和语素之间的各种不同的语义关系，以使学生在理解时能举一反三。

语素是构成词的要素，充分利用语素和构词法教授词语可以起到很好的效果。在初级阶段，学习了"营业员"一词，可适当补充与之相关的几个甲级词或所含语素不难的部分乙级词以及相关词语，如"营业时间、营业范围、运动员、服务员、售票员、管理员、演员"，并指出"员"是指"做某种工作的人"。

在教学中，还应关注语素的多义性，注意多义语素在不同复合词中意义的灵活性和多变性。据张江丽对 40 名中级水平的汉语第二语言学习者的调查发现，学习者对"同情"一词有如下解释："同时的情况"及"一样的情况"。对于有多个义位的多义语素"同"和"情"，学习者尚不能正确选择合适的义位来解释，教师可采取多种方法帮助学习者掌握多义语素。

汉字承载了几千年的文化，现代汉语中有些复合词和组成复合词的语素还保留造字的本义或上古时代的常用义，用现代汉语的意义来理解这些词和语素的意义就会产生隔膜，这就需要我们区分语素义的历史层次，只有这样才能准确把握古汉语遗留的语素义和词义在现代汉语中的意义。

4.3.1.5　语义系联法

语义系联法是指通过词语语义之间的联系来进行解释的教学方法，具体包括近义法、反义法、多义法、上下义法及"部分—整体"释义法等。

认知心理学（如 Ausubel，1963）认为学习是一个循序渐进的过程，学习者的语言习得从一个形式一个意义开始，在同一个形式的基础上逐渐加入多义项（相同的形式不同的意义，多义词），或在同一个意义的基础上逐渐学习不同的形式（相同的意义不同的形式，同义词）。这样的教学方式帮助学生把要学的新内容有机地建立在学习者已知的基础上，或是在意义上，或是功能上建立连接性，学习就变得容易且有意义了（温晓虹，2008：241）。

（1）近义法是建立在词与词或词与语近义的基础上的，其中主要是针对词与词之间的近义关系而采用的方法。在实施近义法的过程中，教师可从已学过的内容入手，引导启发学习者，帮助他们认识到已知和新学的内容之间的有机联系，把对新内容的学习建立在已知的基础上。随着学习者语言经验的积累和语言水平的提高，可以把已学的内容加以比较、推理、归纳，使之成为学习者自己语言系统的一部分，并根据不同的语境、交际的需要来学习。

课堂上，怎么教给学生辨析近义词的意义和用法，是一个很重要的教学内容。面对一个生词，利用学生学过的近义词进行解释，可以淡化学习者的陌生感，温故而知新。

（2）反义法是一种用反义词来解释词义的教学方法。比如，当需要解释"背地"时，可用"不当面"来加以解释；解释"软件"一词时，可拓展"硬件"一词。反义法的运用，便于学生接受、理解，有利于词汇量的扩大。

（3）多义法就是利用一个词多个义项之间的衍生关系来进行词义说明的教学方法。多义词在不同的课文中有时会以多个义项的身份出现，词在这篇课文中以这个义项的身份出现，下次可能以另一个义项的身份出现，对于学生来说，每次义项与这个词的形式的联系，都是一次新的联系，都需要重新学习，虽不是生字，但都是生词，都应该加以解释说明。

（4）上下义法就是通过具体列举下义词来解释上义词意义或通过上义词解释下义词的教学方法。例如，在解释"首饰"时，可以列举出常见的首饰名称，如"项链、耳环、戒指"等，告诉学习者这些都是"首饰"。

（5）"部分—整体"释义法是词义系统中的一种聚合，如果一组词表示的是事物的整体和组成部分之间的关系，那么这样的一组词被称为"部分—整体"关系词。例如，"手"包括"拇指、食指、中指、无名指、小指、手心、手掌、手背"等。

语义系联法是利用词义之间的聚合关系进行词语释义的教学方法。要注意，解释一个新词时，用于解释的相关词不能也是新的，否则会增加学生的学习压力。

4.3.1.6　语境法

语境指语言使用的环境，包括狭义的上下文语境和广义的情景语境。词、短语、句子等在语流中出现时，它前面或后面出现的其他语言单位都是该单位的上下文语境。"上下文"是一个宽泛的概念，在一段话或一篇文章中凡出现在某语言单位之前的词、语、句，都是该语言单位的上文，出现在其后的，都是下文。最重要的上下文是与该词处于同一个句子的其他词或短语。上下文语境是就语言内部来说的。

　　词不离句，句不离段。这是行之有效的语言教学方法，更是行之有效的词汇教学法。把词语放到句子中去理解、记忆，其实质就是借用典型的语境来展示词语的意义及各种要素，使学习的人能够较为准确地理解和运用它。留学生学习汉语是一种第二语言学习，对语境的依赖更为突出一些。

　　典型例句释义法是语境法的一种。在实际教学中，教师先出示例句，让学习者通过例句领悟词语的意义，然后让学生做替换练习或模仿造句，或是教师提出恰当的问题，使学习者不用这个词就不能准确表达自己的意思。比如，教"居然"这个词，先告诉学生该词是"没想到"的意思，在句法上"居然"常用在动词前。然后，举例说明，同时也留下不是很完整的句子让学生补充，如"到现在，他们的工资居然还没发下来。老板说，过几天就发。事情过了才几天，他忘了。（居然）"，这样学生可以在一定的上下文中体会词语的用法。

　　有的词，特别是一些语义抽象的词，不便讲解，也不好理解，将这个词的习惯搭配展示给学习者，学习者会比较容易领会其意义和用法。例如"凭"的意义是"根据、依靠"，语义抽象，若把"凭"放进短语中，如"凭票入场""凭经验办事"等，意义和用法就会同时显现出来。

　　对于某些趋于惯用语化的语块，如"得了、你看你、好了好了"等，这些结构所蕴含的意义和功能只能在语境中才能得以很好地显现。

　　情景语境指说话时的人物、背景、牵涉的人或物、时间处所、社会环境以及说听双方的辅助性交际手段（包括表情、姿态、手势等非语言因素）。在语言表达中，人们总是结合着情景语境来选择词语、理解词语。某个词语适宜用在具有哪种交际用途的句子中是留学生需要掌握的。比如，副词"赶忙、赶紧、赶快"都有加快速度做事的意思，在汉英词语对译中对应着同一个英译词"hasten"，在句法结构中的分布也相同，即用于动词前作为状语。但是它们所适用的句子类型不尽相同，后两词既可用于陈述句，也可用于祈使句，而"赶忙"只用在陈述句中，不能用在祈使句中，如可以说"听见有人敲门，他赶忙/赶紧/赶快去开门"，也可以说"赶紧/ 赶快去开门"，但是不可以说"赶忙去开门"。

　　情景法是语境法的一种重要形式。教师在课堂上可以将准备好的语境提供给学习者，让学习者用生词表达出来。比如，要练习的成语是"不可或缺"，教师可提示语境，如"水是自然界一种不能缺乏的资源"，学生可回答"水是自然界一种不可或缺的资源"。

在第二语言教学中常出现这种情况：学生正确掌握了词语的词汇意义，语法形式上也没问题，可造出来的句子却令人啼笑皆非。若交际对象不同，说话人的表达策略也应发生变化。比如，同样表示谦虚，领导表扬自己时，用"哪里，哪里"或"过奖了"会很得体，很庄重；朋友夸你时，则可以说"好什么呀？"用"形+什么"的形式。如果不顾交际对象，对领导用"A 什么？"则显得不礼貌。词汇教学应该重视对什么场合用什么词语的语境提示，语言交际能力是语言表达的正确性、熟练性和语言表达的得体性三方面能力的综合。传统的语言教学重视前二者而忽视第三者。学生对何时何地何种环境该用哪个词，该怎么说，知之甚少，从而使词语教学陷于困境。

拿"做寿"一词来说，如果我们仅仅让学生了解"为老年人祝贺生日"之意，而不强调它"用于较为隆重的场合"，学生就会说出"我买了几瓶啤酒给你做寿"的句子。这么说开玩笑尚可，若是用于正式场合，就很不合语体。

4.3.1.7 文化含义阐释法

文化含义阐释法指通过不同语言之间所反映出的文化差异来解释词语之间所蕴含的文化因素的方法。

语言与文化关系密切，词义承载着民族文化。汉语中许多词语有着特定的文化含义，学生理解词语的基本意义或字面意义并不难，但了解其附着的文化意义却不容易。教师在给学生解释基本意义的同时，必须适当地阐释词语附着的文化含义，不然很难使学生真正理解它们。比如，解释"下岗"，一般可以用"失业"近义替换，但"下岗"所含有的中国国情含义，却是"失业"无法表现的。又如，"离休、退休、病休"都有中国的劳动政策蕴含其中。再如，"上山下乡、赤脚医生、工农兵学员"等词语标志着时代的特点，而"望梅止渴、画龙点睛"等成语则留有历史的痕迹，至于"包二奶、傍大款"则曾是社会生活的一角。

不同民族不同的文化意识，往往可以通过词义折射出来。比如汉语的"狗"和英语的 dog 附加的感情色彩不同。汉语以"狗"为语素构成的词语很多，这类词语往往是贬义的，如"野狗、走狗、关门打狗、恶狗、疯狗、偷鸡摸狗、癞皮狗"等，汉语对"狗"的贬义色彩可以通过词汇体现出来，而这和英语中的"love me，love my dog"中对"狗"的褒义色彩不同。

词语的意义，有的可能只适用于以某一种方式解释，有的则可以用几种方法说明。关键是方法的运用必须考虑到教学的目的、教师自身的条件、教学对象的情况（母语、文字、文化、背景和汉语水平）等，同时，词语本身的特点和上下文语境也是不可忽视的因素。

汉语作为第二语言教学的词汇教学，应该和词典的编纂与运用结合起来。关于"汉语作为第二语言学习词典的编纂"，将在本书 8.3 节详细讨论。

Schmitt 与 McCarthy（1997：237—255）指出二语词汇教学的趋势包括：① 猜词走向中立化，语境推理可以提供一种词汇学习的选择，同时也允许学生决定他们是否需要查询这些不熟悉的生词；② 显性的词汇教学，包括建立大视角（large sight）的词汇，既包括高频词，也包括低频的难词及新词旧词的整合；③ 提供词的多次偶遇，当一个词被召回时，学习者会下意识地评价和判断这个词和他选择的词有何不同，不断地变换解释，直到达到母语者的水平。

词语的释义方法从不同角度可以得到不同的类别，不同方法的选择要根据不同的词语和教学对象而定。

4.3.2　词语释义的原则

4.3.2.1　理据原则

词义是多个语义要素作用的结果，理据作为语素结合的动因在词义中起着联结各个语义要素的作用，因此，分析理据也就有助于教学中把词义解释清楚。所谓理据原则，就是要尽可能地使学习者不仅明白词语的意义，而且明白词语为什么要表示这个意义。

对词汇学习而言，通过造词、构词、义素、理据及构形分析可以了解词语的由来和构造组合的特点，经过这样的分析过程，词义会比较清晰地显现出来。

据朱志平测查的 3 251 个常用双音词中，理据清晰的有 1 960 个，不清晰的 1 291 个，分别占总数的 60.29%和 39.71%；与此相关的是，在这些双音词中，难

易梯度属于"不难"的有 2 251 个,"较难"的有 1 000 个,分别占总数的 69.24%
和 30.76%。从这两组数据不难发现,"清晰"与"不难"及"不清晰"与"较难"
之间具有一致性。从第二语言习得的角度讲,必要时让学习者"知其所以然"不
但符合汉语特点,也符合成人第二语言习得规律。比如"人物、动静、干脆、尺
寸、来往、水泥"等双音词,构成的语素都是常见的,但是这些词的意义不能通
过语素意义的加和而得到。

比如"华人""华侨"中,"侨"是非自由语素,"人"是自由语素,所以"华
人"词义的透明度比"华侨"高,此时辨析应当着重在于"华侨"。"侨"指客居
异地的人,"华侨"指客居在其他国家的中国人,既然是"客居"就必然还保留
着中国的国籍。讲清楚了"华侨"的理据,"华侨"在词义上也就可以和"华人"
分开了。

"人物"一词留学生常常把握不住,因为他们所学过的带有"物"语素的双
音词,如"事物、动物、物品"等,其中的"物"似乎都跟"东西"相关,而不
明白"物"还有"类别"的意思。《王力古汉语字典》解释"物"为"杂色牛,
引申为动物的毛色和种类"。"人物"是有别于其他人的一类人。

4.3.2.2　简明原则

解释词语时应力求语言浅显易懂,避免学习者不懂解释语。教师使用的语句
要简短,避免使用复杂的句子,同时教师应选用精当、生动的例句显示词语的
意义及其用法。据吴勇毅的观点,用定义法与转述法解释词语的意义最重要的
是,教师的语言一定要浅显,要用学生能听得懂的话来解释。考虑到学生的接受
能力,如果在学习时给他的难度公式是"难度=学生现有水平+1",那么教师在解
释词语时的难度公式应该是"难度=学生现有水平−1"。

长期使用简化了的语言进行教学会不会对学生产生副作用呢?回答是肯定
的。教师的语言不能过于简单和课堂化,词汇量不能过低。从教师的角度看,应
该重视这个问题。

在对学生水平了解的基础上,教师应该重视:① 对学生现有词汇量的了解;
② 对学生现有语法结构的了解;③ 对学生文化背景的了解。

在中高级阶段的词汇教学中,可以训练学生用简单的话解释句中的词语。例
如《HSK 标准教程·6 上》中有这样的句子:

［例4-19］堵车在大城市中已经成了<u>家常便饭</u>。

可以让学生尝试用中文解释"家常便饭"，这实际上也是一种很好的阅读理解训练。

词语释义是一名国际汉语教师的必备功，也是多年教学经验的沉淀，还可以补充汉语词语的本体研究。

 思考

（1）在国际汉语教学中，如何对词语进行释义？试选取教材中的一篇课文的10～15个生词进行释义。

（2）"好"这个词在教材中经常出现，如：

因为大卫来这吃过<u>好</u>几次了，所以菜很快就点<u>好</u>了。

这里的两个"好"分别表示什么意义？请问在国际汉语教学中，还会出现"好"的哪些用法？该如何释义呢？

第 5 章

词汇教学的目标、材料与内容、方法与技巧

本章介绍了国际汉语词汇教学的目标、材料与内容、方法与技巧。首先，国际汉语词汇教学的目标从学习者的角度来说，主要是扩大词汇量，根据词汇习得任务是接受性的还是产出性的，有针对性地提高汉语水平。接下来，本章强调国际汉语词汇教学的侧重点，介绍词汇教学的方法与技巧。另外，本章最后一节探讨了国际汉语词汇的分阶段教学。

5.1 国际汉语词汇教学的目标

国际汉语词汇教学的目标分学习者和教师两种类型，以达到教学相长。首先谈针对外国学习者的词汇教学目标。

以行为主义心理学的"刺激—反应"为基础的"听说法"，主要是控制学生的"输出"，采用句式变换、替换、扩展等方法控制学生的"输出"。在这种机械式的操练中，学生根据提示，只要稍做变动，就可以做出正确的"反应"，即使偶尔出现错误，也很容易纠正，机械式的操练作为课堂教学的手段，是可以使用的，如果作为教学目的，则是无效的。①

5.1.1 面向学习者的词汇教学目标

面向学习者的教学目标可大可小，也有短期长期之别，这里谈论国际汉语词汇教学的目标，着重从词汇量和词汇习得的目的而谈。一方面，希望从宏观上增强学习者的词汇表达能力；另一方面，希望有的放矢，分清学生的词汇习得任务。

5.1.1.1 词汇量的扩大

词汇量是影响学生汉语水平提高的一个关键因素，扩大学生词汇量是国际汉语词汇教学的重要目标之一。

针对不同人群的词汇量是不同的，各类人士普遍使用的词是有限的，特定行业和特定专业人士专用的词也是有限的。常用词是有限的，即使是以汉语为母语的中国大学生，他所掌握的词汇也是有限的。陈贤纯对中国人汉语词汇量有这样的论述："北京航空航天大学'现代汉语词频统计'课题组做过研究，汉语的词

---

① 鲁健骥，1999. 对外汉语教学思考集 [M]. 北京：北京语言大学出版社：15.

汇量是 4 万个。……这仅仅是通用词汇，专业词汇的数量也很大。根据农科院有关人士说，农业科学方面的专业词汇多达 3 万～4 万个。所以，一个专业人士的听读词汇量估计是 5 万～6 万个。"

王又民统计了外国留学生本科各阶段（语言技能类）教材累计用词用字情况与中国中小学各年级语文课本累计用词用字情况。统计表明，中国学生高中三年级毕业时，至少能用 26 000 个词、4 400 个汉字进行阅读，他们还学过大量古汉语课文中的词语和汉字，这些古汉语和汉字尚未计算在内。而外国留学生在进入中国大学学习或者编入中国对外汉语专业三年级班的时候，累积的词语才 7 600 个左右，累积的汉字才 2 700 个左右，比进入大学学习的中国学生少学了 18 400 个词语、1 700 个汉字，因此外国学生跟中国学生同堂学习时，他们感到因词汇量与汉字量不足而带来的沉重压力就不足为奇了。钱旭箐（2003）对日本学生阅读中的伴随性词语学习的研究发现，词汇量和猜测词语正确率有显著的相关关系。学习者的词汇量越大，他在阅读文章时不认识的词越少，猜测词语的正确率就越高。

据苏新春的观点，常用词表多在 8 000～10 000 条，少的只有 2 000～3 000 条。一个有相当规模的语料调查表明，2 000～3 000 词条能达到累加覆盖率的 70%～80%，8 000～10 000 词条能达到累加覆盖率的 90%左右。累加覆盖率的覆盖趋势线在大量的词语统计中已能清楚地表现出来，尽管数量的宽窄度会随着语料规模的大小而有所变化。当然，接下来的关键问题就是让什么样的词语进入这个"词种"范围之中。

那么应该教给留学生多少词语才是合适的？这就涉及一个词汇量的控制问题。教多少词语主要由两个因素决定：一是教学目标，即要求达到什么等级；二是教学对象的特点和学习时限。前者是必要性，后者是可能性。词汇量的决定不但要考虑必要性，而且要考虑可能性（吕必松，2007：178）。

所谓必要性，就是达到某一种等级水平需要掌握多少词语。假设水平等级分为初、中、高三个等级，这三个等级的词汇量分别为 2 500、5 000 和 8 500，那么每个等级所要求掌握的词汇量就为必要性。所谓可能性，就是在一定的时间内能够掌握多少词语。

前面提到的国际汉语词汇教学大纲，是根据教学对象来设计的词汇量，考虑了学生掌握词汇的必要性和可能性。现将《汉语水平词汇与汉字等级大纲》等五种词汇大纲的词汇量详列如下，见表 5-1。

表5-1　汉语词汇大纲的词汇量分级统计

大纲	总词汇量	分阶段词汇量					
汉语水平词汇与汉字等级大纲	8 822 个	"甲级词"收词语 1 033 个	"乙级词"收词语 2 018 个	"丙级词"收词语 2 202 个	"丁级词"收词语 3 569 个		
高等学校外国留学生汉语言专业教学大纲	7 554 个	一年级词汇表（一级词汇）993 个	一年级词汇表（二级词汇）1 711 个，其中复用式词语 763 个	二年级词汇表 2 215 个	三、四年级词汇表 2 635 个		
高等学校外国留学生汉语教学大纲（长期进修）	8 008 个	初等阶段（最常用）764 个	初等阶段（次常用）1 635 个	中等阶段 2 849 个	高等阶段 2 760 个		
新汉语水平考试大纲	5 000 个	HSK 一级 150 个	HSK 二级 300 个	HSK 三级 600 个	HSK 四级 1 200 个	HSK 五级 2 500 个	HSK 六级 5 000 个及以上
汉语国际教育用音节汉字词汇等级划分	11 092 个	普及化等级词汇 2 245 个	中级词汇 3 211 个	高级词汇 5 636 个（高级词汇 4 175 个+高级"附录"词汇 1 461 个）			

　　以上几种大纲的收词量大都在 5 000～11 092 个。《汉语水平词汇与汉字等级大纲》依据词语的出现频率及使用度对词汇进行等级划分。人们一般总是先掌握高频词，后掌握低频词。有调查显示：留学生的甲级单音节词掌握得最好，甲级和乙级双音节词次之，丙级和丁级双音节词掌握得比较差。

　　特别需要说明的是，《新汉语水平考试大纲——HSK 六级》注明这阶段的词汇量是 5 000 个及以上，注明词汇量在这个阶段是扩展趋势，有些词不一定列入词汇大纲中，但已经学习了。人们学习第二语言不但要在课堂上学习，而且要在课外学习。《汉语国际教育用音节汉字词汇等级划分》收词量相对于其他大纲来说，数量要多一些。

　　关于词汇大纲的词汇量有很多讨论。据李清华的观点，相当长一段时间以来，大家被中高级汉语教材的超纲词过多这一问题所困扰。杨德峰（1997）列举了《中级汉语教程》超纲词平均每课 65%，《汉语中级教程》超纲词平均每课 54%，《现代汉语进修教程》超纲词平均每课 58%以上。这是几部使用得比较普遍的有代表性的教材。另外，其他中高级汉语教材也都存在类似的问题，如《高级汉语教程》《汉语高级教程》等，超纲词也都在 50%以上。为什么超纲词如此之多？有人认为是多以文学名著为课文所致。有人则不以为然，理由是从报刊上选的热门话题超纲词也不少。究竟是什么原因，十余年来，争论不休，莫衷一是。本书认为，超纲词多主要还是因为《汉语水平词汇与汉字等级大纲》的词汇量偏低。

目前的国际汉语教学，在词汇量控制方面存在一些困难，难以测定学生在一定时间内能掌握多少词语。人们习得字词的潜能以及学习和教学中的许多变量难以测定和控制，难以进行量化处理。真正学会一个词，不仅仅是记住字词就行了，除了记住字词以外，关键是要学会在恰当的语境中正确地运用，而这种运用能力的衡量标准是对词语的深度和广度掌握情况。难以测定的原因除了上面这个习得因素外，还应注意到教材不同、教师教学处理不同等方面的因素。

5.1.1.2　学习者的词汇习得任务

国际汉语词汇教学是否有效？应该遵循什么规律来进行词汇教学？这需要了解外国学习者在词汇习得和学习上的任务，以确定合理的学习目标。

Krashen（1984）把语言的掌握分为两种不同的方式：习得与学习。习得是掌握第一语言的途径，即在日常生活的自然环境中通过大量的语料输入习得语言，是一个无意识的过程，在主观上学习者没有做任何努力。而学习则是有目的、有意识的过程，语言技能要经过反复的训练而获得，这种学习往往是在教学环境下，在老师的辅导下，有教材有系统地学习。

在词汇习得和词汇教学领域，有一个至今仍在争论的问题是，词汇教学是否有效？通过日常的语言经验来习得词汇是否更加有效？如果词汇是可以通过教学来习得的，那么哪一种词汇教学方法是最有效的？认知心理学家和教育心理学家对这些问题进行了探讨。词汇习得的途径主要有两个，一个是直接的词汇教学，学生对词汇进行直接的有意学习；另一个是从语境中偶然学习，这是一种无意学习。

一般认为，接受性词汇在习得中早于产出性词汇，这已经得到普遍认可。Crow（1986）认为，词汇的接受性知识是学习者在阅读或听力理解时，为了理解某个词语而需要知道的关于该词的知识；词汇的产出性知识是学习者在说话或写作时，为了理解某个词语而需要知道的关于该词的知识。对于词汇接受，学习者一般只需知其最基本、最核心、最常用的意义即可；而词汇产出则要求学习者对目标词有比较全面的理解，并在使用上达到一定的自动化程度。产出性词汇学习比接受性词汇学习需要更深更复杂的信息处理过程，因而对词汇的长期记忆具有十分重要的作用（何清强，2008）。

怎样才算是学习者真正掌握了一个词？Nation（1990：30–33）认为这个问题的答案可分为两种情况：一种是这个词只作为接受性（receptive）用途，如听或读之类；另一种是这个词用于接受性和产出性（productive）用途，如听说读写之类。他还列表说明了我们是否"知道"某个词，主要从形式、位置、功能和意义四个方面去知晓某个词，见表 5–2。

表 5–2　知晓某个词的方式（Nation 1990：31）

形式（form）	口语形式	接受性	这个词的读音像什么？
		产出性	这个词如何发音？
	书面形式	接受性	这个词看起来像什么？
		产出性	这个词怎么写？
位置（position）	语法句型	接受性	这个词出现在什么句型中？
		产出性	在什么句型中我们用这个词？
	搭配	接受性	这个词的前后会出现什么类型的词？
		产出性	我们必须用这个词的什么类型？
功能（function）	频率	接受性	这个词常见吗？
		产出性	这个词使用起来频率高吗？
	适当性	接受性	何处我们会碰到这个词？
		产出性	这个词在哪里使用？
意义（meaning）	概念	接受性	这个词是什么意思？
		产出性	表达这个意义时需要用什么样的词？
	关联	接受性	这个词让我们想起了别的什么词？
		产出性	当我们用这个词时，可以用别的词来代替吗？

从表 5–2 可以看出，当我们知晓一个词时，我们除了关注词的形式和句型，以及应知道这个词经常和什么词搭配外，还应了解这个词是常用的还是低频的。知晓某个词还包括，当我们遇到这个词时，能唤起它的意义，以及唤起它在语境中的意义，并和其他词的意义关联。

词频对词汇习得效果有明显影响。根据一些研究发现，高频词在词汇判断作业和命名实验中的反应都要快些或容易些。Forster 与 Chambers（1973）的实验发现，高频词的提取比低频词要快 71 毫秒。[①]

　　词汇习得涉及的内容很多，包括学习者获得词汇知识的过程、不同的词汇学习方法、学习策略等。学习者获得词汇知识的过程，也是其词汇广度知识和深度知识的增长过程。广度知识是指学习者词汇量的大小，深度知识包括词的语音形式、文字形式、概念义、联想义、语法特点、搭配规则、语用条件等。Craik 与 Lockhart（1972）曾提出"加工深度假说"，加工的深度也会影响学习者对词义的理解，这里的"深度"指的是对语义认知理解的程度。[②] 一个词在被认知以后，它可能会在学习主体过去经验的基础上进行深度的加工，可能会激发一个相关词语、形象或故事，最终达到对目标词认识的深化。

　　针对不同的词汇教学目标，可得出对教学的一些启示：

　　（1）词汇学习是一个连续过程，应该对不同的词汇和不同的学生提出不同的要求。

　　（2）应既教给学生词汇的定义知识，也教给学生语境知识。

　　（3）应鼓励学生利用语境猜测生词的意义。

　　（4）应鼓励学生进行大量的课外阅读。

　　（5）词汇教学要使词汇围绕一定的主题或中心出现，提高词汇的重现率，并且鼓励学生在教学语境之外运用生词。

　　据 Nagy，Anderson 和 Herman （1987）的调查[③]，学生的大部分词汇不是通过直接词汇教学的途径习得的，而是从语境中偶然学到的，这些语境包括阅读、对话和写作，其中最主要的是阅读。通过语境这种途径习得词汇是一个缓慢的、渐进的过程。与某个词只接触一次，获得的学习量很小。只有通过多次接触，才可能完全理解一个词的意义及其使用的语境。但是，这种逐步增加的词汇知识是非常重要的。

5.1.2　面向国际汉语教师的词汇教学目标

　　面向国际汉语教师的词汇教学目标，主要参照《国际汉语教师标准》的下列标准。

---

① 彭增安，陈光磊，2006. 对外汉语课堂教学概论 [M]. 北京：世界图书出版公司.

② 张江丽，2010. 词义与语素义之间的关系对词义猜测的影响 [J]. 语言教学与研究（3）：16–21.

③ 江新，1998. 词汇习得研究及其在教学上的意义 [J]. 语言教学与研究（3）：65–73.

《国际汉语教师标准》中的词汇基本原则，包括下面 6 条：

1. 注重利用汉字形、音、义相结合的特点进行词汇教学。

2. 注重教学中解词的浅显、具体、准确、易懂。

3. 注重结合具体语境进行词汇教学。

4. 注重理解词汇的概念意义和特定语境下的含义。

5. 注重利用对比、组合等多种手段以及游戏、阅读等多种方式进行词汇教学。

6. 注重教学中词汇的科学重现。

《国际汉语教师标准》中的词汇教学方面的基本能力，包括下面 3 条：

1. 熟悉并掌握汉语词汇、词义的基本知识和特点，了解并准确运用描写汉语词汇、词义系统的概念、术语等。

2. 了解汉语书面语词汇和口语词汇的差别和特点，掌握汉语的字词关系，并能运用这些知识组织有效的汉语词汇教学。

3. 熟悉相关大纲；能熟练使用主要语文工具书，准备和组织汉语词汇教学。

5.2 国际汉语词汇教学的材料与内容

5.2.1 国际汉语教学的词汇选择

Nation（1990：11）提出在英语作为第二语言的教学中，存在应该选取哪些词来教的问题。那么，国际汉语词汇教学也同样存在这样的问题，存在词汇教学的材料问题、选择问题，以及教学中的提升问题。

国际汉语词汇教学材料的首选是汉语教材、大纲等。国际汉语有很多经典教材，国内的教材如《博雅汉语》《新实用汉语课本》《发展汉语》《成功之路》《HSK标准教程》《汉语教程》《体验汉语》《当代中文》《汉语口语速成》《新概念汉语》《快乐汉语》《汉语会话 301 句》等，国外的汉语教学教材如刘月华、姚道中等主

编的 *Integrated Chinese*（《中文听说读写》），Duanduan Li 与 Irene Liu 主编的 *Reading Into a New China*（《变化中的中国》），美国普林斯顿大学周质平、夏炎、吴妙慧主编的 *All Things Considered*《事事关心》（修订版）等，还有中外教师自编的教材，如美国哥伦比亚大学刘乐宁、阎玲自编的《走进中国》等，都值得学习和借鉴。

另外，词汇的课程教学材料除了来源于课文和生词表中的词语外，还包括某些不是专门为词汇发展而设计的教学补充材料，如语法结构的练习、段落练习、句型、会话、角色扮演、讲演活动、视频等，甚至于课堂指令也可以充当生词教学的材料。

5.2.2　国际汉语词汇教学侧重的内容

在国际汉语词汇教学中，应该注重现代汉语自身的特点，同时，还要注意哪些特征是学习汉语的重点与难点。

5.2.2.1　词语的形、音、义

现代汉语词语的形、音、义是教学的基本内容。

比如要求学生写"允许"，学生写出"充许"，这是字形上的混淆。再如"炸"有两个读音，在不同的课文里出现，应该对比，如"炸（zhá）鸡腿"与"炸（zhà）掉"的"炸"读音不同，同时应讲清二者词义的区别："炸（zhá）"是"一种做菜的方法，在热油中把东西做熟"，如"炸丸子"；"炸（zhà）"是"东西突然破了"的意思，可以组成"爆炸"等词。关于多音字，日本某学生还把"倔强少年"的"强"读成 qiáng。

再如在《HSK 标准教程》（6 上）的针对新 HSK 6 级考试的教学中，学生将"赫拉克利特"的"赫"读成"郝"，将"监视"的"监"读成"篮"，教师应该注意区分这些形近字。

？ 想一想

如果教学中碰到了"看厕所"一词，你会怎么处理呢？

5.2.2.2 词的组合

学习词汇不仅要明白词义，还要注意词用于句子时的句法结构。在汉语学习中，充分掌握一个词语要比仅仅了解一个词语意思的范围大得多，因为它包括词的组合及语法特征等多个方面。

如学习"见面"，了解词义只是词汇学习的一部分，更重要的是掌握其内涵特征及使用规则，包括语法与语义的相联。有的动词必须带宾语，有的动词可带可不带，有的动词不可带。有的词在某一语言中运用得当，但在另一语言中则完全不然。如：

［**例5−1**］我常常见面她。

I often meet her.

［**例5−2**］我想张朋要结婚李友。

I think Zhang Peng is going to marry Li You.

［**例5−3**］我睡觉得太少。

I sleep too little.

［**例5−4**］他打破了杯子。

He broke the glass.

［**例5−5**］他打破了。

He broke.

前面已讨论过离合词、近义词、成语等的教学，这里重点谈一下动词结构的教学。造成例5−1～例5−5的错误，主要在于动词的使用有问题。动词能否带宾语，能带几个，这些都是在国际汉语词汇教学中必须明确的问题。

句子结构由动词的语义功能及名词与动词的语义、句法之间的关系来决定。换句话说，掌握了动词结构不但学到了语义功能，即动词和它所匹配的名词在意义上的关系，还掌握了句法结构，即动词和它所匹配的名词在语法上的关系，而且也明白了语用，即以某一动词结构出现的句子有什么样的语用功能，在什么样的环境下出现。在第一语言习得中，儿童对动词结构的限制性是很敏感的（温晓虹，2008：230）。

不同的动词对其名词短语，比如哪些是必需的，哪些是可选的，都有具体的要求，动词的语法功能和语义功能是相对应的。比如：有的动词只允许从句而不允许代词做它的宾语，如"建议"；有的动词只允许名词而不允许代词做它的宾语，如"赞同"和"同意"；还有的动词既允许名词、代词，还允许从句做它的宾语，如"推荐"和"支持"。

比如"意味着"，这个动词的常用格式是"A 意味着+VP/小句"，这个句型中"意味"后面必须带动态助词"着"，且"意味着"后面经常带动词性短语（或形容词性短语）或小句。在教学中可用语境提示学生"那个男孩子天天给女孩子送花意味着什么？"，然后让学生输出句子。

动词和其名词结构的组合表现了不同语言的特殊性。即使动词在不同的语言中有着相同的意义，动词结构也常常不一样。如：

［例 5-6］星期六晚上，我们跳舞得很高兴。

产生例 5-6 中的"跳舞"偏误的原因是多方面的，其中一个是学习者大都不知道"跳舞"是可离合的动词。

学习动词的难点是如何判断一个动词能否带宾语。语义上的提示并不能告诉学习者为什么某些动词必须带宾语，如"离开"；某些动词可带可不带，如"回"；某些动词不可带，如"走"。

在论元结构上，动词"走"的限制是只能有一个名词短语，即动作的发出者做句子的主语；动词"离开"则要求两个名词短语充当论元，一个是动作的发出者，做句子的主语，另一个是表示处所的名词，做句子的非受事宾语。

在动词的语法意义中，尤其要注意说明它能否带宾语或带何种宾语。如"出席"做谓语时，后面常加"某会议"做宾语，而"缺席"则只能做谓语，不能带宾语。再如日本学生在介绍《老师好》这部电影时，出现过"希望回来老师"的说法，实际上他要表达的是"希望老师回来"的意思。

"服务"这个词，在语义上它要求至少有一个施事者和一个（服务）对象，但仅知道这一点还不够，学生还须知道在汉语句法上，"服务"需用一个介词短语来引出这个（服务）对象，而不是将这个对象直接作为句子的宾语。这就是"服务"这个动词在句法上的强制性特征。所以，"服务"的正确用法是"为人民服务"或"服务于社会"等。

　　动词"嫌"与"嫌弃"语义相近，造成学生容易出现"我不想出门，因为我嫌广州的天气"这样的错误。实际上"嫌"与"嫌弃"二者的动词结构不一样。例如：

嫌（+名词性短语）+动词性短语　　嫌弃+名词性短语（+动词性短语）

嫌（+对象）+评价　　　　　　　　嫌弃+对象（+评价）

　　"嫌"后面必须有评价性动词或形容词，"嫌弃"后面必须有对象宾语，所以，"我嫌他矮"可以说，"我嫌他"不能说，"我嫌弃他"则可以说。究其原因，在于这两个动词所必须带的宾语类型是不一样的，而有些人直接把"嫌"翻译成了dislike，引起了句法上的错误。

　　不同语言之间对动词结构的限制以及动词与名词短语所搭配的规则往往不一致，或是在特定的社会习俗中形成的，或是在语言与认知概念的建立中形成的。不论是什么原因，动词结构都体现了语言之间的不同和某一具体语言的特征，这正是词汇教学中的重点之一。

5.2.2.3　构成词的语素的意义

　　汉语的语素集合是有限的，是基本的、稳定可控的底层单位。汉语词大多以单音节语素为构词单位，按照一定的构词法结合而成，语素意义与词的意义有关联，大多数语素在构词时意义基本保持不变，即使有少数变化，也是有规律可循的。因此，语素是汉语词汇教学的一个重要内容，体现了汉语词汇教学的特点。

5.2.2.4　注重现代汉语的构词法

　　汉语的词法和句法有着很大的一致性，现代汉语的主谓式、偏正式、动宾式、动补式、联合式等合成词的结构方式在汉语的句法结构中再次呈现，掌握汉语的构词法对于理解汉语的句法结构很有帮助。学生掌握了语素的意义和构词法，就可以更加深入地理解词义，并可举一反三地学习新词，扩大词汇量。尤其是汉语的数量有限的词缀"者、家、儿、头"等，可以用类推的方法帮助学生理解这类

149

词构成的派生词，如以"者"为词缀构成的"读者、记者、编者、学者"等，帮助学生理解"～者"结构。另外，词法和句法有交界现象，比如离合词，在汉语教学中应该受到重视，原因是离合词出现的频率高，出现的时间早，初级阶段的学生经常使用，出现的偏误较多。

5.2.2.5 注重词的语境教学

词语教学不是"就词讲词"，应该"词不离句，句不离篇"，词的意义只有在具体语境中才能明确，离开具体语境，我们很难理解词的含义并掌握其用法，因此，词语教学必须结合语境来进行（万艺玲）。

词语的教学还包括语境教学。我们经常在教学中举例说明，比如很多虚词的教学、多义词教学、近义词教学，经常需要在一定的语境中进行。情景式教学生动形象，教学效果好。

比如针对《博雅汉语　高级飞翔篇 I 》的教学，某位教师对于多义词"吹"的课堂讲解就有很多可以借鉴之处，尤其是提问和互动交流。如：

A. 老师：北京这两天的风很大，你们的头发，尤其是女同学的头发被风……？

学生：吹得很乱/吹乱了

老师：好，风把头发吹乱了。

B. 老师：（指着一个法国同学）某某同学上次给我们表演了什么（老师做动作）

学生：吹口琴。

老师：还可以吹什么？（图片）吹笛子、吹萨克斯等。

C. 老师：我说我做饭做得特别好吃，某同学笑着对我说："老师，我不信。"他说"老师你是在……干什么？"

学生：说大话/吹牛。

老师：对，很好，说大话也可以说吹牛，一个人很喜欢说大话或者吹牛，我们也可以说，这个人太能吹（牛）了。

D. 老师：如果两个人谈恋爱，过一段时间他们分开了，还可以怎么说呢？可以说，他们两个吹了。我们班说好周末去长城，结果天气预报说有雨，所以爬长城这件事就怎么样了？对，吹了。爬长城这件事吹了。某某同学，你给我一个这样的例子。

学生：我的旅行吹了。

老师：为什么呢？

学生：因为我的钱不够了。

老师：对，因为我这学期花了很多钱，所以我的暑假旅行计划吹了。

5.2.2.6 注重词的联想教学

网络化是词汇系统化的一个重要体现。利用词语的网络化特点，可以以一个节点带动一片，迅速扩大学生的词汇量，有助于学生系统的汉语心理词库的形成。教师应该利用汉语词形和语义两个方面，帮助学生联想已经学过的词语，建立词语网络。

傅海燕（2007：98—100）在词汇表中列举出了"跟学习相关的词汇"，并串联出了很多和"学习相关"的句子，形成一个"和学习相关的词语网"，见表5-3与表5-4。

表5-3 和学习相关的词语网（一）

项目	扩展	拼音	英文
学		xué	learn，study
	学习	xuéxí	study，learn
	上学	shàngxué	go to school，attend school
学校		xuéxiào	school
	大学（学校）	dàxué	university，college
	中学（学校）	zhōngxué	middle school，high school
	小学（学校）	xiǎoxué	elementary school，primary shool
学生		xuéshēng	student，pupil
	大学生	dàxuéshēng	university student；college student
	中学生	zhōngxuéshēng	middle-school student
	小学生	xiǎoxuéshēng	（elementary）elementary child；pupil

表 5-4　和学习相关的词语网（二）

扩展
大学生上大学。
大学生在大学学习。
中学生上中学。
中学生在中学学习。
小学生上小学。
小学生在小学学习。
我们住在芝加哥。我们都是学生，在芝加哥上学。
我哥哥是大学生。
我哥哥学习汉语。
我哥哥在迪宝大学学习汉语。
我哥哥的汉语老师是王老师。
你们是中学生。
你们也学习汉语。
你们在拉丁中学学习汉语。
你们的汉语老师不是王老师。
他们是小学生。
他们也都学习汉语。
他们在拜尔小学学习汉语。
他们的汉语老师也不是王老师。
这是我们的汉语老师，他姓王。
王老师不是美国人。他是中国人，也是加拿大人。
他说英语、法语和汉语。
他父母的家在北京。他住在芝加哥。

　　认知心理研究的联结主义系统理论可解释词语联想教学的原理。联结主义的认知模型假定，在一个大的网络中，每一个单元都与其他单元有联系。每一个加工单元都有相应的激活水平，类似于神经元的激活速度，单元通过单元间的联结强度对临近单元的活动发生影响。如今的脑电波也可发现这种联想教学的波形传递。

5.2.2.7 重视词的文化意义

词汇是和文化最密切的语言要素。在国际汉语教学中需要了解学生的民族文化，将它与汉民族文化进行对比。比如"筷子"和"刀叉"这些餐具，直接和学生的民族文化背景相关。

再如汉语的"皇帝、皇后、才人、龙、凤、龙袍、凤冠"等，可以说是汉语的"国俗词语"，如果涉及，应该给学生讲讲这些词语蕴含的文化内涵。比如课堂上一位中高级阶段的印度尼西亚学生在介绍电影《武则天》时，就提到武则天在皇宫的身份是"武才人"，很多学生，特别是华裔学生对此很感兴趣。韩国男生对于《三国演义》中的人物和典故，如曹操、刘备、孙权、诸葛亮等都如数家珍。如今孔子学院、孔子课堂在全球都很知名，我们的课堂也可适当介绍这些历史人物。

"国俗词语"是一种语言中反映一个民族所特有的物质文化的词语，这是一种在独特的文化背景下产生的语言现象。儒家思想在中国及世界都影响颇深。"修身齐家治国平天下"，某些越南学生甚至能说出原句。这种思想在汉语成语中常用，如"家和万事兴、家财万贯、家常便饭"等。孔子所提倡的"礼"体现在"君臣、父子、朋友、夫妻、长幼"关系上，"父子、夫妻、长幼"又体现在家庭成员关系上。儿子对父母亲的爱可以称为"孝"，父母亲对儿子的爱可以称为"慈"。"慈"在汉语里生成了很多词和惯用语，如"慈爱、慈祥、慈父、慈母、慈悲为怀、慈善事业"等。

又如词语"采风"与"采光"结构相同，但"采光"是建筑学术语，是"使室内采到适宜的光线"的意思，而"采风"就具有文化意义，和中国第一部诗歌总集——《诗经》的"风、雅、颂"相联系，现在指"采集民间歌谣的活动"。另外，像"青史、鲤鱼、红娘"等词，都有典故或民族特色。

马清华认为《汉语水平词汇与汉字等级大纲》没有外国人极感兴趣且在主动宣传的中国国粹"武术、太极拳"等，没有反映中国特色宗教的相关词汇"道教、道士、道观"等，也没有反映中国特色习俗的相关词汇"干爸/干爹、干妈/干娘、干儿子、干女儿"等，是一种缺陷。适当地鼓励留学生在课内外使用国俗词语，也是让他们迅速融入目的语社会，获得操母语者文化心理认同从而获得学习成就感的一个有效途径。

另外，国际汉语词汇教学还要注意某些词语在异国文化上表现出来的感情色彩的差异。对中国人来说，猫头鹰是一种不吉祥的鸟。中国人认为它叫声非常凄厉，又是在夜间出没，是和死人有关。因此，中国人不怎么喜爱猫头鹰。但是对于缅甸人来说，猫头鹰是非常吉祥的动物，会带来财富，所以很多缅甸家庭的客厅里，或者外面的商店里都会摆着很大的金色的猫头鹰，在店铺的开业典礼上也有送猫头鹰的习俗。缅甸人认为猫头鹰学识渊博，处事也非常公正，在很多民俗故事中，只要发生了纠纷，就会让猫头鹰来主持公道，它是缅甸人心中的"裁判大人"。

对中国人来说，红色象征着吉祥、喜庆、顺利、成功和受人欢迎。很多重大节日、婚礼、开业典礼，中国人都喜欢用红色，在词语上有"红运、开门红、满堂红"等。红色还有"象征革命"的政治意义，如"红军、又红又专、祖国河山一片红"等。对于不了解中国民俗和中国政治背景的外国人来说，"红"这个词在理解和运用上会有困难。如以前的汉语水平考试曾经有这样一道题目：

［例5-7］这个歌星最近在国内很_____。
A. 黑　B. 白　C. 红　D. 黄

这道题不仅测试了"红"的多义性，还表现了"红"一词的文化意义。

5.2.2.8　注重汉外同形词

汉语和日语、韩语、越南语等汉字文化圈中的语言有很多汉外同形词。日本不仅利用汉字的形体和偏旁创制了假名，而且还直接使用汉字，形成了汉字与假名并用的文字体系。直到今天，日语中还保留着为数众多的汉字和汉语词。刘富华从同形的角度对《汉语水平等级标准和等级大纲（词汇大纲）》中甲、乙、丙三级5 258个单词的统计显示，同形词达到2 991个，占56.88%。意义相近的同形词可分甲级、乙级、丙级。

同形甲级词（594个），如：

> 教育、今年、民族、教室、健康、体育、团结、文学、物理、将来、成绩、出发、电话、动物

同形乙级词（105个），如：

> 结婚、教授、保险、报告、本质、景色、货币、全场、成功、成果、传统、具体、绝对、结果、封建

同形丙级词（987个），如：

百货、背景、才能、仓库、赤道、传说、代理、岛屿、地震、电器、
副食、观念、制作、蛋白质

但是，汉日同形词跟汉语词的意义多有差别，主要表现在以下几方面。

（1）义同，语义范围不同。如"先生"一词，汉日的概念义相同，日语专门指称教师、医生、律师，而汉语泛指男性。

（2）义同，语义重点不同。如"住"一词，日语语义重心是"长久居住"，而汉语则没有此限定，长住短住均可。

（3）义同，用法不同。如汉语的"打"是个应用极广的词，可带的宾语及动作对象很多，但与日语相同的却很少。

（4）异义同形词。如"便宜"一词，日语是"方便、权宜"的意思，而汉语是"价格不高"的意思。

（5）语义交错的同形词。如"借"一词，日语只表示从别人或对方"借入"，不表示"借出"给别人或对方，而汉语则既可以表示"借入"，也可以表示"借出"。

对日本留学生的汉语教学，在汉字和词汇方面的难度要偏低，这种情况对汉语词汇教学有利有弊，教师要扬利除弊，促进日本留学生的汉语词汇学习。

日本留学生曾写过这样的句子：

［例5-8］我们第一天晚上跟前辈去吃饭。

例5-8中的"前辈"在语境中指的是"师兄"。偏误的原因是日语里有"前辈"一词，指同辈的"师兄"或"师姐"，而汉语"前辈"指"前一代或前几代的人"，日语和汉语在"前辈"这个称呼上有区别，直接迁移就会形成负迁移。

再如日本留学生写的句子：

［例5-9］我也觉得富山风景非常美。因为富山有很多自然，所以空气很新鲜。晚上我们可以看见很多星星。

［例5-10］我来中国以后，第一次经验北京的夏天。

［例5-11］星期四我们有汉语试验。

日语中也有"自然"这个词，例5-9中"自然"改为"自然的风景"比较合适。日语的"经验"一词在意义和用法上大致对应于汉语的"经验"和"经历"

两个词，因此日本留学生常将经验用作"经历"，造成例 5–10 中的偏误。日语的"试验"一词既有汉语的"试验"义，还有汉语的"考试"义，义项多于汉语，故造成例 5–11 中的偏误。

韩语中至今仍保留了约 70%的汉字词，这些汉字词源于汉语，与汉语发音相似，词义也相近，教师要扬利除弊，促进韩国留学生的汉语词汇学习。如韩国留学生在表达某部电影是来自真实的故事时，常说"电影是实话"，意思是说"电影来自真实的故事"。韩语的"实话"和汉语的"实话"不同。韩国留学生的造句，出现了很多由同形词造成的偏误。

[例5–12] 他买的<u>片道</u>票，我买了<u>往复</u>票。

[例5–13] 给他们安眠药和镇静剂，不如消除他们对死亡的恐惧更加<u>贤明</u>。

[例5–14] 韩国人不喜欢<u>输入</u>汽车。

例 5–12 中的"片道"和"往复"都是韩语中的汉字词，分别相当于"单程"和"往返"的意思。例 5–13 中的"贤明"应改为"明智"，造成此偏误的原因是汉语的"明智"和"贤明"在韩语中对应的都是"贤明"。例 5–14 中的"输入"相当于韩语中的"进口"义。

越南留学生会遇到汉越词，这些词有时会帮助他们学习汉语，有时也会形成困扰。例如：

[例5–15] 我在越南百科高等学校学了一年。

例 5–15 中的越南留学生想表达的不是汉语里的高等学校，而是想表示"大学专科"，因为越南语有 Truong Cao Dang，按语素翻译成汉语是"高等学校"。

汉外同形词是一种非常有意思的语言现象，有利有弊，关于汉外同形词的偏误及原因，第 6 章还会涉及。

5.2.3 国际汉语词汇教学材料的提升

词汇教学不能完全拘泥于教材和大纲。汉语词汇教学的材料各种各样，教师需对词汇材料有所取舍。Ruth 与 Stuart（1986：54—72）比较全面地探讨了英语词汇教学内容的取舍问题，提到在课堂上，哪些因素会影响教师选择和组织词语教学，同时，学习者在教师做决定时扮演了什么角色。该著作指出了教师和学生在词语选取时的责任、词语选择的标准、词语分组等教学问题。

国际汉语教师不仅应该会选择词汇材料，而且应该会处理和提升教学材料，发挥教师的能动性，将教学变成一种创造，引导学生去探究和习得汉语词语。比如在《HSK 标准教程》（6 上）的教学中，课文中出现了这样一句话：

[**例5-16**] 他女儿在上海，中秋节快到了，要给他寄盒月饼，可他白天在工地，地址没法写，想请我帮他<u>代收</u>一下。

这句话虽然比较长，但是教材并没有收入一个生词。在课文理解和复述中，"代收"是一个比较重要的动词，可以解释其中的语素义，如"代替接收"等，中高级阶段的学生理解"代收"这个词几乎没有难度，但是课堂上教师应结合国际学生的词汇使用需求，将"代收"这个词扩展为"代购"进行讲解。有教师这样尝试了，马上就有爱尔兰的学生发言，说"某某让她帮忙在爱尔兰代购化妆品"的事情，课堂气氛顿时活跃起来。实际上，"代购"比"代收"的使用频次高，在《中国语言生活状况报告》（2015）媒体高频词语表中，"代购"的频次为 5 640 次，而"代收"的频次为 1 505 次，从词频的角度看，教学中也应该扩展"代购"一词。

汉语教学词汇的选择源自学生的要求。学生由于生活或学习的需要，会要求学习一些重点词语或者提出疑问。应该充分肯定学生的求知欲并判断学生提问的质量，适时处理词汇教学问题。这实际上反映了"以学生为中心"的教学理念。《发展汉语·中级听力（Ⅱ）》有这样的句子：

[**例5-17**] 其实，最好的办法还是早睡早起，别让闹钟把自己<u>吵醒</u>。

在学习时，有一位塔吉克斯坦的男生在课堂上当时就问"吵醒"的"吵"是否是"吵架"的"吵"。这个男生注意到了汉语的共同语素造词的情况，善于联想，应该给予肯定，并可针对中级阶段水平的外国学生，补充"大吵、吵闹"等词。

Ruth 与 Stuart（1986：54—72）曾指出，在越过了最初的生存交际后，词语选择和教学重点很有可能和学生的兴趣相左。在这样的阶段，教师需要在必须学会的内容和学生的恳求之间分配好时间，在学生认可和教学常识之间求得平衡。如学生在学习"弄清楚、弄丢、弄不明白"之类的短语时，尽管教师已经解释了

"弄"这个虚义动词的用法，并举例说明了，但某位日本学生还是不明白。对这种重点词语，应适当结合某个具体的情景来说明。

汉语的词汇教学过程也是一个具有创造性和建设性的互动过程。为了发展学生的词汇能力，应不断地和学生互动。教师不仅仅是一个建筑工程师，还是一个供应师，提供有价值的建筑材料，帮助学生提高建筑技巧，并给予机会让学生有创造发展的空间；同时教师还得展示、示范，培养学生对学习的热爱和学习的技能。另外，学生在学习过程中需要有主人的态度和权益，他们是学习和运用语言的决策人、思考者（傅海燕，2007：IX）。

5.3　国际汉语词汇教学的方法与技巧

词汇学习一般需要进行大量的记忆活动，很容易流于单调，因此词汇教学应该讲究方法，用一定的技巧来最大限度地调动学生的积极性。

学生掌握一个词的过程可以分为认识、理解、记住和使用几个阶段。词汇教学的基本流程包括：展示词语、解释词语、指导学生练习、检查和巩固记忆。

在展示词语的技巧上，教师可按课文生词表的顺序，结合例句，围绕课文展开。可采取问答的形式，或者让学生复述课文，在多次问答、复述中，不断强化学生对生词的记忆和对课文的理解。

教师也可按话题分组展示词语。胡鸿、褚佩如（1999）提出了集合式词汇教学法，包括称呼集合、数字集合、时间集合、家庭起居日用词语集合、办公室用词语集合、饮食集合、交通集合等，实际上是按交际用语设计了一些词语的基本范畴。

展示词语的技巧有领读、齐读、点读、认读等"读"的方式；有利用实物或图片展示词汇的方式；有体态、动作演示的方式。值得一提的是"表演法"，它在课堂上既能活跃气氛，又增强了学习效果。如在学习"蔬菜与水果"词语集合时，可开展"选最佳经理"活动，通过对不同地区物价的比较，评选出最精明的商人。

词汇练习的技巧很重要，词汇教学时一定要进行大量的、多样化的练习，营造师生互动的课堂氛围，避免老师唱独角戏，避免"填鸭式"的教学。提问的技巧很重要，每一个问题都要精心设计，师生之间、学生之间，都可以互相提问。学生在提问中发现问题，老师在提问中解决问题，问题要尽量设计得有针对性、趣味性。在语言练习上，可设计说出近义词、反义词，说出动词的宾语，说出和名词搭配的动词，说出恰当的量词等语言问题。

在练习的设计上，可以采取选词填空形式，一是检查学生对词义的理解并辨析近义词，二是让学生根据词语的语法功能选择合适的词。例如：

［例5–18］天阴沉沉的，_____要下大雨。

A. 害怕　　B. 恐怕　　C. 惧怕　　D. 可怕

在练习的设计上，也可以采取词语替换的形式，让学生体会用语法功能相同的词语替换句子中的画线部分，句子意思变了，但结构未变。例如：

［例5–19］教室里坐满了人。——讲台上坐满了人。车上坐满了人。
［例5–20］教室里坐满了人。——教室里坐满了学生。教室里坐满了孩子。

在练习的设计上，还可以采取改错的形式，让学生改错，辨别词语不同的类别，如成语填空、成语接龙、词语联想、词语接龙、画面联想、模仿例句完成句子、用指定词语回答问题或完成句子、用所给的词语改写句子、看图片造句、根据语言情景用指定词语对话、填写关联词等。

帮助学生积累词汇是教学中的一个重要环节，教师应及时将学过的词语进行归类总结，并带领学生复习，既可以温故而知新，也可以强化汉语词汇的系统观念，帮助学生完善心理词库的构建。马玉汴（2004）提出"放射状词汇教学法"，注重从汉语汉字独特的形、音、义关系及其词法、句法特点出发，以所学词语为射点，分别向词汇的形、音、义及构词法、句法方向放射串联已学或将学词语，引导学生在词汇的形、音、义及句法表征间建立起精确而丰富的连接，形成一个网络。

可以在教学中以所学词语为射点，向语音、字形方向放射串联音同音近词、形同形近词。例如：

［例5–21］遥远：遥——摇（摆）、谣（言）
［例5–22］摸索：摸——（白面）馍、模（范）、沙（漠）、（寂）寞

有关对外汉语教学的课堂教学技巧研究，近年来有一些成果，全面而系统的

研究主要是崔永华、杨寄洲主编的《汉语课堂教学技巧》，周健（1998、2010）主编的《汉语课堂教学技巧与游戏》和《汉语课堂教学技巧 325 例》，李先银、吕艳辉、魏耕耘（2015）著的《国际汉语教学词汇教学方法与技巧》等。

这里强调一下生词的重现问题。人的记忆力是有限的，生词有必要重现。所谓生词重现率，一般是指生词在教材中重复出现的次数，包括在生词表、课文、练习、解释等教材内容中出现的次数。

近十几年来，有不少文章谈到生词重现率（或复现率）问题。江新认为提高生词重现率有助于学生记忆生词。陈贤纯提出编写汉语教材时要考虑这个问题，要尽可能使生词在教材中重复出现。柳燕梅通过实验研究考察了汉语教材中生词重现率对外国学生汉语词语认知效应的影响。她认为，生词重现率对学生的词汇学习具有一定的影响，提高生词重现率能够促进学生的词汇学习。提高生词重现率，可以从以下四个方面入手：一是在课程设置与教材选取上，采用多课型、多教材，使一些常用的基础词可以在多个课型、多种教材间重现；二是在教学安排上，增加与词汇相关的教学环节，如生词预习、生词复习、生词练习等，使生词在不同的教学环节中多次重现；三是在重现方式上，生词应以完整的形、音、义结合体出现，某些重点词或难词可以采用短时重现和定时重现的循环方式，加强它们对学生视、听觉的刺激；四是在教学手段上，可利用多种教具来重现生词，如传统的生词卡片演示、多媒体演示等，并根据词的常用性、重要性或难度等，对重现的次数、重现时持续的时间进行控制。

"听写生词"是一种常用的复习和预习的检查手段，在听写方式上，也可有多种设计，目的不同，要求也不同。可以选择以下方式：① 让所有的学生在本子上写，写后交上来，评判并记录成绩；② 让一个或多个学生在黑板上写，其他学生在本子上写，然后一起纠正；③ 听写后相互评判对错。

国际汉语词汇学习的方法也可以从学习策略中去倒推，以达到相互借鉴的目的。Oxford（1990）的"语言学习策略调查问卷"的主要项目包括直接策略、间接策略、情感策略和社交策略。这些策略是一面学习和教授汉语词汇的镜子，很多都是语言学习和教学方法的参照与运用。

（1）直接策略包括"归类、建立联系、上下文语境记忆、声音与图画结合、有组织地复习、反复练习、在不同的真实情景中操练新的语言、做笔记、概述、和其他语言对比分析、使用参考资料、运用一般规则解释、谨慎从事词语对译、找出句型、按照新信息调整理解、利用一切线索猜测听到的或读到的新语言的意义、试着理解总的而非每一个单词的意义、利用手势、短暂使用自己的语言、使用近义词或迂回描述"等方法。

（2）间接策略包括"概述和联系已知的材料、集中注意力并把注意力放在特定的细节上、设定目标和某些任务的目的、制订完成语言任务的计划、注意错误并从中学习、评价学习进程"等方法。

（3）情感策略包括"减轻焦虑感、通过正面陈述自我鼓励、勇于冒险并自我奖励、注意身体的紧张和压力、记语言学习的日记、告诉他人自己的感受和态度"等方法。

（4）社交策略包括"向别人询问以求证或检验、请别人纠正、与同伴合作学习、发展文化意识、了解和意识到别人的思想和感情"等方法。

5.4 针对不同阶段的国际汉语词汇教学

在任何一种教学活动中，教师都应通过调动学生的一切感官，以求学生的合理认同，达到和学生顺利沟通的目的。这个过程是学生将知识内化再外化的过程，也是通过训练将知识外化为技能的过程。

语言教学必须在科学、有序的技能训练中才能获得成功。教师应该融入学生的学习世界，观察了解他们的知识、能力发展到每一个阶段的各种表现和需求，然后使自己的教学内容和方法适应该阶段的学习特点，满足学生的学习需要。因此，针对学生的不同汉语水平进行阶段性的研究是十分必要的。

李杨指出，基本掌握一种语言，大致可分为三个阶段：初级阶段，言语系统发动，基本言语能力形成；中级阶段，交际能力形成；高级阶段，语言成为言语习惯、言语行为。

不同的教学阶段，词汇教学的目标是不同的。根据《汉语水平等级标准和等级大纲》的规定，一年级（初级）应掌握甲、乙两级常用词 3 000 个左右；二年级（中级）应掌握甲、乙、丙三级常用词 5 000 个左右；三、四年级（高级）应掌握甲、乙、丙、丁四级常用词 8 000 个左右。从初级到中级再到高级，词汇教学的内容基本上是按照"实词—虚词—实词"的顺序编排的。

5.4.1 初级阶段的汉语词汇教学

根据陈宝国等的研究，早期习得的词语较晚期习得的词语不仅在语音上更容易提取，而且在语义上也更容易提取。

初级阶段的词汇教学重点应放在甲级单音节词的教授上。据《现代汉语频率词典》统计，在政论、科普、口语、文学四类语料中，单音节词词数为 3 751 个，占统计总词数的 12.04%。复合词词数为 27 408 个，占统计总词数的 87.96%。在全部统计材料中，单音节词出现的词次占 64.3%，复合词出现的词次占 35.7%。从词频上考虑，先学好单音节词比较符合词语出现的规律。从认知上考虑，单音节词词形较短，易于学习。从运用上考虑，《汉语水平词汇与汉字等级大纲》里的甲级单音节词大多数与日常生活有关，如"人、花、走、说、快"等，词义比较容易理解和掌握；同时，它们也是汉语词汇的基本词，构词能力强。掌握这些单音节词，可以为学习汉语合成词打下基础。

在初级阶段，学生的母语干扰现象比较严重。如果中外词语搭配不当，将母语的搭配迁移到汉语中来，就会引起用词不当。在平时的教学和与留学生的交谈中，这一现象十分普遍。例如，"存"可以组成"存钱、存款、存包"等词语，于是学生便把 save energy（"省力"）说成了"存力"。

另外，初级阶段的留学生，其听、说、读、写的技能才刚刚起步，汉语水平较低，汉语的课外阅读也非常有限，造成了词汇重现率低、所学词语不易被巩固和吸收的局面。此阶段留学生大脑中的汉字和词汇是以零散、不系统的状态存在的。因此，在初级阶段的词汇教学中，教师应尽可能多次地重现所学生词，并根据学生的接受能力，有意识地培养学生的语素观念和构词意识，适当传授语言知识，扩大学生的词汇量，帮助学生积累汉语词汇知识。

初级汉语教材中的练习设计也应从简单到复杂，从形、音、义三个方面掌握并巩固常用的汉字。为了让学生更好地掌握和理解汉字的特点，应借助旧的知识理解新的知识，以新知识巩固旧知识，且在教学实践中不断地改进练习设计。对学生已学过的难点词汇要反复练习，提高学生掌握运用汉语的实际能力。

5.4.2 中高级阶段的汉语词汇教学

进入中高级阶段的学习者已经不再满足于基本交际，他们还希望可以在更深的层次交际，用汉语表达更多的东西。但是他们在用汉语表述和传达信息时，往往是词汇偏误影响了他们的准确表达。于是，中高级阶段的学生常出现感觉自己的汉语能力停滞不前或进步缓慢的"高原期"现象。

在中高级阶段，词汇教学仍然非常重要，应该加以重视。进行词汇教学不仅仅是讲生词的意义，还应该将生词出现的句法环境说清楚。进行测验时，不应该仅仅测验学生听写生词，更应该测验学生能否在句子中正确地运用生词。同时，应该加强"词语辨析"训练，尤其是近义词辨析训练，这样才能够使学生全面地掌握生词，以便在写作中更好地运用。例如：

［例5-23］又没有什么<u>贵重</u>的经验。

［例5-24］在学校，他的<u>风声</u>不好。

［例5-25］有的时候你很<u>单独</u>……

［例5-26］我还没有<u>朝</u>老师请假。

例5-23中，"贵重"和"经验"不搭配，"贵重"改为"宝贵"比较合适。

例5-24中，学生将"名声"和"风声"的意义弄混淆了，应改为"名声"。

例5-25中，学生将"单独"与"孤独"弄混淆了，实际上二者词性不一样，"单独"为副词，"孤独"为形容词，应改为"孤独"。

例5-26中，"朝"改为"向"更合适。"朝"与"向"都是介词，都可以表示动作的方向，都可以带表示人的名词或代词做宾语，这些近似点易引起学生的混淆。

在中级汉语词汇教学中，应重点讲解词语的意义和用法，注重词语搭配，扩大词汇量，注重提高学生实际运用汉语的能力。在此过程中，不仅要强调词语基本义项的用法，更要强调词语复杂意义的用法，练习的设计应与初级阶段所学过的分散的知识点相结合，以起到复习和巩固的作用。可通过造句、改正病句、回答问题、完成句子等不同的形式进行训练。

在高级阶段，随着词语学习难度的增强，仍然会出现多义、近义等词语的学习与辨析，尤其是在使用汉语的过程中，会经常出现含相同语素的词的混淆。

在中高级阶段，学生对成语非常感兴趣，所以教师应该积极加以引导，使学生真正弄清楚成语的意思及用法。如顾百里指出操本族语者对词汇的使用频率是区分高级汉语和初级、中级汉语的一个重要标准，并列举出了"岂不是……吗，以……身份，以……为主"等成语以外的高级汉语用例。学习者会生搬硬套成语，出现以下句子：

[例5-27] 我做的事情都是<u>单枪匹马</u>的。

高级阶段的词汇练习层次要与中级阶段的有所区别，应着重对学过的知识有层次地进行综合训练，使学生能够掌握较难词语的用法以及词语搭配。高级阶段主要是强调通过不同的训练形式提高词语运用的能力，不同的练习设计有不同的成效，比如填空和完成句子可训练学生通过上下文的语境判断词语的意义，造句是强调掌握和理解词语的用法。每一课都要设计多样化和循序渐进的练习，并且注重各个层次的差别，逐渐加大难度。

高级阶段着重提高学生书面语表达的能力和阅读能力，并自行领会词语的意义和用法，掌握词语学习的元技能。

冯丽萍对中级汉语水平、非汉字背景的外国学生在中文词汇识别方面的实验结果显示：

（1）汉字的笔画数是影响词汇识别结果的因素之一。多笔画字构成的词语一般难以识别，但笔画数与其他因素共同作用影响学生词汇识别的结果。

（2）熟悉度是影响词汇识别方式的直接因素。熟悉度高的词语倾向于被作为一个整体进行加工，而熟悉度低的词语在识别过程中，学生会有意识地借助词素信息，尤其是容易识别的首词素信息，对整词进行加工。

（3）中级汉语水平的外国学生已经开始具有一定的词素意识，并将其运用于中文合成词识别中。这种语言意识的发展来源于汉语水平的提高和汉语词汇量的积累，也来源于课堂上语言理论知识的讲解和训练。但他们的中文词素意识尚处于发展过程中，他们对合成词的词汇结构、对两个词素之间的语义关系还不敏感。

（4）除了词汇本身的因素外，学习者所在的语言环境、教学方式、课程设置、母语与目的语的关系等因素都会影响外国学生的中文词汇加工。对于在母语环境中学习汉语的中级水平外国学生来说，课本中重现率不高、字形特征复杂、母语中没有对应项目的词汇识别起来比较困难。

5.4.3　中高级阶段词汇的教学建议

中高级阶段的词汇教学，教师应当在词汇积累的基础上帮助学生了解汉语词汇系统的特点，使他们自觉培养和提高汉语词汇知识，培养汉语词汇系统的概念。

学生在中高级阶段词汇量进一步增加，学习词语时既要面对旧词的复习巩固，又要注意新词的记忆运用，常会产生记得慢忘得快的现象。针对这些情况，本书提出以下建议：

（1）根据外国学生中文心理词典的建构模式和词汇加工方式，重视语素的意义关系，重视词语语法功能的讲解，适量地安排语言理论知识的讲解，帮助学生了解汉语语言系统的性质与特点，帮助学生建立汉语词汇系统的概念。对于汉语这样一种词根语来说，在词汇教学中，应该合理系联和区分相关词语，包括形近、音近、义近词等，使学生形成词汇系统的概念，并在该系统中确立所学词汇的位置；重视词素的语义关系和语法功能的讲解，将汉语的构词法与汉语的语言性质相结合，培养学生的词素意识；在教学内容上要依据不同的标准确定重点词与难点词，对于难点词语的确定应该考虑多种因素，如词语的字形特征、组合方式、使用环境，学习者的母语背景、学习阶段、语言水平等，帮助他们在心理词典中形成合理有效的汉语词汇表征系统，提高他们的语言学习能力。

（2）根据外国学生中文词汇加工规律的发展模式，有针对性地确定教学内容和教学方法。尤其是近几年针对某一地区、某个国别、为在母语环境中学习汉语的学习者编写的教材开始出现，在这些教材的编写上，重点词语的重现率、难点词语的确定、母语与汉语的关系、语言学习的阶段性特点等都是应当考虑的因素。

（3）要利用课文的语境对词语的特殊附加意义、用法特点进行清楚准确的解释。在此基础上，对词汇的其他义项进行提示和重现，以达到温故而知新的目的。要关注词语的辨析、对比的针对性和词语使用的条件，以此来避免和减少已学词语的干扰。

（4）引导学生从语境的角度理解词义。词语在不同的语境中的语义往往大不相同。教师应该引导学生建立语境概念，语境信息的输入是中高级阶段的汉语作为第二语言的教学中重要的教学内容和手段。可利用语境激活词语，防止学生回避新学过的词。

（5）引导学生注重词语语法意义的掌握。在中高级阶段，随着词语意义的复杂化，词性与句子成分之间的关系更趋复杂，词语的语法意义可和句子成分联系起来。教师可在词汇教学中，说明某词在句中做何成分，以及做该成分的限制条件，避免学生在使用中出现错误。

（6）对中高级阶段的学生，可以进行适当的猜词训练。刘颂浩（2001）对学生的猜词能力进行了测试和调查，认为至少有 4 个因素对猜词有影响：词的内部构造、一字多义、语境和学生的语言水平。

 思考

（1）下面 8 个词来源于《HSK 标准教程·（6 上）》。和小组同学讨论一下，在国际汉语课堂教学中，你会如何对这些词进行处理？并预测学生的难点。

视野　饮食　蕴藏　传达　以至　辽阔　飞禽走兽　湖泊

（2）结合教学实例谈谈某种国际汉语词汇教学方法的运用。

（3）请谈谈在国际汉语教学中如何进行词汇选择与提升。

第6章

汉语词汇使用偏误分析

本章进行汉语词汇偏误分析，主要分析汉语词汇偏误的产生、表现及归类、根源及教学策略。另外，本章以汉语类词缀的偏误为例，构建了类词缀偏误数据库，并对汉语类词缀进行了偏误分析与词汇评价。

6.1 汉语词汇偏误的产生

在第二语言习得过程中，学习者由于缺乏语感并受到母语词汇知识的干扰，很容易产生词汇错误。词汇错误可包括失误（mistake）和偏误（error）两种类型。Corder（1981：10−11）强调了失误是非系统的，偏误是成系统的。学习者的偏误，实际上为语言学习的某个阶段提供了系统的证据，尽管这个系统是不正确的，但仍然很有意义。

偏误是对目的语语言项目的正确形式或规则的偏离，这种错误自成系统，具有规律性，学习者难以自觉发现并纠正，因此常常会重复发生。不仅在英语教学中会出现大量的偏误，在国际汉语教学中也是如此。如美国、泰国、越南学生都不约而同地出现这样的偏误：

［**例 6−1**］大多数的人很聪明很努力。很多的人是医生或者律师，所以他们的学历很高，大多数人有足够的钱买很大的<u>家</u>。（美国罗丹）

［**例 6−2**］我要买<u>家</u>。（泰国、越南学生）

［**例 6−3**］我们去了中国化学老师的<u>房子</u>。

例 6−1 和例 6−2 中都是将"家"误用为"房子"，而例 6−3 中则把"房子"误用为"家"。越南语认为"家"和"房子"一样，但是汉语里"家"是有温情的，"房子"是建筑物。有些教材中的"房子"和"家"都译为"house"，所以学习者分不清二者的区别，这也和教材"多词一译"的方式有关。

据鲁健骥（1993）的观点，偏误分析是把外语学习者的偏误作为研究对象，它所关注的是学生所使用的目的语形式（实际是中介语）与目的语的规范形式之间的差距，以及造成这些差距的原因。所谓偏误分析，就是发现外语学习者的系统性错误，并加以综合分析，包括分析偏误是怎样产生的，不同国别、不同阶段的学习者会产生什么样的偏误等。

偏误在儿童语言学习和外语学习中都占有重要地位。偏误的产生是外语学习者经常遇到的现象，虽然教师都不希望学生出现偏误，但出现偏误的事实促使教师进行系统性的分析，思考学习者在何种程度上达到了怎样的目标，学习者下一步努力的方向是什么。透过偏误，可以从另一个方面思考学习者利用了什么样的学习策略，在教与学的哪些地方可以进行改进。偏误分析，从教学法上来说，一方面，迫使教师更关注学生，真正关心学生语言能力的提高；另一方面，也为教师对学生的学习测量提供了一种方式。

偏误分析是以认知心理学为基础的。认知心理学认为，语言习得的过程是学习者不断地组织完善其语言形式与语言规则的过程。学习者根据对语言的不完全观察去归纳某些规则，然后再运用这些规则来创造性地使用语言。在这一过程中，他们要不断地对输入的语言素材进行推理假设，然后去试验，经过试验发现偏误，再修正他的假设，再试验，再找出偏误，再修正。如此循环往复，他的假设不断接近第二语言的标准形式。由此可见，在课堂上，学生的假设本身就包含了存在偏误的可能性，在他的试验中出现偏误是难免的。因此，教师应该允许学生出现偏误。

6.2 汉语词汇偏误的表现及归类

20世纪七八十年代，英语作为第二语言的习得研究已经表明，在各种类型的言语错误中，词汇错误是最严重的。就某一语料库的统计分析来看，词汇错误与语法错误的比例是 3:1（Gass 等，1994：270）。[①]

词汇偏误是大量的，而且几乎是随着学习的开始就发生了。随着词汇量的增加，发生的词汇偏误也越来越多。

从学生的作文、综合课作业、口语交谈以及语料库中可以获得一些真实的语料，发现有很多词语的用法"不符合中国人的习惯"。分析这些错误发现，词语的偏误既有一些共性的地方，也有一些个性的地方。

根据表现形式的不同，汉语词语的偏误可以进行分析。但由于角度不同，得到的偏误的原因和类型会有差异。比如：

［**例6-4**］我想最重要的是常常通过谈话了解对方和<u>互相</u>的立场（张博，2016：276）。

---

① 张博，2008. 基于中介语语料库的汉语词汇专题研究［M］. 北京：北京大学出版社：8.

在例6-4中，张博（2016）主编的《不同母语背景的汉语学习者词语混淆分布特征及其成因研究》的单篇作者刘竹林将"互相"的错误改为当用词"彼此"，学习者产生偏误的原因是当用词的等级比误用词的等级高。诚然，"彼此"属于《新汉语水平考试大纲——HSK 五级》词，而"互相"则是四级词，这种修改和分析不失为一个好的角度。但是该例如果在修改时，按照尽量保留原语素的修改习惯，也可以将"互相"改为"相互"，引起学生偏误的原因也可以是对同素逆序词"互相"和"相互"的混用。"互相"和"相互"都可以做副词，但是"相互"还可以做区别词，修饰中心语，形成"相互的关系"等短语。

北京语言大学"HSK 动态作文语料库"现归入 BCC 语料库，其"字符串检索"中的错字、错词主要包括"错字（词）、别字（词）、漏字（词）、多字（词）"等错误形式，这种偏误分类主要是从与原字、原词比对后的形式来区分的。

高燕（2008、2019）将汉语词汇偏误分为汉外同形偏误、语义偏误、韵律偏误、搭配偏误、重叠偏误、方位短语偏误、叠加糅合偏误、成分残缺偏误、"了"字冗余偏误、数量表达偏误、量词偏误、含有"这、那"的时间词语偏误、词序不当、词语与句类、句式冲突、插入语偏误、语用偏误、篇章偏误等18 种类型。

张博（2008）将词汇偏误概括为 3 种类型：词语误用、自造词语、径用母语词。张博（2016）分析了汉语作为第二语言的学习者（CSL）的共通性词语混淆分布特征和特异性词语混淆及其母语影响等。CSL 学习者分韩语背景、日语背景、蒙古语背景、印度尼西亚语背景和英语背景等五个国家的学生。

肖奚强、颜明、乔佚等（2015）对汉语词汇和词类进行了详尽的偏误案例分析，其中词汇偏误案例包括"词缀、复合词、缩略语、同素逆序、近义易混淆词、其他易混淆词、熟语"等 7 种偏误的案例分析，词类偏误包括方位词、数量词、动作动词、能愿动词、心理动词、区别词、副词、介词、连词、"了""过""的"等偏误案例。

李先银、吕艳辉、魏耕耘（2015）特别分析了初级阶段的常见易混淆词，包括"变、变化""不、没""差不多、几乎""常常、往往""次、遍"等成组词的辨析。

偏误可以从多种角度进行分类，从语言要素的角度分为语音偏误、词汇偏误和语法偏误。从上面学者对汉语词汇偏误的归纳来看，词汇偏误的内容比较复杂，对词汇偏误的归类也存在角度不一的局面。本章力图对偏误进行概要式分类，然后进行辨析，希望能起到举一反三的作用。

本章虽然主题为词汇偏误，但词类、搭配、语序不当、虚词等偏误，实际上是和词的语法、语用紧密联系的，因此本章的词汇偏误研究，很多涉及语法问题，有时也涉及语音问题。

在外国学习者的词语使用中，词的词法、句法和语篇特征，都会作为一个整体被运用。这里为了便于透彻地分析词的不同功能，将汉语词语偏误分为词法偏误、句法偏误和语篇偏误三大类。

6.2.1 词法偏误

汉语的词法偏误主要指汉语的词在结构、词义和词形方面产生的偏误。根据国际汉语教学实践发现，学习者在汉语词的使用上有合成词的错误，如语素构词错误、同素词偏误、汉外同形词偏误，这里主要介绍语义偏误、量词偏误和词性偏误。

6.2.1.1 语义偏误

在留学生的作文、作业和口头表达中，很多词的语义表达存在问题，词的理性意义、感情色彩、语体色彩都可能存在问题，例如：

［例6-5］*我到别的国家的时候，刚刚下了飞机，我注意的第一个事情是哪里的气味。①

在例6-5中，很明显，学生把"那里"误用成了"哪里"，前者是指示代词，后者是疑问代词。另外，二者的字形、字音都比较接近，很容易混淆。

［例6-6］*过了怎么久它对我来说都一样很重要。

例6-6把"这么"误用成"怎么"。"怎么"是疑问代词，"这么"是指示代

---

① 这里的"*"代表这个句子不能说，下文的"？"表明这个句子介于可说和不可说之间。

词，适用的句子语气不同，"怎么"是疑问语气，而"这么"是陈述语气。造成偏误的原因是语义和语音的混淆。

[**例 6-7**] *我真想家人，离他们这么远太难以忍受，盼望他们跟<u>看</u><u>去</u>中国或者有又快又便宜的去法国的办法。（法国）

例 6-7 至少有两处错误，一处是汉字错误，将"跟着"写成了"跟看"，这是偶然性错误，还有一处是"去中国"，应该改为"来中国"。句中的"我"是在中国，"盼望家人跟着我来中国"，距离说话人近的动词应该用"来"。

[**例 6-8**] *我无比激动的心情向您递上这份求职信，非常感谢您在<u>忙乱</u>之中能阅览。

例 6-8 的"忙乱"应改为"百忙"，"忙乱"是贬义的，"百忙"是褒义的。

[**例 6-9**] *这一个月之间，我得到了<u>形形色色</u>的经验。

例 6-9 是学生在《我的留学生活》作文中的句子，这里"形形色色"和"各种各样"弄混了。为什么会发生这样的错误呢？查阅《现代汉语词典》，发现对"形形色色"解释为："形状态词。各种各样。"这里词典的解释也诱导学生产生混用。通过对语料库的搜索和分析发现"形形色色"多为贬义色彩，有少数是客观的"中性色彩"。在北京大学 CCL 语料库的检索中，发现直接有"各种各样的经验"的用例 3 条，"形形色色的经验"0 条。

[**例 6-10**] *<u>女人</u>节快乐！一分钟以后！

"女人节"应改为"妇女节"，"女人"和"妇女"的语体色彩不同，"妇女"较"女人"正式，是书面语体。

[**例 6-11**] *老师好！我是×××，是越南留学生。<u>庆祝</u>老师教师节愉快！身体健康！（学生短信 2009 年 9 月 10 日）

《商务馆学汉语词典》对"庆祝"的解释是"为大家共同的喜事举办纪念活动"，对"祝"的解释是"对人对事表示良好愿望"。这两个词的语义范围不同，"庆祝"一般用于大的范围和庄重的场合，而"祝"则用于比较小的范围或场合。

［例6-12］*第一次<u>看</u>那么多的鞭炮，我兴奋地看那情景。

这里单音节词"看"应改为双音节词"看到"或"看见"，表示"看"的结果。

6.2.1.2　词性偏误

由于汉语的词缺乏形态变化，很多留学生无法准确区分某些词的词性。有关词性偏误，这里主要谈实词之间的混淆，如名词、动词、形容词和副词之间的混淆等。例如：

［例6-13］*在第二次世界大战<u>结局</u>以后，冲绳成为美国的<u>植民地</u>，那个时候很多美国文化流到冲绳。

例6-13将名词"结局"当成动词"结束"用，"第二次世界大战"应该和动词"结束"搭配，而不能和名词"结局"搭配。另外，"殖民地"的"殖"也写错了。

还有把形容词当动词用的词语偏误。例如：

［例6-14］*中国的经济很<u>发展</u>，这样发展下去，中国将成为世界经济强国。

［例6-15］*现在中国越来越<u>发展</u>，我们韩国和中国的交流也越来越多。

［例6-16］*韩国首尔就是沿着汉江边<u>发达</u>的城市。

"发展"与"发达"是很多留学生经常用混的词，造成例6-14～例6-16错误的原因极有可能是没认识到"发展"与"发达"的词性不一样，"发展"是动词，后可接"着、了、过"等动态助词或趋向补语；"发达"是形容词，可以受程度副词"很"的修饰。

有位俄罗斯学生将名词"苦心"用成了形容词"辛苦"。例如：

［例6-17］他工作那么<u>苦心</u>，以致几年一天假期也没有。

另外，留学生经常出现程度副词"很"或"最"后面跟名词的情况。例如：

［例6-18］*比及我抬头往上看，我就好奇地问司机夏天是不是常常<u>很大雾</u>。

［例6-19］？总而言之是我生命中最精彩的，<u>最收获</u>的日子。

例 6-18～例 6-19 都犯了"很/最+n"的错误。在汉语中能直接受"很"修饰的名词很少，有"很淑女、很男人"之类的用例，一般"很/最"是不直接修饰名词的。

6.2.1.3 量词偏误

汉语的量词是一个教学重点，学生对于量词的准确把握实际上也在一定程度上反映了学生的语言水平。学生很容易将量词"个"泛化。例如：

[**例 6-20**] *他有一双很大的棕色眼睛，一个尖尖的小鼻子，一个心形也红红的嘴，一个比较长也有一点卷的金头发。

[**例 6-21**]？胡志明会六个语言，其中有英语、法语、俄语、汉语等。

例 6-20 中"一个比较长也有一点卷的金头发"应改为"一头比较长也有一点卷的金头发"。例 6-21 中"六个语言"应改为"六种语言"。

留学生还在不需要使用量词时，使用了量词。有些抽象名词不能与量词搭配，如"妇女自古以来不是个完全的人格"，其中的量词"个"是冗余的。再如：

[**例6-22**]？也可以说三星是个韩国的企业代表。

例 6-22 中的"个"是冗余的。

6.2.2 句法偏误

汉语句法有句法结构问题。汉语句型主要有动词谓语句、形容词谓语句、名词谓语句和主谓谓语句等。动词谓语句可看作是由 NP+VP 构成的。除了这些句型之外，还有存现句、连动句、兼语句等特殊句型。汉语句法的偏误涉及的内容很多，本章主要是从频率较高的搭配偏误、句型和句类偏误、糅合偏误、"了"的偏误、韵律偏误等角度来探讨的。

6.2.2.1　搭配偏误

搭配偏误主要指词语和词语组合时产生的偏误，主要体现在动宾搭配不当与不及物动词带宾语、定中搭配不当、主谓搭配不当、状中搭配不当、介宾搭配不当等方面。

1. 动宾搭配不当与不及物动词带宾语

动词和宾语不搭配，如：

［例6-23］*昨天我<u>参观</u>了李老师。

"参观"后应接处所名词做宾语，而不能接指人的名词或人称代词。此句中的"参观"应改为"看望"或"拜访"，偏误的原因可能在于学习者将"参观"与英语的"visit"完全对应起来了。

［例6-24］*当他来家门口接海伦时，海伦就<u>脱</u>下眼镜。

句中的"脱"应改为"摘"。"脱"后的宾语常为表示衣物的名词，如"脱衣服、脱鞋"；"摘"的宾语可以是戴着或挂着的东西，如"摘眼镜、摘手表、摘帽子"等。

［例6-25］我敢说若贵公司<u>采用</u>本人的话，绝对不会后悔的。

"采用"后常接"方法、战术"等词，而"录用"后则可接"指人"的名词，如"录用"工作人员，所以"录用"后接名词有［+人］这一义素。该句的错误原因在于动词"采用"和后面的宾语搭配不当。再如：

［例6-26］*运动对身体健康有好处，也让人<u>发射</u>压力或者怒气，所以对精神健康也有好处。

例6-26中的"发射"改为"释放"比较合适。

限于词汇量的贫乏，留学生常用口语词来行文，如：

［例6-27］*我真<u>谢</u>母亲为我做了那么多。我一辈子都无法忘记。

这里的"谢"应改为"感谢",根据《汉语动词用法词典》,"谢"可以带名词性宾语,不可接"兼语",而"感谢"则可以后接兼语,如"感谢你救了她"。

汉语动词也有及物动词和不及物动词之分,留学生有时忽略了这一点,常出现不及物动词带宾语的错误,如:

[例6-28] *刚开始留学我一心只想<u>逃跑</u>父母的控制。

"逃跑"是不及物动词,后面不能带表对象的宾语;而"逃避、逃离"是及物动词,后面可以带对象宾语,所以例 6-28 可以改为"逃避"或"逃离"。再如"回来、出去"这类动词的使用情况:

[例6-29] *<u>回来</u>宿舍,我们俩都很累。

这里的"回来"是不及物动词,不能带宾语,可以将"回来"改为"回到","回到"是及物动词,如"回到拉萨"。

[例6-30] *<u>出去</u>大门口看见很多人也在等着他们的亲戚朋友下飞机……

"出去"一般不会在后面直接带处所宾语,所以这句可改成"从大门口出去,看见很多人也在等着他们的亲戚朋友下飞机"。

汉语有些动词本身是动宾式复合词,是 VO 结构,如"结婚、辞职、见面、毕业、满意"等,这种类型的动词后面一般不能带宾语,但留学生常在这一类动词的应用上犯错误,如:

[例6-31] *我真佩服他唱的歌,因为他<u>唱歌</u>祖国!

"唱歌"和"歌唱"是同素逆序词,相同的语素,不同的排列顺序,但"歌唱"可以带宾语,而"唱歌"由于是动宾式的离合词,所以不能再带宾语。

徐杰谈道:"众所周知,'及物性'是动词的一种特性,它指的是动词是否具有带宾语(实为'受事')的潜在能力。"根据"及物性"特征,动词一般被分成及物动词和不及物动词两个大类。这种传统分类是《马氏文通》以来几乎所有的汉语语法著作都要涉及的问题,但是由于它是一个"界限不清的类"(吕叔湘,1979),因而能不能这么分类,要不要这么分类,也一直存在争议。

尤其值得注意的是,"及物性"不能只是单纯地考虑动词和名词的搭配问题,有的动词不能单独和名动词搭配,如果这一动作的施事(或者受事)作为定语出现，这一动宾关系就得以维持。例如：

- 离开了（大家的）帮助/（这种）帮助——*离开了帮助
- 反映了（群众的）建议/（这种）建议——*反映了建议
- 粉碎了（敌人的）进攻/（一次次的）进攻——*粉碎了进攻
- 记录了（他们的）谈话/（一次次的）谈话——*记录了谈话
- 促进了（文艺创作的）繁荣/（某种）繁荣——*促进了繁荣
- 刺激了（石油生产的）发展/（某种）发展——*刺激了发展

"离开了帮助"不能说，但是"离开了大家的帮助"和"离开了这种帮助"可以说。这里如果把"帮助"看成一个"参与者"的话，那么"大家的"和"这种"就是"范围"成分。这样把"及物性"放在一个"小句"中考虑，比单纯考虑动词的搭配要合理一些。

不仅名动词做宾语有这种情况，如果宾语本身是抽象名词，也有这种情况，即宾语须带上定语加以限定，如：

- 包含（复杂的）因素/（种种）因素——*包含因素
- 呈现（美好的）景象/（某种）景象/——*呈现景象
- 成为（时代的）缩影/（这种）缩影——*成为缩影
- 体现了（民主的）作风/（这种）作风——*体现了作风
- 表现了（刻苦的）精神/（这种）精神——*表现了精神
- 驳斥了（对方的）意见/（那种）意见——*驳斥了意见

邢福义提到及物动词后面有一种"非常规宾语"的代入现象，比如"靠山吃山"的"山"是什么类型的宾语？又如"今天吃小李"中的"小李"是什么类型的宾语？为什么"吃山"和"吃小李"可以说？这里涉及一个知识背景问题。常识性越强，带有代体宾语的格式的使用频率越高，人们对这类格式的习惯性也就越大，比如"陪床、接车"等。

2. 定中搭配不当

定语和中心语搭配不当，如一位保加利亚学生的句子：

［**例6-32**］? 我一生中最<u>大</u>的爱（作文题目）

　　询问这位保加利亚学生，原来她想表达的英文是"the biggest love"。"爱"的程度在汉语中是用"深浅"来表达的，所以应改为"我一生中最深的爱"。

　　留学生常在当用"日子"或"天"时误用"日"，如：

　　[**例 6-33**] *第一次见面的日，那天我很忙，我迟到一个小时，我对她不怎么感兴趣。

　　留学生还经常将"……的时候"用成"……的时"，如：

　　[**例 6-34**] *当他到火车站的时，火车就开始出发了。
　　[**例 6-35**] *第二天的时，我们吃早饭以后去沙模。

　　例 6-34～例 6-35 的定语和中心语用"的"连接时，后面的中心语应该是双音节词"时候"。另例 6-35"沙漠"的"漠"写成了"模"。

　　印度尼西亚某些学生在当用"喜欢"时误用"高兴"，如：

　　[**例 6-36**] *我们进了一个书店，买一本我很高兴的可米书。

3. 主谓搭配不当

　　主语和谓语的顺序颠倒，如：

　　[**例 6-37**] *现在时间急了，他应该跑着去火车站。

　　"时间"可以说"紧张、很紧"，但不能说"时间急了"，可以说"某人急了"。

　　[**例 6-38**] *最近在我的生活发生了很大的变化，在我心里悄悄地开了一扇小门。

　　例 6-38 缺主语，所以应该删除"在"，改为"最近我的生活发生了很大的变化"。

4. 状中搭配不当

　　状语和中心语的搭配，留学生也会出现偏误，如：

　　[**例 6-39**] *偶然我也会和朋友逛街。

　　这里的"偶然"应改为"偶尔"。根据《1700 对近义词语用法对比》，"偶尔"与"经常"相对，常用来做状语；"偶然"与"必然"相对，可以做状语，也可以做定语和补语。句子想表达的是"不经常"义，所以这里用"偶尔"比较合适。

[**例6-40**]＊我觉得养动物是必须要<u>付</u>责任。所以我不能<u>轻盈</u>地去养一只狗。

例6-40中有3处错误：一是"负责任"的"负"误用为"付"；二是"是必须要负责任"后面缺少"的"，属于表强调的"是……的"句，缺了后面的"的"；三是状语和中心语的搭配不当，作者原来可能是想表达"轻易地去养一只狗"，结果由于语音的相似，而把"轻易"误用为"轻盈"了。

5. 介宾搭配不当

留学生也会出现介词和宾语搭配不当的情况，如：

[**例6-41**]＊老师说学生<u>跟</u>学校附近很熟悉。

例6-41中的"跟学校"应改为"对学校"。根据《现代汉语八百词》的解释，"对"有指示"动作的对象；朝；向"义，如"决不对困难低头"；而"跟"做介词时，指示"与动作有关的对方。只跟指人的名词组合"。例6-41错误的原因在于把"跟+指人名词"这一规则泛化了。另外，产生这一偏误的原因还可能是汉英对译造成的，"对"英语可译为"toward；to"；"跟"英语可译为"with；to；from；as"等，二者有重合之处。

[**例6-42**]＊我是2005年夏天认识你的。那时你<u>对</u>我留下了很深的印象。

例6-42中的"对"应改为"给"。根据《现代汉语词典》的解释，"给"做介词的义项中有"用在动词后面，表示交与，付出"义，而"对"则没有这一义项。类似的介宾搭配错误还有：

[**例6-43**]父母<u>对</u>他们的孩子学习压力很大。

例6-43中的"对"也应改为"给"。

6.2.2.2　句型和句类偏误

现代汉语的句型和句类在《HSK 考试大纲》（一级至六级）每一册的语言点中都会出现，这些句型也是通过句子来体现的，句子又是通过句中的词语组合来实现的。汉语学习者在使用句子时，也会出现句型和句类的偏误。

例如"真"和"很"。感叹句中的"真"，在《HSK 考试大纲》二级中就出现了，而"很"则出现得更早，在《HSK 考试大纲》一级即出现了。外国学习者虽然了解"真"和"很"的程度义，但是却经常会出现下面的错误：

［例 6-44］A：你考得怎么样？

　　　　　B：*我考得真好。

［例 6-45］A：你今天忙不忙？

　　　　　B：*我今天真忙。

［例 6-46］*他喜欢美国菜，可是我真喜欢中国菜。

［例 6-47］*王朋是一个真帅的男孩子，李友是一个真漂亮的女孩子。

［例 6-48］*我们真高兴地唱中国歌儿。

据黄南松、胡文泽、何宝璋（2015：3）的观点，"真+形容词/动词"带有说话人强烈的情感：或赞叹或反对，或褒扬或贬斥，因此用来表示感叹。"很+形容词/动词"用来客观陈述某一事实，不带说话人的强烈情感。其实前面例 6-44、例 6-48 中"真"的用法也不合适，最好将"真"改为"很"。

外国学习者还会出现句型错误，常出现"是"字句的偏误，如"我不韩国人"就缺少"是"这个判断谓词；但"他是聪明"中，"是"又多余。

祈使句中的词，外国学习者有时也会把握不准。例如：

［例 6-49］*请宁静！

［例 6-50］*请渐渐走！

例 6-49 中"宁静"应改为"安静"，因为"安静"可用于祈使句中，"宁静"则不可以。例 6-50 中的"渐渐"应改为"慢慢"，原因也在于祈使句的问题。

6.2.2.3　糅合偏误

所谓糅合偏误，指把两种相关但又不能同时选择的语言形式糅合在一起形成的偏误。例如：

［例6－51］？我在一本杂志上看了一篇文章，说明的是好看的人更容易能找到工作，（这）让我大吃一惊。

"更容易"和"能"糅合在一起，反而造成了偏误，去掉"能"即可。

［例6－52］？那个上司肯定会骂他，也可能会让他赶走。

"让他赶走"是两种句式的杂糅，一种是"让他走"，另一种是"赶他走"，而这两种句式是不能糅合在一起的。再如：

［例6－53］？首尔到处有很多公园。

这里的"到处"和"很多"糅合在一起，实际上只用一个即可，换成"首尔到处有公园"，或者"首尔有很多公园"就正确了。

6.2.2.4　"了"的偏误

"了"的偏误从形式上看，有遗漏、误加、误代和错序四种类型。

1. 遗漏
遗漏型的"了"，如：

［例6－54］上个月我又去杭州的西湖。
［例6－55］他的行为引起大家的注意。

例6－54中有表示过去的时间词语"上个月"，"去"后面应该带"了"，表示动作的完成。例6－55中的"引起"后面应加"了"，起一个完句功能的作用。

2. 误加
误加"了"在留学生作文中特别常见，如"了"一般是不和能愿动词共现的，但例6-56、例6-57都犯了这个错误。

[**例6-56**]*这一天我能去了三个沙滩。

[**例6-57**]*老师，我在准备我的演讲，所以我会迟到了。

用"没"的否定句里的动词后面一般不能再有"了"，例 6-58 就违反了这个规则：

[**例6-58**]*对不起，我没写完了作业。

表示连动式的动词后一般不带"了"，但例6-59误加了"了"。

[**例6-59**]*跟一些突尼斯高中学生一起去了旅行。

3. 误代

误代表现在助词"了"和"过、着、的、得"之间的混用。例如：

[**例6-60**]我以前在电视里见了时装表演，但没想到跟亲眼见的那么不一样。

例6-60中的"了"应改为"过"，表示经历体。又如：

[**例6-61**]因为生病了，我每天躺了。

例6-61中的"了"应改为表持续体的"着"。再如：

[**例6-62**]平时他是不会生气了，而且他的话很有意思，也很有道理。
[**例6-63**]我的脸色变了非常苍白。

例 6-62 中的"了"应改为"的"，属"是……的"的强调句；例 6-63 中的"了"应改为"得"，是补语标记。

6.2.2.5　韵律偏误

韵律语言学的研究成果也可借鉴到第二语言教学中来，例如"浇灌花、种植树"等双音节动词带单音节宾语的现象就不符合韵律，再如"他的腰累弯曲了、她的嗓子哭嘶哑了"中，单音节动词后带双音节补语的句子也不能说。还有学生出现了"韩国的健康食"这样的标题，也是属于韵律方面的不协调，经课堂提示，有的学生建议将此标题改为"韩国的健康美食"，这样标题在韵律上就比较协调了。再如：

［例6-64］*泡菜已<u>受</u>了世界<u>人们</u>的欢迎。

例6-64中的单音节动词"受"应改为双音节动词"受到"。"受到欢迎"是2+2音节的匹配，全句可改为"泡菜已受到世界人民的欢迎"，或者改为"泡菜很受世界人民的欢迎"。

［例6-65］？如果你已经有很好的女朋友，但，还没有求婚，正要准备的话，你可以坐汉江游船，表达你的<u>心</u>。

"表达你的心"可以换成"表达你的内心"，这样可以让韵律更协调。

［例6-66］？我们好像能制造最理想的社会似的热烈地<u>谈了谈</u>。

例6-66中，"热烈地"后应该带双音节词比较符合韵律，而且"谈了谈"口语色彩比较浓，和整个句子的语体风格不一致，所以将"热烈地谈了谈"改为"热烈地交谈"。

6.2.3　语篇偏误

留学生语篇意识的培养，也是和词汇教学有一些关联的。

［例6-67］到黄山首先去饭馆吃饭，<u>以后</u>出发了。

［例6-68］如果你一辈子很快乐，<u>然后</u>你发财不发财不重要。

例6-67中"以后"应该换为"然后"，连接两个小句，表示"一件事情之后接着又发生另一件事情"；例6-68中的"然后"应该换为"那么"或表时间的方位名词"以后"，而不能用"然后"这个表示顺承关系的连词。

关联词语是篇章衔接的一个重要手段，学习者若能正确使用套合关联词语，整个语篇就会比较顺畅。但是学习者即使到了中高级阶段，对于关联词语的使用还是有很多疑惑。例如：

［例6-69］？还有我现在也知道结婚以前要好好考虑，因为结婚以后，生孩

子以后<u>就</u>离婚绝对不行。

例 6-69 中的"就"应该改为"再","再"表示动作的先后。例 6-69 想表达的是事件的先后，而不是"事件的紧连"。

[例 6-70] *的确这个孩子给姐姐带来很多麻烦。不是姐姐养他养得不好，也不能说他是一个小皇帝，但是父母的话他一点儿<u>也</u>不想听，想做什么<u>也</u>做什么。

例 6-70 中的"想做什么也做什么"中的"也"应改为"就"，表示"两件事紧接着发生"。其实，例 6-70 在语篇的表达中注意到了关联词语的应用，用到了"不是、也、但是"等关联词语，整个语篇表达比较顺畅，只是有一处关联副词用得不妥当。

学生作文的篇章偏误中，有一个比较严重的问题就是，学生在该省略代词的时候不省略，尤其是人称代词"我"。"我"重复得过多，甚至于一个小句中没有其他人称出现时，也多次用"我"。比如：

[例 6-71]？虽然<u>我</u>还很年轻，但是<u>我</u>经历过的事件许多。
[例 6-72]？<u>我</u>无法离开你，但<u>我</u>独自过日子时<u>我</u>却一直想你。
[例 6-73]？<u>我</u>从报上看见本公司的招聘员工启事。<u>我</u>对这个工作十分感兴趣，觉得很适合本人。
[例 6-74]？<u>我</u>整整号啕大哭了半天。<u>我</u>生全世界的气。再说<u>我</u>爸爸还在火上浇油："你发火了，那么就是你的不是喽。"

代词"这"与"那"在汉语篇章的衔接中起着很重要的作用，但留学生在作文中较少用"这"与"那"等指示代词，采取了"回避"策略。例如：

[例 6-75] *考这么严格的考试后被选的优秀职员是三星公司越来越成长的原因之一吧。

例 6-75 改用"这"来指代，整个句子可以成为一个整体，改成"考这么严格的考试后选优秀的职员，这是三星公司越来越成功的原因之一吧。"，这样才符合句子的语篇表达。

学生对于"这"和"那"这两个近指代词和远指代词，很容易弄混。例如：

[例 6-76] *如果你来吉尔吉斯斯坦，你真的不后悔来<u>那</u>儿旅游，你可看见

的地方多极了。

例6-76的作者是吉尔吉斯斯坦人，应该是"如果你来吉尔吉斯斯坦，你真的不后悔来这儿旅游"，而且这里用的动词是"来"，表示说话人是在吉尔吉斯斯坦。

6.3　汉语词汇偏误的根源及教学策略

偏误的产生有内部原因，主要指与学习者的学习策略有关的因素；也有外部原因，主要指教材、教师、词典等方面的因素。正确处理偏误是国际汉语教学中的一个重要环节。

6.3.1　偏误产生的根源

偏误有的是由一种因素造成的，有的则是由多种因素共同作用造成的。以下将从母语的负迁移、目的语的负迁移和汉语词语的音义形相近易混等三个方面来探讨汉语词汇偏误的根源。

6.3.1.1　母语的负迁移

本族语（母语）、本族文化对学习目的语有推动作用，也有干扰作用。推动作用，即正迁移作用，基于对目的语和本族语做正确的对比分析；干扰作用则源于在目的语和本族语之间做不恰当的对比。

在国际汉语教学中，学习者由于缺乏语言学的知识和学习外语的经验，通过自觉和不自觉的比附去理解和使用目的语是很普遍的，也是很自然的。当这种比附不适用于目的语的规则时，就会造成使用上的偏误。例如：

[例6-77]我记得我朋友的生日时，我们从八点晚上一直到三点早上不停的跳。

例 6–77 中的"八点晚上"和"三点早上"都不符合汉语的习惯，汉语是先说大的时段，然后再说小的时刻，即汉语说"我们从晚上八点一直到早上三点不停地跳"。"的"应改为"地"。再如：

[**例 6–78**] 上网查了冲绳的民族衣装，冲绳的民族衣装是很漂亮，有很多颜色。

例 6–78 出自一名日本学生，她将"服装"误用为"衣装"了，是因为这位日本学生直接把日语中的"民族衣装"迁移过来了。

[**例 6–79**] 鸡很胖的时候她要卖好价钱。

"胖"和"肥"都共用"fat"，但是"胖"描写"人"，"肥"除了"减肥""肥胖"以外，不用于描写人，只用于描写动物或衣物等。

韩国学生经常将"教训"当作"教育"。例如：

[**例 6–80**] 总而言之，在我身边的人都是好人，他们给我爱心，假设没有他们的教训，那么我们永远就会学不到好的东西。

由于母语的迁移影响，汉外对译词极易形成学生心理词库中的易混淆词。前面提到的汉外同形词中的偏误现象即如此。

另外，英文注释相同的汉语词，在留学生看来，可能是同义词，如"搬"和"动"都有"to move"义，"穿"和"戴"都有 to wear 义，"主意"和"意见"都有"idea"义，等等，这些近义词，学生容易出现偏误。解决此类问题，可以建立汉语易混淆词词库，搜集学生的偏误信息，分析学生偏误产生的原因。

对《汉语水平考试词汇与汉字等级大纲》甲级词和乙级词中英文注释相同的词进行了抽取，已抽出 44 个近义词，列成 19 组，摘录如下：

① 主意、意见。② 应该、该。③ 作用、影响。④ 使用、用。⑤ 再、又。⑥ 咱、咱们、我们。⑦ 祝、祝贺。⑧ 装、运、搬。⑨ 词、字。⑩ 做、作。⑪ 失败、败。⑫ 帮、帮忙。⑬ 薄、细、瘦。⑭ 保、保护。⑮ 宝贵、珍贵。⑯ 报到、报道（报导）、报告，报、报纸。⑰ 北部、北方。⑱ 城、城市。⑲ 得、得到。

这 19 组近义词，大都有相同的英文注释，由此可以透视我们在词语的释义中不能仅仅根据中英文翻译来进行，这种释义过于简单。词与词的辨析要从概念意义、句法表现、语体色彩、母语解释等多方面来进行探讨。

6.3.1.2 目的语的负迁移

学习者把有限的目的语知识不适当地进行类推而造成的偏误现象，称为目的语的负迁移，也叫"过度泛化（overgeneralization）"。例如：

［**例6-81**］奈良是日本屈指可数的游览胜地，是因为那儿的历史<u>悠悠久久</u>，有许多的名胜古迹或者日本传统风格的建筑。

汉语中有的形容词可以重叠，有的则不可以，如"悠久"则不可以，例6-81就是将形容词的规则过度泛化了。

［**例6-82**］他备课<u>了</u>很好。

［**例6-83**］一登上<u>了</u>舞台就有些紧张，可我们都竭尽了自己的力量，上演了一个半小时很长的汉语剧。

例6-82与例6-83是"了"规则的泛化，"了"的泛化是留学生常见的毛病，本章例6-56至例6-59也是"了"的冗余。

6.3.1.3 汉语词语的音义形相近易混

汉语词汇有着自己的特点，声音相同或相近的词多，有相同语素的词多，字形相近的词也多。所以，这些相近造成了词汇的偏误，也是正常的。例如：

［**例6-84**］她比我小两岁，跟我弟弟<u>童年</u>，我和她马上就像姐妹一样地交往。

例6-84中的"童年"应改为"同年"，二者是同音词，所以引起了偏误。
在汉语中，大量复合词因含有相同的语素，在意义和书写上都有相同之处，最容易发生混淆。如"一点儿"和"有点儿"在形式上就很不容易区别：

［**例6-85**］下午，要晚上的时候。我们的家都整齐了。除了厨房，还<u>一点</u>脏。

［**例6-86**］水户的气候比北京<u>有点儿</u>温暖。

187

字形相近的词发生混淆，是指学习者在书面表达中误用另一个词的字形来记录当用词，出现如"他"与"她"和"它"的混淆，"第"与"弟"的混淆等。

6.3.1.4　教师讲解和语言本体研究的缺陷

有一些词语的误用源自教师不够准确的讲解，如没有指出词的语体色彩、句法功能以及该词的搭配等，未能进行近义词的辨析，只是简单地说某词和某词的意义差不多，结果造成学生用词错误。比如在学习"暗暗"一词时，如果教师只简单地说"暗暗"和"悄悄"同义，学生造句就会出现下列偏误：

［**例6-87**］我不太喜欢跟他们交朋友，因为他们平时经常暗暗地说别人的坏话。

［**例6-88**］半夜我暗暗吃甜的东西。

［**例6-89**］妈妈禁止晚上吃巧克力，她暗暗吃了一片，心虚极了。

［**例6-90**］他暗暗地把一些文件带走了，谁也不知道。

学生形成偏误的原因在于教师的讲解不细致。教师应说明二者的区别，"暗暗"多用来描写心理活动，"悄悄"用来描写动作行为。在辨析了"暗暗"和"悄悄"的区别后，学生的偏误才不会"化石化"。

另外，学生即使在中高级阶段，"了"的错误、"的"的隐现等问题也频繁出现，这些现象说明语言学对于这些虚词的规律还是没有研究透彻，或者说，语言学对于这类现象的解释未必清楚全面，势必影响学习者的进步，影响教学效果。

6.3.2　对待偏误的教学策略

偏误是第二语言学习不可避免的，如何对待偏误，如何利用偏误使学习者不断克服错误而趋近目的语也是第二语言教学的一个重要任务。教师应该重视偏误，搜集学生的偏误并加以整理和归纳，在教学中对典型偏误进行重点讲解，避免偏误的继续，这样能起到"偏误预警"的作用。

教师可以通过教学实践获取学习者的偏误。学习者的书面表达和口头表达都可以成为很好的偏误素材。比如作业、作文、考卷、请假条、翻译材料，甚至于邮件等，都可以作为学习者的书面表达素材；学习者在课堂上的回答、平常的聊天、演讲等都可以作为口头表达的素材。教师应善于发现问题，长期追踪并做教学笔记。教师也可针对某些词语，以合适的形式设计问卷或调查表，统计这些词语的偏误表现。

偏误研究也可通过中介语语料库获得。张博（2008）认为，"基于中介语语料库的汉语词汇专题研究"课题组采集的中介语语料库包括 75 万字的留学生作文语料，借助语料库语言学的研究方法可以调查汉语中介语词汇状况或验证研究个案的典型性。

纠错是否为习得第二语言或外语的一个必要条件？研究表明，纠错的效益是一个颇为复杂的问题，目前的结果并不一致，没有达到一定的共识。

Terrel（1977）、Krashen（1982）、Schwartz（1993）都尽量避免改学习者的错，即使改错，也是以最合适的方式进行，但仍然有可能损害学习者的学习动力与学习情绪。White（1991）、Carrol 与 Swain（1993）赞成改错，认为改错可能是习得第二语言的一个必要条件。[①]

面对偏误，不要有错必纠。为了鼓励学生实践，教师应该把握纠错的分寸，抓住重点进行纠错。要纠正的，一是本课所教的语言知识错误，二是直接影响交际的错误。如学生在念"我不是推销的，是来推荐几种特别特别好的东西"这句话时，将"推销"注音为"tuījiè"，一连几次都朗读错了。学生是在为汉语表演做准备，我们纠错了，学生也很乐意地接受了。如果不纠错，将影响后面学生的台词。

在教学中，特别是在测试中，应该综合衡量学生使用汉语进行交际的能力，而不能以有无偏误和偏误多少来衡量学生的水平。有的学生勇于实践，总是争取机会多说多写；有的学生则羞于实践，在课堂和测试中，总是尽量少说或少写，或者说得"保险"，写得"保险"。二者相比，前者出现偏误的可能性大，后者出现偏误的可能性小。但如果全面地看，前者水平显然比后者高，而且应该得到鼓励。如果单纯以偏误多少来论水平，就会有意无意地挫伤学生实践的积极性，不利于他们汉语水平的提高。因为语言的一个重要功能是交际。

---

① 温晓虹，2008. 汉语作为外语的习得研究：理论基础与课堂实践［M］. 北京：北京大学出版社：44－46.

偏误分析可以说是认知心理学在语言学习理论中的反映，它能预测和解释学生的偏误和难点，具有较强的预测力和解释力。比如"发展"和"发达"，"参观"和"访问"等的偏误，比较容易预测和解释。

一般来说，一些共同性的偏误、某一国别或某一语种学生共同的偏误，可以预测和解释，而个别人的偏误就较难预测和解释，因为学生个人特质的不同造成的偏误原因比较难于发掘。所以说，偏误可以预测和解释，但不能预测和解释所有的偏误。

另外，一处偏误也可同时从多种角度来进行分析，如学生把"……的时候"误用为"……的时"，既可以从韵律角度来分析，也可以从定中搭配不当上去考虑。

6.4 汉语类词缀的偏误分析与词汇评价

在国际汉语词汇教学过程中，类词缀的教学能帮助外国学生了解汉语的构词规律，扩大词汇量，很多词汇教学大纲和教材都强调和突出了现代汉语类词缀及其构词情况。有些学者，如尹海良、桑哲（2009）及杜旭东（2011）等都对《汉语水平词汇与汉字等级大纲》（1992）、《汉语水平等级标准与语法等级大纲》（1996）的类词缀进行了分析，但是由于这两个大纲制定时期较早，为适应当今汉语国际教育发展的需要，本书将针对《汉语国际教育用音节汉字词汇等级划分》（2010）（以下简称《词汇等级划分》）的标准，对其中的词缀进行逐一考察。

《词汇等级划分》共有 22 个词缀，如"初（初一）、第（第二）"等。虽然《词汇等级划分》将这 22 个语素称为词缀，但是很多学者并不认同把这些语素都归为词缀。赵元任（1968：115—116）将"家、性、者"归为"复合词末了结合面宽的语素"。吕叔湘（1979：40—41）针对"汉语里地道的语缀不很多"的现象，提出了"类语缀"，并列举出了"可～、好～、难～"等 18 个类前缀和"～员、～家、～人、～民"等 23 个类后缀。朱德熙（1982：29）认为："真正的词缀只能黏附在词根成分上头，它跟词根成分只有位置上的关系，没有意义上的关系。"为此，朱德熙只列举出了"初、第、老"3 个前缀，"子、儿、头、们、着、了、过、的、得"9 个后缀。本文主要采取吕叔湘"类词缀"的术语一说。

以往的汉语类词缀教学研究，主要集中在对大纲、教材中类词缀的数目、范围和教学法的探讨上，本章基于北京语言大学 400 万字的"HSK（汉语水平考试）动态作文语料库"，聚焦于真实语料中的类词缀偏误，逐一考察《词汇等级划分》中 22 个类词缀的偏误情况，对于教师如何处理类词缀教学、词汇教学大纲的研制及如何评价外国学生的词汇水平等，均具有实践意义。

6.4.1　基于语料库的类词缀偏误数据库的构建与分析

6.4.1.1　类词缀偏误数据库的构建

类词缀偏误指外国学生在使用汉语类词缀构词的过程中所产生的偏误，如使用"老～、～子、～头、～性"等类词缀以派生方式构词所产生的偏误。

为了便于对 HSK 动态作文语料库中的类词缀偏误进行研究，本书基于该语料库构建了"类词缀偏误数据库"，表 6-1 列举一些字段进行了说明。

表 6-1　"类词缀偏误数据库"样例

类词缀	国籍	病句	错误词语	正确词语	偏误类型	作文分[①]
度	韩国	随 [C][②] 着人们生活水平的发展，每个人都对"绿色食品"的关心度 {CC 率} 越来越高。	关心率	关心度	错词	70
老	越南	所以对我来说父母是孩子最重要的老 [B 考] 师 [C]。	考师	老师	别字	40
业	泰国	因为我认为一个 {CJ–zxy 人}[③] 应该把自己所投入的精神投入 {CC 加入} 在自己的学业 [L] 或者 [B 着] 事 [B 实] 业上。	学	学业	漏字	65
感	韩国	在家里只有两个老人，经常感到孤独 [B 虫] [D 感] 吧？	感到孤独感	感到孤独	多字	65
者	泰国	如果听者 {CC2 听人们} 意不在于享受音乐，而是歌唱者的外貌，那就体验不到音乐带来的真正乐趣。	听人们	听者	迂回	75

① 作文满分为 100 分。

② 表明有错字。

③ 表明缺中心语。

表 6-1 中，类词缀"偏误类型"在语料库中出现了"错词{CC}、别字［B］、漏字［L］、多字［D］、迂回［CC2］"等 5 种情况。

（1）类词缀"错词"有一部分是由于写错了汉字而造成的，还有一部分是错误使用类词缀而形成的，如表 6-1 中"关心度"误用为"关心率"等。

（2）类词缀"别字"是对类词缀形式出现了记忆或书写错误，如"考、老"两字因字形、字音相近而造成错误，再如很多考生把"独立性"写成"独立心"等。

（3）类词缀的"漏字"则是由于不会或不完全会使用类词缀构词所致，如将"学业"中的"业"字漏掉。

（4）类词缀"多字"属于类词缀冗余，比如"感到孤独感"中"感"字多余，这属于考生具备类词缀构词意识，但多用了类词缀。

（5）"迂回"是指外国学生不会使用类词缀构词，但为了语义表达的需要而采取了"曲折表达"的方式，如将"听者"误用为"听人们"等。

6.4.1.2　类词缀偏误频次的统计

本书在 HSK 动态作文语料库中，统计出了每个类词缀的偏误频次和出现率。调查方式是先搜索含有《词汇等级划分》中这 22 个类词缀字形的错误病句，共 7 951 条。但该语料库把繁体字也列为偏误，因繁体字不影响本文对类词缀使用情况的评价，故本文剔除繁体字偏误 2 531 条，得到了这 22 个语素构成的"语素偏误总频次"5 420 条，然后再人工核查出类词缀偏误共 2 859 条，见表 6-2。

表 6-2　类词缀偏误频次和出现率

编号	词汇等级划分	词缀	拼音	语素偏误频次	类词缀偏误频次	类词缀出现率
1	一①	们	men	1 455	1 419	97.53%
2	一①	子（刀子）	zi	340	311	91.47%
3	一①	第（第二）	dì	207	205	99.03%
4	二	者	zhě	375	174	46.40%
5	一③	性（积极性）	xìng	201	123	61.19%
6	二	品（工艺品）	pǐn	137	114	83.21%
7	三	感（成就感）	gǎn	309	76	24.60%

续表

编号	词汇等级划分	词缀	拼音	语素偏误频次	类词缀偏误频次	类词缀出现率
8	三	率（成功率）	lǜ	84	74	88.10%
9	一③	家	jiā	432	66	15.28%
10	一③	老	lǎo	103	64	62.14%
11	一③	化	huà	238	63	26.47%
12	一③	员	yuán	151	39	25.83%
13	二	力（影响力）	lì	235	30	12.77%
14	三	度（知名度）	dù	310	28	9.03%
15	三	非	fēi	75	25	33.33%
16	三	业（服务业）	yè	96	20	20.83%
17	一②	头（木头）	tou	109	15	13.76%
18	二	长（秘书长）	zhǎng	326	6	3.68%
19	二	界（文艺界）	jiè	76	6	7.89%
20	二	族（上班族）	zú	30	1	3.33%
21	一②	小（小李）	xiǎo	89	0	0.00%
22	一③	初（初一）	chū	42	0	0.00%
合计				5 420	2 859	52.7%

表 6-2 中实际上是按照"类词缀偏误频次"由高到低排序的，位于前三的词缀是"们、子、第"，这三个词缀的偏误频次均在 205 次以上，其次是"者、性、品、感、率"等。偏误频次最低的是"小"和"初"。表 6-2 中区分了"类词缀偏误频次"与"语素偏误频次"。表 6-2 中有的语素，如"子、头、性"等，既出现了以附加方式构词产生的偏误，如"日子、舌头、科学性"等词语的使用错误，我们将之归为类词缀偏误；又出现了"子女、头皮、性别"等复合词错误，我们将之归为语素偏误，语素偏误包括类词缀偏误和复合词错误。表 6-2 中第二列为《词汇等级划分》的 22 个类词缀，分为三个大的等级，即一级（普及化等级）、二级（中级）、三级（高级）。其中一级又分为三个层次：① 最低入门级；② 最常用词；③ 常用词。

对比表 6-2 中按类词缀偏误频次排列的"编号"顺序和《词汇等级划分》的等级，发现二者有很多不一致的地方。比如类词缀"者"，在表 6-2 中"编号"

排名第四，偏误频次为 174 次，但《词汇等级划分》却将其列为二级，而"性、家、老、化、员"虽在《词汇等级划分》中列为一③ 级，类词缀偏误频次却比"者"低得多。再如类词缀"长、界、族"虽为《词汇等级划分》的二级，在语料库中的偏误频次却都在 6 次以下，少于《词汇等级划分》列为三级类词缀的"业、非、度"。还有"感、率（lǜ）、业"虽同为《词汇等级划分》的三级，但是"感、率（lǜ）"的类词缀偏误频次分别为 76 次、74 次，明显高于"业"的 20 次。

在表 6-2 中，类词缀偏误频次和《词汇等级划分》最不一致的是编号为 21 和 22 的类词缀"小"和"初"，二者的类词缀偏误频次都为 0，而《词汇等级划分》却将二者列为一级。语料库中包含语素"小"的偏误虽有 89 条，但像《词汇等级划分》中"小李"一样的类词缀构词则没有出现，出现的大多是非类词缀错误，如将"小"与"少"弄混，比如"年龄很少、从少"等。虽然朱德熙（1982）认为"初"是真正的词缀，但由于"初"的构词只能从"初一"到"初十"，且又属于中国农历的计数，绝大部分外国学生很少使用"初"这个词缀构词。

语料库中考查了包含语素"初"的所有句子，发现很多是"初中、初一"之类的用词错误，类词缀正确用法仅仅 4 例，偏误则没有。

6.4.2　汉语类词缀偏误的词汇评价

Read（2000：12，115）认为第二语言习得的词汇评价（vocabulary assessment）以往有两种对立的观点：一种是用纸笔测量学习者是否知道一系列词的词义和用法，另一种是在语言使用任务中评价。随后，他介绍了词汇评价的三种维度"离散（discrete）—嵌入（embedded）维度、选择—综合维度、语境独立—语境依赖维度"。但是到 20 世纪 90 年代，语言的离散测试不再是测试的主流观点。词汇知识间接被评价为考生通过语言资源完成各种交际目的综合任务的语言表现（performance），聚焦于词汇的深度和广度研究。

在 HSK 的作文考试中选择类词缀知识对考生词汇能力进行评价，属于词汇评价，同时这种评价依赖于 HSK 限时写作任务的语境，属于语境依赖。评价中，选取汉语类词缀构词作为目标词，分析整句的词汇情况，不是那种从选择项中选出正确答案的离散的客观的测试，而是对词汇知识质量的测量。考生在 HSK 作文这种产出性的词汇知识中，会输出一些偏误词语，这些词语有的是考生生造的词语，有的是错字、别字、漏字等，但是这些偏误很多是有理据的错误，评判者能够从偏离程度等看出学生的词汇水平，因而对含有汉语类词缀偏误的句子进行词汇评价，并且将这种评价和学生整篇作文分关联起来，以检查评价的结果。

在调查中发现，HSK动态作文语料库中的作文用词会受到写作主题的控制，偏误中多次出现了作文题目中的词语。比如词缀"子"在语料库中，"孩子"的偏误最多，达75次，原因是作文题目"父母是孩子的第一任老师"中含有"孩子"一词。类似的还有类词缀"品"的偏误构词，这种重复错误，对于词汇的丰富性（lexical richness）贡献不大。

所谓词汇的丰富性，Laufer与Nation（1995）、Engber（1995）、Read（2000）、Nation与Webb（2011：245—264）、吴继峰（2016）等讨论过了，并且讨论了词汇偏误是否进入词汇丰富性测量的问题。关于词汇丰富性的测量方式，Laufer & Nation（1995）认为主要集中在词汇变化性（variation）、词汇复杂度（sophistication）、词汇密度（density）和词汇偏误四个方面。所谓词汇的变化性，是文本中不同的词和所有词的比例。词汇密度指文本中实词的数量与总词数的比例，与语法词（或功能词）相比，实词在文本中占有相当高的比重。与国际学生的汉语类词缀评价最相关的是词汇复杂度和词汇偏误两方面。

Laufer与Nation（1995）、Nation与Webb（2011：246）针对高级词在英语文本中的百分比，提出词汇复杂度的测量，这是词汇丰富性的一种表现，他们通过对比指出，在低频词中占大比例、高频词中占小比例的文本，比在低频词中占小比例、高频词中占大比例的文本的词汇丰富。在汉语的HSK动态作文语料库中，类词缀偏误也存在着低频词和高频词的使用问题。下面对比一下类词缀"感"的错词：

[例6-91] 人们吃口香糖主要是为了满足自己的<u>口感</u>{CC兴趣}。（越南）
[例6-92] 我跟为了离开农村认真地学习一样，为了克服比城市学生的<u>劣势感</u>{CC伪劣感}，更努力学习。（韩国）

例6-91、例6-92都有类词缀"感"的使用错误。例6-91是不会使用"口感"这样的类词缀构词，而用"兴趣"代替；例6-92是生造出了"伪劣感"这样的类词缀构词。尽管他们都用错了，但是可观察到例6-92用的低频词多，而"伪劣"在《词汇等级划分》11 092个词中竟然没有出现，属于词表以外的高级词。

类词缀构词高级与否，由两个部分决定，一个是词根的频次，另一个是类词缀的频次，若两部分频次都低，则构词越高级。可参照《词汇等级划分》中的词语等级和表 6-2 中的类词缀频次来确定词根和词缀等级。比如"我们、孩子、第一"这些词的词根"我、孩、一"与词缀"们、子、第"都是常用的高频语素构成的高频词。

如何在句长基本一致时，评价"我们"这类派生出来的高频词在句子中显示的词汇丰富性呢？例如：

[例6-93] 我们[C]应该[B刻]一方面保持传统音乐的好处，另一方面要创造代表现代{CJ-zxy①潮流}的音乐。（韩国）

[例6-94] 我们[L]学校规定，要是一门课不及[B级]格就不能写论文，不写论文的话就不能得到学士学位。（蒙古）

例6-93、例6-94中都用错了"我们"，例6-93中"我们[C]"表明有错字，例6-94中是遗漏了"们"。但是，这两句的词汇丰富性有没有差别呢？虽然这两句的句长差别不大，但是从用词的复杂度上来衡量，例6-93中共用了13个不同的词语，却只用了1个二级词"传统"；而例6-94共用了16个不同的词语，其中3个二级词"及格、学士、学位"。例6-93的词汇复杂度可以用公式计算为1/13=7.6%，而例6-94的词汇复杂度为3/16=17.5%，例6-94的复杂度高于例6-93，词汇丰富性也高于例6-93。参照HSK作文分数，例6-93的考生得分65分，例6-94的考生得分85分，和文中词汇的复杂度测量相吻合，也和两句的语法情况相吻合。那么，反过来思考，例6-93和例6-94这两句的词汇的复杂度测量，实际上不能从"我们"这个高频词得到预示，可见高频类词缀"们"的构词"我们"，一般不能预示词汇的丰富性。

再讨论表 6-2 中编号为17~20的低频类词缀"头、长、界、族"，逐一观察这些低频类词缀在作文中的使用情况。

先看"头"的偏误：

[例6-95] 我出生的时候家境比以前好多了{CC3越来越好}，我父亲刚[F②刚]好又升职，他说我带来了好兆头{CC 意头}，[BC③。]以后家里的生活也开

---

① "{CJ-zxy 潮流}"表示这个错句（CJ）是缺中心语（zxy）"潮流"。

② 繁体字错误。

③ 标点错误。

始富裕。［BC，］（挪威）

例6－95中该用"兆头"，却用成"意头"，虽然用错了，但也说明该生有类词缀构词意识，可能因为"兆头"是《词汇等级划分》中的三级词，学生比较难以掌握。但该生在句中使用了"家境、富裕、升职"等高级词，句子的词汇复杂度较高，预测该生的作文得分中等偏上，实际得分75分，和预测相一致。接着，对语料库中所有含词缀"头"的15个偏误句子进行了词汇评价，发现这些句子的词汇复杂度偏高，同时和这15名考生的作文分数对照，发现这15名考生作文均分为74.3分，符合我们对句子词汇复杂度的判断。"头"的偏误主要集中在"念头、关头、兆头、劲头、骨头、街头、石头"等7个词上，这些词中"念头、关头、兆头、劲头"都属于《词汇等级划分》中三级或高级附录的词，低频词的使用会提升句子的词汇丰富性。

同样，我们对语料库中类词缀"长"的构词偏误进行归类。类词缀"长"的偏误共6次，主要集中在"局长、副校长、组长、部长、师长、董事长"等词的偏误上。这6个"～长"的词，在《词汇等级划分》中除了"师长、董事长"是三级词外，其余的都不是高级词，但是出现类词缀"～长"偏误的句子词汇复杂度较高，学生作文平均分为71分。探究作文分数和词汇等级不一致的原因，发现《词汇等级划分》对"组长、部长"等词词语等级的设置低于《汉语水平词汇与汉字等级大纲》和《新汉语水平考试大纲》，《汉语水平词汇与汉字等级大纲》中的"组长"是丙级词，"部长"是乙级词，而《新汉语水平考试大纲》则没有收录"组长、部长"。

包含"界"的类词缀用法偏误共6例，显示的词汇复杂度较高，同时考察了这些学生的作文分，均分为75分，和我们对词汇复杂度的判断相吻合。例如：

［**例6－96**］那时我接触［C］了世界上最前卫{CC先进}的<u>服装界</u>{CC3服装业界}，并且{CC2和}学会了设计新潮衣服的技术。（日本）

类词缀"界"的偏误主要集中在"服装界、政界、教育学界、医学界"等词语上，这些词《词汇等级划分》没有收录，属于词表以外的高级词，因而这些词的运用表现了较高的词汇复杂度。

包含"族"的类词缀偏误只有1例，韩国学生把"歌迷"生造成"歌迷族"。

通过前面对类词缀"头、长、界、族"的调查发现，汉语低频类词缀构成比较高级的词时产生的偏误，能预示句子词语较高的复杂度。

对汉语类词缀偏误的评价不仅可以从复杂度进行考虑，还应考虑类词缀偏误和正确词语的偏离程度。对比一下例6-97和例6-98：

[**例6-97**] 谁愿意吃有害的<u>农产品</u>{CC农作品}呢？（韩国）

[**例6-98**] 能产出很多<u>农产品</u>{CC农作业}，[BC、]而且{CC2又}对身体也好{CD的}。（韩国）

例6-97、例6-98中都将"农产品"用错了，不同的是例6-97中将"农产品"误用为"农作品"，例6-98中则误用为"农作业"。虽然它们都用错了，但是偏离的程度不一样。"农作品"在书写形式和语义上和正确词语"农产品"更贴近，而"农作业"则和"农产品"偏差较大；而且"作品"在《词汇等级划分》中是"一③"级的词，在词汇等级上高于"一②"级的"作业"。所以，例6-97的词汇丰富性高于例6-98，参照考生作文得分，例6-97的考生作文70分，例6-98的考生作文55分。因此，汉语类词缀构词偏离正确词语的程度也会对词汇评价产生较大影响。

Nation与Webb（2011：247）指出，包含较少拼写错误的词的文本比含很多错误数目的文本要丰富。同样我们也发现，汉语用词错误较少的句子比用词错误多的句子的词汇丰富性高。例如：

[**例6-99**] 我相信，如果每个人都能读到这条消息的话，他肯定会对烟产生一种<u>反感</u>{CC恶感}。（法国）

[**例6-100**] 我对流行歌曲没有大的<u>好感</u>{CC好外}，因为流行歌曲{CC曲曲}的坏处{CC坏点}太多。（韩国）

例6-99和例6-100句长基本一致，都出现了"～感"类词缀的偏误构词，不过例6-99出现了"恶感"一词，包括"感"这个类词缀，且"恶感"本身成词；而例6-100是把"好感"误用为"好外"了，不包括"感"这个类词缀，且"好外"不成词。加之例6-99中只有一处词的错误，例6-100中则有3处错误，所以从词汇评价角度看，例6-99词汇丰富性明显高于例6-100，参照考生作文得分，例6-99的考生得分90分，而例6-100的考生只有50分，这与我们关于类词缀和例句的词汇评价相吻合。

本节以类词缀偏误为切入点，反观外国学习者在实际写作任务中的汉语词汇运用能力，并运用了词汇丰富性理论，这种测量方式有助于更好地评价学生的词汇水平。

 思考

（1）请于国际汉语教学实践中搜集汉语词汇偏误 20 条，并分析偏误产生的原因。

（2）请根据下列正确的汉语句子，预测外国学习者可能出现的词汇偏误，并分析偏误产生的原因。

① 这个孩子很<u>小</u>。

② 3 000 万<u>人</u>住在首尔。

③ <u>妇女</u>节是 3 月 8 日。

第 7 章

汉语词汇教学案例分析

本章首先介绍案例教学法的价值和理念，然后通过一些真实的国际汉语教学案例来分析国际汉语词汇教学的成功与失败之处，希望借此来对国际汉语词汇教学进行反思、反省和提高。

7.1　案例教学法和词汇教学案例

　　采用案例教学法是哈佛大学法学院和企管研究所的教学特色和其久负盛名的原因之一。1984年，世界案例教学应用与研究学会成立后，案例教学法被大学各专业领域和中小学教学广泛采用。在师资培养领域，强调基础理论而忽视实践能力的传统课程受到攻击，案例教学法也逐渐在师资培养领域推广开来。

　　案例教学法是教师根据教学目标和教学内容的需要，通过具体的教学案例，引导学生参与分析、讨论，积极思考，加深对基本原理和概念的理解，从而培养学生分析和解决问题的能力，以实践和创新为基本价值取向的一种教学方法。

　　案例的来源包括由教学者或学习者自行撰写的案例，以及由其他人已经撰写好的现成案例。案例可以从不同的角度来分类：依其性质和功能可分为实例取向的案例及反省取向的案例；依教学内容与学习对象可分为特定主题的案例及特定学习对象的案例；依真实的程度可分为真实的案例、匿名的案例及虚构的案例。

　　案例教学的功能可以分为案例本质上的功能及案例教学法实施上的功能。案例本质上的功能包括：提供理论与原则的解释与说明、理论结合实务、增加对实际情境的感受、引起学习动机和兴趣等。案例教学法实施上的功能包括：养成批判反省的习惯、促进学习者主动建构知识、培养接纳不同意见的态度、培养问题解决和做决定的能力、增进学习者语言表达能力、促进师生关系和互动关系等。

　　Florio-Ruane 与 Clark（1990）[1]整理多位学者的看法，认为案例教学法对职前教师具有以下功能：① 将理论知识与实务知识加以统整；② 协助职前教师获得专家与有经验教师所具有的情境知识；③ 培养职前教师分析问题与解决问题的能力；④ 协助建构个人的教学理论并加强实务经验；⑤ 揭示教学情境的复杂性；⑥ 增进教师从替代性经验中学习的能力。

　　汉语国际教育专业学生作为国际汉语教学的职前教师，也可通过案例教学法培养思考的习惯，实现由课业学习者向问题解决者的转变，同时学会倾听、欣赏或质疑，从而改进自身的汉语教学。

---

① 张民杰，2006. 案例教学法：理论与实务 [M]. 北京：九州出版社：134.

　　案例教学法强调以学生为主体，是一种培养开放型、应用型人才的新型教学方法，与国际汉语教师的培养方向一致。而案例的运用，是案例教学最突出的特征，也是它区别于其他教学方法的关键所在，对可直接服务于国际汉语教师培养的案例教学和案例库构建进行研究，具有重要的应用价值和一定的理论意义。

　　中央民族大学自 2009 年至 2010 年，由曾立英和央青主持案例的搜集与分析工作，形成了约 100 条汉语教学案例。之后，央青不断探索国际汉语的案例教学，出版了《国际汉语师资教育中的案例教学及案例库构建研究》一书。

　　在朱勇主编的《国际汉语教学案例与分析》一书中，126 个案例来自世界各地的 35 位教师，可读性强，有详尽的分析，涵盖了"教学环节、教学与管理、汉字教学、语言要素教学、文化与跨文化交际、语言技能教学、少儿与老年人"等 8 个板块，其中词汇教学案例 7 例。朱勇又主编了《国际汉语教学案例争鸣》，有 4 篇关于词汇教学的案例，包括"讲解生词主要有哪些方法？请以'猎头、椰子、尴尬、印象、化妆、继续'等词为例说明""先讲生词还是先讲课文"等，都富有启发性。

　　向平（2014：3）收录了 4 个连续的综合课的教学案例，教材是《成功之路跨越篇I-II》，每周 6 课时，教学案例中涉及了很多中高级词语的教学。

　　陈莉、李现乐、颜明（2018）的《国际汉语教学案例典型问题评析》有 5 则词汇教学案例，包括"巧释'低碳'""近义词解释的困境"等。

　　国际教学用的汉语词汇教学的案例分析应该包括哪些因素？中央民族大学的曾立英和央青等设计了表格，以便教师们进行案例分析，见表 7-1。

表 7-1　汉语词汇学与词汇教学案例

题目：				编号：	
类型	□文档式　　□问题式　　□实录式　　□真实案例　　□虚构案例 □实况式　　（请用☑选择）				
模块	□语言基本知识与技能　　□文化与交际　　□第二语言习得与学习策略 □教学方法　　□教师综合素质（包括课堂组织与管理等）　　（请用☑选择）				
理论体现/主旨	可参照《国际汉语教师标准》，如果不清楚或不适合该标准，可自行归纳。				
关键词	1		2	3	
背景	教学对象：　　　　　　　　　　　　　学生水平： 教学环境：　　　　　　　　　　　　　课型：				

续表

案例描述	
案例分析	

撰写人姓名：

年　月　日

专家审核意见：

年　月　日

表 7-1 中的案例撰写有几个说明：

（1）每篇案例的字数不少于 600 字，题目自拟。

（2）案例的类型包括文档式和实况式两种：文档式指用 word 文档撰写；实况式指真实的视频或音频案例。文档式又分为问题式和实录式两个小类及真实案例和虚构案例两种情况。问题式是指该案例能提出一些教学中富有启发性的问题；实录式是指教学中实际记录的案例。

（3）表中的"模块"和"理论体现/主旨"可参照《国际汉语教师标准》填写。由于《国际汉语教师标准》是针对国际汉语教学对师资的要求制定的，是一套包括知识、能力和素质的比较全面的师资标准，故在案例分析模块中应用了该标准的五大模块：语言基本知识与技能、文化与交际、第二语言习得与学习策略、教学方法、教师综合素质。这五大模块在《国际汉语教师标准》中有细化的标准与解释，职前教师可参照该标准中的细则进行思考。

（4）案例推崇实际发生的教学情景，如果提供的案例是教学设计，需要注明是"已实施过的"，或是"尚未实施"的。"尚未实施"的教学设计需要填上"导师或同行点评"这一项。

下面有来自缅甸的中央民族大学汉语国际教育硕士赵温瑞同学提供的词汇教学案例，见表7-2。

表 7-2　缅甸的词汇教学案例

类型	☑文档式　　☑问题式　　□实录式　　☑真实案例　　□虚构案例 □实况式		
模块	□语言基本知识与技能　　□文化与交际　　☑第二语言习得与学习策略 □教学方法　　□教师综合素质（包括课堂组织与管理等）		
理论体现/主旨	能了解并解释影响语言正负迁移的各种因素，能分析和解释学习者在汉语学习过程中的语言迁移现象。		
关键词	1. 语言的负迁移　　2. 母语　　3. 第二语言		
背景	教学对象：缅甸学生　　　　　　　　　　学生水平：初级汉语水平 教学环境：缅甸/大学　　　　　　　　　课型：综合		
案例描述	有一位缅甸学生在综合课的口语中出现了这样的句子："过年的时候中国人喜欢吃包饺子，但我不喜欢吃水饺也不喜欢吃蒸饺，我喜欢吃铁锅。"这里的"铁锅"实际上为"锅贴"。同样是这位缅甸学生，口语中还出现了"我不想买座硬票，我想买卧铺，因为路太远了买座硬的话，受不了，太累了。"这里的"座硬"实际上为"硬座"。还有一次缅甸学生说出"我看看着着《上海滩》这部电视剧我都迷了入。"这里的"迷了入"实际上为"入了迷"。产生偏误的原因是这位缅甸学生心里记着缅语和汉语的语法结构是相反的，如汉语的"吃饭"（V+O），把这个结构按照缅语的语法结构拿过来讲就是"饭吃"（O+V），所以他心里记着母语和汉语的结构"相反"，说出话时，有些词汇就颠倒了，直接迁移就会形成负迁移。		
案例分析	提交原因及你认为合适的分析角度： 　　1. 此案例反映了在第二语言学习过程中，母语负迁移的影响。 　　2. 虽然缅语属于汉藏语系，但是汉语的汉字、语音、语法、词汇对缅甸学生来说都不好记，再加上母语的影响，在第二语言学习过程中就产生了母语的负迁移。 　　3. 参考解决方案：提示学生注意汉外同形词语义上的不同。		

撰写人姓名：赵温瑞

2012 年 1 月 6 日

上述案例是从汉外对比的角度思索缅甸学生的词语偏误，有举一反三的价值。

如何处理留学生在词汇等学习中跟不上课堂进度的问题？中央民族大学央青老师的听力词汇教学案例能给我们很好的启发。听力词汇教学案例分析见表7-3。

表7-3 听力词汇教学案例分析

主旨	根据 $i+1$ 的可懂输入原则，听力课堂上，应针对学生实际水平控制好生词量及难度；学生理解的重点是课文语境中生词的义项，并能做到听音辨词，否则容易挫伤其学习积极性，产生听觉疲劳。
关键词	1. 可懂输入　　2. 生词量与生词难度
背景	教学对象：汉语进修生中级班，韩、日、意、美、法、蒙、哈等国留学生混合班，16 名学生，其中14 个 18—20 岁的大学生，2 个 60 多岁的法国和日本老人。 教学环境：国内/大学　　　　　课型：听力 100 分钟/次，2 次/周
案例描述与分析	老师本学期担任 8 班的听力教学工作，按照往年的做法，中级班照常使用北京语言大学出版社的《中级汉语听力（上）》。这本教材适合已经学完现代汉语基本语法，掌握了约 2 500 个单词（或通过 HSK3－5级）的留学生。学院近年来一直使用这套教材。开学头两天，学生上听力课的积极性很高，信心十足。开学两周后，老师发现学生变得有些沮丧，课堂气氛也活跃不起来，原因是本学期 8 班的水平比往年偏低，这本教材无论是生词量、生词难度，还是录音文本（600~800 字），对他们来说都偏难。听不懂的学生以为自己的听力水平太差，学习积极性受挫。两位年龄大的学生更是吃力，他们的听觉器官本来就没有年轻人灵敏。 从第三周开始，老师注意调整教学策略：听前，要求学生务必预习生词，讲解时结合课文中的语境带出生词，展示重点难点句子，解除主要障碍后再放录音；听中，给出必要的提示，让学生带着问题去听，以便于更好地捕捉信息点，听第一遍录音后做最简单的练习，比如听后跟读，听第二、第三遍时逐渐加大练习难度，听后，巩固生词，从整体上加深对课文的理解，采用分组互问互答、用重点词复述课文或表达自己对课文主题的看法等方式。一段时间过后，课堂气氛不再像以前那么沉闷了，学生慢慢恢复了对听力课的信心，师生间的配合也越来越默契了。 讨论： 1. 除了老师的教学策略，你认为还有什么方法有助于降低听力教学难度？ 2. 老师在原来教材的基础上想办法降低难度，除此之外，还有别的方案可以减轻学生对听力课的畏难情绪吗？ 3. 你遇到过课堂上听觉疲劳的情况吗？请与同学们分享你的经历和应对办法。

总之，词汇教学案例一方面可以反映词汇教学理论，另一方面也可以为新手和熟手教师提供反省和思考的机会，希望教师以后能够搜集更多的案例，建成一个和词汇教学相关的案例库，形成词汇案例教学资源库。

7.2 汉语词汇教学经典案例的分析

汉语词汇教学的优秀案例很多，有教案、视频、课件等，这些都可资借鉴。

7.2.1 《对外汉语教学课堂教案设计》的教案分析

《对外汉语教学课堂教案设计》汇集了 21 位有着丰富教学经验的教师编写的教案，这些教案课型有精读课、口语课、听力课、阅读课、写作课、汉字课、视听说课等。教案有为初级汉语水平的学生设计的，也有为中高级汉语水平的学生设计的，但以初中级为主。每个教案后面均有对外汉语学界知名前辈的点评。这些点评精当中肯，不仅指出了教案设计本身的优缺点，还涉及教学原则、教学法、教师素养及教材编写等问题。下面重点谈谈《对外汉语教学课堂教案设计》中的词汇教学案例。

7.2.1.1 词语教学教案分析

《对外汉语教学课堂教案设计》中马燕华老师的词语教学，思路很明确。该教案是为初级汉语水平的精读课设计的，在教学要求中马燕华老师明确指出："知道汉语多音字的不同读音表示不同的意义，多音字在具体词语中的读音是固定的。"

教学步骤中包含：

1. 学习本课生词：学生读生词、老师范读生词、老师带读生词
2. 语音辨析：三月 sānyuè / 三页 sānyè
　　　　　　真的 zhēnde / 金的 jīnde
3. 分析多音字

（1）先列举本课生词"午觉"。说明"觉"有两个读音：jué、jiào，然后以"觉"为例，说明多音字的定义。

（2）让留学生找出本课的多音字并分别组词（语）。参考答案见表 7-4。

表 7-4　多音字组词

了	①	liǎo	了解	②	le	吃了饭
发	①	fā	发现	②	fà	头发

续表

觉	①	jiào	午觉	②	jué	觉得
好	①	hǎo	不好	②	hào	爱好
长	①	cháng	很长	②	zhǎng	长大

4. 辨析形近偏旁、形近字

（1）形近偏旁：木字旁与禾字旁、示字旁与衣字旁

（2）形近字：真<u>实</u>、<u>买</u>东西、头<u>发</u>；中<u>午</u>、<u>牛</u>奶；<u>入</u>乡随俗、中国<u>人</u>

5. 扩充词语练习

根据课文中的常用短语做扩充词语口头练习。课文词语扩充案例见表7-5。

表7-5　课文词语扩充案例

课文出现的短语	扩充词语
1. 睡午觉的习惯	～的习惯
2. 休息时间	～时间
3. 三个多月	～个多月
4. 生活节奏	生活～

6. 课后练习

抄写生词（第一课时）

听写词语（第四课时）

　　马燕华老师这篇教案的词汇教学部分，注意了多音字、形近字和词语的扩充练习及操练，是比较完整的词汇教学案例。教案中注意到了字词的音、形、义的结合，注意到了由字到词，由词到短语的扩展，并指出了"真（zhēn）"和"金（jīn）"在留学生发音中易引起的偏误，便于有针对性地教学。

7.2.1.2　综合教学教案分析

　　《对外汉语教学课堂教案设计》中毛悦老师的综合课教学，从讲解重点词语入手，然后进入课文，练习成段地表达。重点词的讲解举例如下。

　　1. 者（词尾）：用在形容词或动词后面，或带有形容词、动词的词组后

207

面，表示有此属性或做此动作的人或事物。

例：强者、老者、读者、记者、胜利者、符合标准者

2. 削（动词）：用刀斜着去掉物体的表层。例：削铅笔/削头发

多音字：剥削

3. 塞（动词）：东西放进有空隙的地方。

毛悦老师重点阐明了"者"的构词问题，举例说明"～者"结构，也解释了多音字"削"的用法，不足之处正如赵金铭先生的点评："教案中有些词语似不必引用词典的解释，学生对这些词应不难理解。如上述"削、塞"的动词义，其实稍一比画，学生就明白了。

7.2.2 《对外汉语综合课优秀教案集》的借鉴

在《对外汉语综合课优秀教案集》中，王枫老师对初级汉语综合课《手里拿着红色的手机》一文的词汇教学设计，采用了传统的扩展法，按照"词—短语—句子"的顺序逐层引出课文内容，并且按照词语的组合聚合关系设计板书，构成"上身穿着一件 T 恤""下身穿着一条牛仔裤""箱子装着很多工艺品"等结构整齐的句子。下面学习一下王枫老师的教案设计。

课型：初级汉语综合课

使用教材：《成功之路顺利篇》第 2 册第 16 课课文（二）

教学对象：

本课的教学对象为掌握 600 词左右的汉语进修生。共 21 人，来自 16 个国家，主要来自马来西亚、印度尼西亚、越南、美国、墨西哥、古巴等。学生母语背景比较复杂，中介语仅可使用少量简单英语。

教学内容（词汇部分）：

14 个生词，其中名词 7 个，动词 4 个，副词 2 个，叹词 1 个。

教学行为设计：

词汇教学部分主要分为四个环节：听写生词—认读生词—处理生词—生词短语过渡到课文。各个环节除了使用实物、图片和教师动作以外，还利用

了动画。

教学词语示例：

1. 出口

【展示机场出口图片】这是什么地方？（这是机场出口。）

还有什么地方有出口？（超市出口、地铁出口。）

【展示动画】他往哪儿走？（他往出口走。）

2. 正

他正往哪儿走呢？（他正往出口走呢。）

你们正做什么呢？（我们正上课呢。）

【推桌子的动作】王老师正做什么呢？（王老师正推桌子呢。）

3. 戴

常常说戴什么？（戴手表、戴眼镜）

【展示实物帽子】帽子

【戴帽子的动作】戴帽子

王枫老师展示了词语扩展的教学，提问到位，学生能在教师的引导下准确作答。

锦上添花的是，如果能在动词"戴"的教学中比较一下"戴"和"穿"的搭配，就可以避免学生出现中介语语料库中常出现的错误（蔡北国，2010）。例如：

[例7-1] 女人很喜欢穿手镯。（戴）

"戴"的常用搭配是"帽子、围巾、手表、眼镜、项链"等，"戴"的宾语常常是服饰的附属品。

"穿"的常用搭配是"衣服、裤子、鞋、袜子、裙子"等，"穿"的宾语一般是服饰的必备品。

7.2.3 Chinese Grammar Made Easy 的词语教学设计

美国明德大学（Middlebury College）中文暑期学校在国际汉语教学界久负盛

名，其负责人 Jianhua Bai（2009）主编了 *Chinese Grammar Made Easy: A Practical and Effective Guide for Teachers*，中文名为《对外汉语语言点教学 150 例》。该书强调在有意义的交际环境中教授和学习语言点，以及怎样实施行之有效的教学技巧与方法。每个语言点均分为两部分：第一部分为教师须知，即对语言点进行解释；第二部分为课堂操作，包括具体操作方法与步骤。教师可将学界权威的语言点解释内化，用生动的语境、例子展示给外国学生。

比如"趁"这个词的教学，该书首先根据吕叔湘（1999：116）的《现代汉语八百词》设立"教师须知"，明确"趁"这个介词的语义、功能、注意事项及常见形式，然后在"课堂操作程序"中设计了问答式导入、三种形式的操练及开放式活动。

下面主要看课堂操作程序。

1. 语言点导入举例：问答式导入

（板书"趁……"）

老师：我需要买个新电脑，可现在买有点儿贵。我什么时候买比较好？

学生：大减价的时候/打折的时候/圣诞节以前……

老师：（指着板书）所以我们可以说……

学生：你应该趁大减价的时候去买。

2. 操练一：完成句子

（1）我常常趁（着）爸爸妈妈不在＿＿＿＿＿＿＿。（喝酒、开舞会）

（2）我们应该趁（着）天好＿＿＿＿＿＿＿。（去爬山、散步、野餐）

（3）难得放假，我们应该趁春假＿＿＿＿＿＿＿。（旅游、好好儿休息）

（4）趁（着）去中国旅行的机会，可以＿＿＿＿＿＿＿。（多了解一点中国文化）

3. 操练二：句子转换

（1）我很想学英文，但是平常很忙，只能休息的时候学一点儿。

（2）水果新鲜的时候比较好吃，多吃点儿吧。

（3）妈妈不让爸爸喝酒。今天妈妈不在，爸爸就多喝了两杯。

（4）饺子应当热的时候吃。

4. 操练三：回答问题

（1）我想去旅行，你觉得什么时候去旅行最划算？请给我几个建议。（机

票打折、旅游淡季）

（2）趁年轻你想做哪些事情？

（3）你会趁着暑假的时候，做些什么？

5. 开放式活动：看看谁小的时候淘气

（1）小的时候我常常趁爸爸妈妈不在的时候……

（2）小的时候我常常趁老师不注意的时候……

上述"趁"的教学，导入时有情景示例，有操练活动，有半控制练习到开放式练习，一步一步让学生认识、熟悉和运用"趁"这个介词，教学由浅入深，符合学生的学习心理。

7.2.4　汉语课堂教学的 DVD 演示

视频文件如《汉语课堂教学示范》DVD、《初级汉语课堂教学演示》DVD 等，以示范课堂的形式，展现了资深教师进行国际汉语教学的实景，其教学方法、教态以及对学生的情感教育等，都值得借鉴。

7.2.4.1　《汉语课堂教学示范》分析

《汉语课堂教学示范》中的魏苹老师，主讲了综合课短文——《牵手一生，是幸福还是谎言》。魏老师的讲解有条不紊，这里主要介绍生词部分的教学。该教学片的生词处理主要有"展示生词"和"生词的扩展与搭配"等。展示生词时分两步走，从生词与拼音同时出现到只出现汉字，从而减少了学生对拼音的依赖性。认读生词时有教师领读、全班齐读、学生单人读等形式，在读的过程中，注意了纠音问题。在"生词的扩展与搭配"中，有一些教学技巧和方法，反映了在"用中学"的理念。例如：

（1）学生表演：如"牵"的练习方法，叫两位学生手牵着手到前面来。再如"调整"是重点词语，在学生活动的同时引导学生说出"调整一下、不想调整、调整的结果、调整完了、他们调整了一下、调整了座位、调整得很

211

快"等。这种方法直观、生动，便于学生迅速了解词义。

（2）如果生词同时也是本课语言点，在处理生词时就只讲基本意思，在课文中再进一步讲解、练习，如"一旦"。

（3）有些词语不是难点，可让学生自己使用，如"珍惜"。老师问：我们应该珍惜什么？请学生使用这个词语回答问题。

（4）课文中的难词难句可以在生词阶段解决，降低课文难度。如从"枯""烂"两个生词引出"海枯石烂心不变"，最后到"海没枯，石未烂，你的另一半已经变心了"，为后面的课文扫清障碍。

魏老师在讲"牵""调整"这两个动词时，设计了课堂活动，有的还配有图片，让学生隐性学习这些语言点。同时，魏老师也运用了词汇的显性教学，如对"一旦"这个关联副词的讲解，用了一些例句来说明其在条件句中的用法相当于"如果"。魏老师注重显性知识和隐性知识的结合，在活动中，很自然地引出语言点，并善于发挥，如在讲解"牵手"时，顺便讲解了"松开了手"。在讲解过程中，不是只讲解图片中的内容，而是很善于利用联想设置情景。例如，出现了"牵手"的画面后，老师问："你们牵过别人的手吗？谁？还有谁？"学生的回答多种多样，从而能启发学生掌握词义。学生在"调整座位"的活动中，老师说出"调整一下"，并启发学生回答"调整什么？调整得怎么样"等问题，抓住现场机会讲解词语的搭配，并说出调整的目的或效果——"调整就是变化一下，变得很合适了"。活动的目的是语言学习，魏老师很善于利用活动讲解语言知识。

7.2.4.2 《初级汉语课堂教学演示》分析

《初级汉语课堂教学演示》的主讲教师是美国西雅图华盛顿大学的毕念平老师，该教学片包括"一边……一边……、认字、复习词汇"等22个单元的教学，其教学深入浅出，以学生为中心，把结构与功能结合起来，使学习者在语言的实际运用中掌握规则。

该教学片具体呈现了如何自然地引入新的语言点、以旧带新，如何组织学生演练，如何控制学生的自我表达，如何在课堂教学中实现教师与学生、学生与学生之间的互动，能给初级汉语教学教师，特别是新教师以深刻的启迪。

7.3 汉语职前教师的词汇案例分析

Stoiber（1991）将案例依其性质和功能分为实例取向的案例及反省取向的案例两种。第一种案例企图说明如何成功，而无关问题或如何做决定；第二种案例则强调反省和建构的过程，鼓励学生批判性地思考并解决问题，而不是未经判断，简单地接受原则。7.2 节展示了很多成功的汉语教学案例，本节主要分析国际汉语教学中职前教师的案例。

汉语国际教育硕士作为职前教师或实习教师，对他们的词汇教学案例进行剖析，发现他们在教案和试讲中词汇教学的闪光点和不足之处，有助于他们教学能力的提高。

在中央民族大学汉语国际教育硕士 2009 级至 2017 级的词汇教学实习中，有的学生试讲表现很稚嫩，但有的学生试讲得很成功。下面谈谈几位中央民族大学外籍汉语国际教育硕士在词汇教学上的成绩和不足之处。

汉语国际教育硕士的"汉语词汇学与词汇教学"这门课程，让学生思考词汇教学的方法，以小组为单位，选择某本汉语教学教材中的一篇课文，试讲之前须对整本教材的词语进行选择分析，然后以本班同学为模拟教学对象，试讲 10 分钟左右。班上其他组的学生须对该组教学进行反思并填表，说明该组教学中词语讲解的优缺点，须具体到词等。

学生在第一阶段的试讲过程中，大多采用了 PPT 课件，在老师的帮助下渐渐地能抓住词语教学重点，对一些比较简单的名词不做详细的讲解，对于动词、形容词和虚词能详细解释。讲解过程中，有的学生还能用实物进行教学，抓住重点词语，举例说明。有的同学善于调动学生的兴趣，讲解得比较生动；有的同学由于自身汉语基础不太好，对课文中有些词语解释得不是很精确，教学效果不大理想。

7.3.1 词语教学案例一：《汉语会话301句》第29课

《汉语会话301句》适合初级阶段的外国学习者，这里选取中央民族大学2009级某汉语国际教育硕士的第29课教案进行分析。[①]

　　使用教材：《汉语会话301句》，康玉华，2003.

　　教学对象：泰国学生（10人）

　　课题：第29课《我也喜欢游泳》

　　教学内容：使学生掌握有关"运动"的词组。

　　教学手段：PPT

　　教学目标：学会汉语的有关"运动"的生词及其意义、用法。

　　教学重点难点：

　　重点：学习、练习有关"运动"的词组。

　　难点：

　　（1）有关"运动"的词很多，本课选的生词是生活当中经常锻炼的活动。

　　（2）运动的动作的动词不一样，关于手使用"打"，关于脚使用"踢"。

　　（一）导入（略）

　　（二）学习有关"运动"的词组

　　1. 出示PPT，今天所学的生词都是名词。然后把游泳、篮球、足球、台球、乒乓球、网球、羽毛球、排球的图片给学生看。

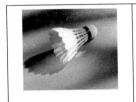   

① 案例来源于中央民族大学2009级汉语国际教育硕士王霜霜（泰国）。

2. 让学生观察，关于手的动作应用"打"的动词：

问题：

你	喜欢	打	篮球 台球 乒乓球 网球 羽毛球 排球	吗？

答案：

我	喜欢 不喜欢	打	篮球 台球 乒乓球 网球 羽毛球 排球

这位同学的教案很生动，而且很有逻辑性，把课文中有关"运动"的词语，名词如"篮球、足球、台球、乒乓球、网球、羽毛球、排球"做了一个聚类，用图片形象地展示出来了，然后又把这些词放到"你喜欢打+NP吗"和"我喜欢（不喜欢）打+NP"这么一个"句对"中加以操练，词语练习设计得有连贯性，注重提问和回答，有师生互动。

不足之处是学习词汇时，把"游泳"仅当作名词是不对的，游泳是兼类词，除了名词词性外，还有动词用法，如"他游了两个小时泳、他游泳游得很好"等。该教案有进一步提升的空间，比如这一课学习的是动词"打"的"做某种游戏"的这个义项，也可以提及该教材第15课中的"打电话"中的"打"的用法，巩固一下"打"这个常用词的多义用法。另外，如果时间富裕，可将短语"打篮球、打排球"等扩展一下，如提个问题："姚明（Yao Ming）喜欢打篮球吗？"再提问："他的个子高吗？"，复现该教材的第22课的"高"这个形容词，做到"温故而知新"。

7.3.2 词语教学案例二:《汉语会话 301 句》第 33 课

很多同学利用了语境进行教学,有采用例句教学的,更有采用情景教学的。例如[①]:

> 课型:综合课
>
> 教学对象:外国留学生(母语是英语)
>
> 使用教材:《汉语会话 301 句》,康玉华,2003.
>
> 课题:第 33 课《有空房间吗?》
>
> 导入:
>
> 老师:你和朋友去游玩,走了好久,**终于**来到旅馆,你问:请问,有**空**房间吗?
>
> **空**房间(vacant rooms)
>
> 没有**空**房间了。(all rooms are occupied)
>
> 旅馆没有**空**房间了。
>
> **空**位子
>
> 没有**空**位子。
>
> 老师:你和朋友去桂林旅行,坐了很久的车,**终于**到了桂林。
>
> 作业很多,你忙了一整天,**终于**做完了。
>
> 工作了一整天,**终于**可以休息了。
>
> **终于**到了旅馆。
>
> **终于**回到家了。
>
> **终于**做完了。
>
> **终于**可以回到家了。
>
> **终于**可以见到你了。

上述教学案例主要讲解"空"和"终于",设置了情景导入,比较贴近生活,

---

① 案例来源于中央民族大学 2009 级汉语国际教育硕士杜素仪(马来西亚)。

在情景教学中让学生体会"终于"的意思和用法。需要改进的地方是导入句有两个语言重点，"导入"句用到了后文将要讲解的生词"终于"，难度稍大。另外，对"空"这样一个多音字，应该提示一下这个字有两个读音——"kōng"和"kòng"，读音不同，意义不同，如"kōng，空气；kòng，空位子，空房子"，教师还可以指示现场：教室里还有没有空位子？关于多音字的教学，可吸取7.2节中马燕华老师的处理方式。除此之外，讲解"终于"时，可用情景让学生自己输出生词，如老师可换一种提问方式："你和朋友去桂林旅行，坐了很久的车，来桂林容易吗？"等，提示学生输出"终于"等词。

7.3.3　词语教学案例三:《体验汉语》第9课

下面是一位国际教育硕士设计的教案[①]，并进行了试讲，教学效果不错。该生的试讲和教案能够比较自如地运用教具。与词汇相关的第一课时的讲解过程摘录如下。

使用教材:《体验汉语》

课型：综合课

教学对象：泰国初中学生（30人左右），初级水平

课题：第9课《我迷路了》

教具准备：课文第80页的地图、熊猫娃娃、词语的卡片和画图、黑板、北京四合院和泰国高脚屋的照片。

教学时数：3课时

第一课时

（一）导入新课（5分钟）

1. 把准备的地图贴在黑板上，地图上共有八个图画，表示邮局、银行、医院、超市、公园、学校、电影院和快餐店。通过提问导入新课，老师提问地图上有什么重要的地方，让学生看图说话。

2. 若学生用泰语回答也没关系，但要求学生会回答"学校"和"公园"。

---

① 案例来源于中央民族大学2009级汉语国际教育硕士丘永春（泰国）。

（已经学过了这些词）

3. 用例子讲解"迷路"：有一个刚到泰国的中国人，他住在我们学校附近。他要去超市买东西，但是走着走着就不知道要往哪儿走才能走到超市，也不知道自己现在在什么地方。这样的情况叫作"迷路"。那么，如果迷路了，该怎么办呢？（可能有些学生用泰语说"打电话问朋友""问路边的人"等。不要求学生会用汉语回答。）回到地图，用刚才剩下的六个词导入：

那么，今天我们来学这些地方汉语叫什么。如果有中国人迷路了，我们就用汉语回答他，大家一起帮助他。

（二）热身活动（10分钟）

1. 用泰语翻译，在相应的位置贴上相应的词卡：

邮局／银行／超市／医院／快餐店／电影院

2. 学生跟读和齐读六个生词。最后老师随机让学生回答。

3. 在黑板上慢慢地写上东、南、西、北四方向，讲解意思。（注："东、南、西、北"的笔顺。）学生跟读和齐读这四个生词。

教学生学习有关迷路和问路的内容，用学习过的词语表达方位，同时让学生了解与掌握"不"字的变调过程。

4. 总结：告诉学生今天我们一起学怎么问路，把书翻到第80页。

（三）讲解第81页第一篇对话（10分钟）

1. 老师领读—带读—学生齐读

> A：你**在哪儿**？
>
> B：我在莲花超市的**旁边**。
>
> A：莲花超市在哪儿？
>
> B：莲花超市在快餐店的东边。
>
> A：好，一会儿见。

2. 问学生有关会话的内容。（你在哪儿？莲花超市在哪儿？）

3. 在黑板上写"旁边"。教师拿着熊猫娃娃提问："熊猫在哪儿？"然后回答："熊猫在老师的旁边。"同时以演习方式来解释"旁边"。老师走到 A 同学旁，说："我在 A 的旁边。"接着再说："A 在老师的旁边。"

4. 问 B 同学："你在哪儿？"接着指向坐在旁边的 C 同学，暗示正确的答案是"我在 C 的旁边"。换为 C 回答，同学们以实际情况回答。

5. 老师再问其他同学作为第三遍练习，比如问 D 同学："B 在哪儿？"

（四）活动（15 分钟）

1. 老师将方向词卡分给同学们，让各个同学拿好，说明各个同学所在的位置。

2. 老师用熊猫娃娃先示范，比如老师的卡是"学校"，就说："熊猫的学校的旁边。"小 A 同学的词卡是"超市"。老师站在小 A 同学的旁边时，让他给大家展示他手里拿着什么卡，老师就说："我在超市的旁边。"

3. 老师指向坐在旁边的同学，同时问："小 A，你在哪儿？"为了其他同学看清楚，拿卡的同学必须高举词卡。被问的同学会回答："我在同学手里词卡所代表处旁边。"① 让三个人重复这样的练习以后，老师做总结。老师走到其他同学旁边问别的同学，让他们回答"现在老师站在什么人的旁边"，一直到所有同学都答对以后才开始新的游戏。

4. 老师将同学分为两人一组，给每个组一张卡。

5. 老师拿着熊猫娃娃先示范，给全班展示熊猫娃娃的卡是什么地方，然后在地图上把熊猫娃娃贴在那个地方的旁边。按照第一会话做模拟表演。

老师：熊猫，你在哪儿？

熊猫：我在 A 的旁边。

老师：A 在哪儿？

熊猫：A 在 B 的……边。

老师：好，一会儿见。

6. 给学生们两分钟时间做准备。让准备好的第一组来表演。

（五）巩固课堂练习（5 分钟）

1. 做课文练习：说说建筑的位置。（第 81 页的地图）学生回答问题。

（1）邮局在超市的_____。

（2）电影院在快餐店的_____。

（3）医院在学校的_____。

（4）银行在_____的东边。

（5）超市在的_____西边。

---

① 这句话有些不通，不符合中国人的语感，应该是"我在拿词卡人的旁边"或"我在某某的旁边"。

2. 再回到第 83 页的句子结构，老师领读，学生齐读。

3. 学生做第 84 页的听力练习。改涂上颜色的练习为地名填空。

这个教学案例是由一位泰国硕士生来完成的，她能够抓住课文的教学重点，运用交际法，结合图片、词卡、英语，安排各种教学活动，讲解重点词语，完整地进行语言点的操练，各个教学环节安排得合理，教学效果也比较好。不足之处是有的教学环节过渡不够自然，最好能通过学生的认知规律去自然连接。

分析中央民族大学汉语国际教育硕士"汉语词汇学与词汇教学"的授课情况，发现学生的教案大都能设计得较为完整，并能对一些重点生词进行解释，能采用一些词汇教学方法，学生教案的优劣主要在于讲课是否能以学生为中心，整个试讲或教案是否符合学生的认知顺序，贯彻"可懂输入"原则，循循善诱地讲解出语言点。能把"语境"教学很好地贯彻下去的课堂，将是有趣的课堂。

另外，通过 7.2 节教师和 7.3 节教师和学生的教学分析，发现教师和学生的教学有一些共性，如都能利用现代教育技术辅助教学，有对比语言学的观念，都能应用提问的方式，一些具体的教学环节如朗读、板书等都注意到了。不同的是，资深教师更善于提问，会追问，对某一个教学活动更善于发掘更多的语言点，更注重学生的认知规律，课堂衔接更加自然。另外，硕士生的语言学知识还有待于加强，学生对某些语言点不够敏感，甚至于讲解有失误的地方。

 思考

请以《博雅汉语》《发展汉语》《成功之路》《中文听说读写》等教材中的一篇课文为例，在了解整本教材词汇面貌的基础上，编写词语教学课教案，并以本班同学为模拟教学对象，试讲 5～8 分钟，并进行案例分析。

第 8 章

语言教学资源与国际
汉语词汇教学

　　随着信息化时代的来临，语言教学资源的建设与利用都可为词汇教学、语法教学、语音教学和汉字教学等提供帮助。显性的语言教学资源包括文本、图片、CD、词典、词库、语料库、教学软件、视频、网络等，这些资源的使用可以增强词汇教学的生动性、有效性、系统性。本章将重点解释语料库与词汇教学、词库与词汇教学、国际汉语教学词典和计算机辅助汉语词汇教学等。希望这些资源能提升国际汉语词汇教学品质。

8.1　语料库与词汇教学

8.1.1　语料库

　　语料库是存储于计算机中并可利用计算机进行检索、查询、分析的语言素材总汇。语料库改变了传统词汇研究的面貌。比如，引述实例是词典编纂的传统，语料库的出现改变了词典编纂者利用语料的方式，只须坐在计算机前，就可以从数百万字的语料中调出某个词或短语的用法实例，这不仅意味着词典编纂和修订的速度大大加快了，而且大量的自然语言实例会使词的定义更加完整和确切。

　　长期以来，汉语研究主要依靠专家的手和脑，但手和脑毕竟能力有限。用计算机检索，可以找到某种特定语言模式的实例。这种实例的数量，往往不再是几十例、几百例，而是几万例，甚至几十万例、几百万例。过去，对语言规律的认识主要依靠研究者的主观感知，以至于语言学界感叹"说有易，说无难"。如今，关于字例、词例、句子、篇章的考察，都可以在大规模的真实语料库中进行，如可以进行关于某种性质的字词在真实语言环境中分布频率的调查，甚至进行字词搭配分布频率的调查，还可以对不同覆盖范围的语料进行特定性质的对比。

　　基于语料库的分析语言方法是对传统的基于规则的分析语言方法的一个重要补充。语料库具有"大规模"和"真实"两个特点，是最理想的语言知识资源，直接服务于语言文字信息处理等领域。

　　不同类型的大规模语料库的建立，使得我们可以对语言材料进行统计分析，更加深入地认识语言的属性。

8.1.1.1　语料库的种类

　　近 30 年来，汉语语料库在建设及应用方面已经取得了丰富的成果。目前建立的语料库，从内容来看，包括汉语语料库、中国人学习外语的语料库、外国人学习汉语的中介语语料库、双语言对应的平行语料库等。这些语料库的建设，为汉语语言的习得与认知研究奠定了基础。

根据语料的来源，语料库可分为口语语料库、书面语语料库；根据语料的载体，语料库可分为语音语料库、文本语料库；根据语料所覆盖的领域，语料库可分为通用语料库、专题语料库。

根据对语料是否做了加工、加工到了什么程度，也可对语料库进行分类。有的语料库保持了语料原始的面貌，未做任何加工，只提供查询、检索功能，其目的主要是调用实际语例，并观察语言原始的面貌，这种语料库叫作"生语料库（raw corpus）"。有的语料库对语料做了加工，并且加工的类型、深浅不同，据此，可分为真实文本语料库、分词标注语料库、句型标注语料库、词义标注语料库等。一个语料库，往往是多种属性的综合体，因此，一个语料库往往可以同时归属于不同类型。

8.1.1.2 几种常用的语料库

1. 北京大学汉语语言学研究中心语料库

北京大学汉语语言学研究中心语料库提供免费的在线语料检索服务，网址为 http://ccl.pku.edu.cn:8080/ccl_corpus。该语料库容量大，有 7 亿字，所收的语料时间跨度大，从公元前 11 世纪至当代，包括现代汉语语料库和古代汉语语料库，可以提供词与词之间的距离检索等。

2. 国家语言文字工作委员会现代汉语语料库

国家语言文字工作委员会（简称"国家语委"）现代汉语语料库是一个大规模的平衡语料库，语料选材广泛，时间跨度大。其在线提供检索的语料经过了分词和词性标注，可以进行按词检索和分词检索，网站为"中国语言文字网"。1998 年底，已建成 7 000 万字的生语料库。2012 年，已完成 11 亿字生语料和 5 000 万字标注语料。由于国家语委整合到了教育部，原网站于 2019 年 9 月 30 日改网址为 www.china-language.edu.cn 并开放。该语料库包括句法树库、分词词表、语料库加工标注规范和语料库软件工具等，功能齐全。

3. 北京语言大学语料库中心

北京语言大学语料库中心（BCC）是以汉语为主、兼有其他语种的语言大数据库，网址为 http://bcc.blcu.edu.cn。语料库总字数约 150 亿字，包括报刊 20 亿字、文学 30 亿字、微博 30 亿字、科技 30 亿字、综合 10 亿字和古汉语 20 亿字，可以全面反映当今社会的语言生活面貌。

BCC 语料库的服务包括在线检索服务和云服务。语料库检索采用基于后缀的全文检索算法，并且支持通配符和离合模式匹配，如可以查阅到"洗 n 澡""帅气的 n"等结果，并能实现统计、筛选、下载、全文呈现等功能。

BCC 语料库中的"HSK 动态作文语料库"是母语非汉语的外国人参加高等汉语水平考试（HSK 高等）作文考试的答卷语料库，收集了 1992—2005 年的部分外国考生的作文答卷。2006 年的语料库 1.0 版收入语料 10 740 篇，约 400 万字，2008 年的语料库 1.1 版和 2018 年的 2.0 版语料总数达到 11 569 篇，共计 424 万字。

该语料库是母语非汉语的外国学习者学习汉语的中介语语料库。运用本语料库中的作文语料，可以进行对外汉语教学的多方面研究，如汉语中介语研究、第二语言习得研究、对外汉语教学理论研究、对外汉语教材研究、汉语水平考试研究、与对外教学相关的汉语本体研究等。这些研究对提高汉语教学、汉语测试、汉语本体研究等水平，都具有重要意义。

4. 全球华语文数位教与学资源中心语料库

全球华语文数位教与学资源中心语料库是台湾"中研院"免费提供的华语教学语料库，网址为 http://elearning.ling.sinica.edu.tw/。这个语料库主要有两方面的作用：一是落实"针对一词广泛阅读（一词泛读）"的理念，帮助学生快速习得词语的用法；二是提供华文教师编写教程所需的语言信息理据。

5. 广外—兰卡斯特汉语学习者语料库

广外—兰卡斯特汉语学习者语料库是汉语作为第二语言学习者的语料库，包括 129.42 万个词语，其中，口语语料库有 62.19 万个词语，占 48%，书面语语料库有 67.23 万个词语，占 52%。语料库中的偏误都做了标注，可用于国际汉语教学的理论和实践研究。网址为 https://www.sketchengine.eu/guangwai-lancasterchinese-learner-corpus/。

6. 美国宾夕法尼亚大学的语言数据联盟

美国宾夕法尼亚大学的语言数据联盟是由大学、图书馆、企业、政府、研究机构共同合办的，成立于 1992 年，网址为 https://www.ldc.upenn.edu。其有些内容是需要付费使用的。

8.1.2　语料库用于词汇教学

语料库有助于语言教学。语料库的发展对于语言教师的职业生涯发生了两方面的影响。首先，语言教师所教的内容发生了根本性的变化。由于语料库中包含了词语用法的丰富信息，语言教师所教的语言实际上就是词语的用法，因此，所谓教语言就是教词语的用法。其次，语料库本身可以作为语言教学的材料。语料库成为语言教学大纲研制和语言教学方法研究的基础。

8.1.2.1　语料库的作用

1. 语料库可应用到语言教学中去

语料库是真实的语言数据，因此，可以使用语料库进行"数据驱动的学习"（data-driven-learning）。学生从语料库提供的数据中，往往能发现一些被教师或教材忽视的语言现象。学生可以使用"生语料库"进行学习，从生语料库中发现语言规律，根据生语料库中的数据来编写学习材料。由于现行的对外汉语口语教材深受书面语词汇、语法的限制，其内容距离真实自然的生活口语存在相当大的距离，人为编造的痕迹很重，要改变这种状况，可借助口语语料库等来增强语言教学的生动性、实用性。

2. 语料库可应用到语言测试中去

语料库还可以作为语言测试的资料来源，帮助语言测试者设计测试的题目并进行语言调查。使用语言学习者语料库还可以比较母语学习者与非母语学习者的差异，从而改进语言教学，增强语言教学的效果。

8.1.2.2 使用语料库的好处

语料库用于词汇研究很有好处，具体表现在下列四个方面。

1. *方便检索*

利用语料库，可以方便快捷地检索词语，并了解词语的用法。检索时，可以按照“关键词”检索，计算机则按照编好的程序，居中显示出关键词，左右则是构成其语境的词语。从北京大学汉语语言学研究中心的语料库中提取“形形色色”一词的有关索引，如图 8－1 所示。

在中外教育史上，人们曾提出过	形形色色	的教育目的，阐述过他们的教育目的的理论依据。有的人认为教育目的...
...教育目的不是超社会、超历史的，而是有其现实的本原的。人们提出	形形色色	的教育目的，不管他们承认不承认，实际上都是社会对其成员质量规格...
...马克思主义关于教育目的的基本观点。这个观点，不仅能帮助我们同	形形色色	的非马克思主义的教育目的论划清界限，而且能帮助我们提高制定教育...
我们在上面讲到，教育目的是受社会制约的。人们提出的	形形色色	的教育目的实质上都是社会对其成员质量规格的客观需求在他们头脑中...
...和历史学家去选择讲什么、不讲什么，支配着他们如何讲、如何编排	形形色色	的历史"事实"。就科学史而言，这套观念首先和主要的是"科学"的...
...基层单位上日常文化的完整画面。并通过挖掘在成都茶馆中所发生的	形形色色	的大小事件,建构茶馆和公共生活的历史叙事和微观考察。我希望这个...
...民负责，所以，官僚政治基本上没有多少法治可言，主要依靠人治和	形形色色	的宗法和思想统治来维持。人治是官僚政治固有的基本特征或规律。在...
...堪等不良情绪体验时常伴随而生。第二，咨询者面对的是活生生的、	形形色色	的心理问题，有些甚至是扭曲、变态了的心理，这就要求咨询者能运用...
在资本主义国家，	形形色色	的政治社团通过其利益表达活动，在不同程度上维护了本社团成员的利...
新实证主义社会学包括	形形色色	的实证主义潮流，如以L.F.沃德等人为代表的具有自然主义进化论...
...0指标在社会经济生活中还有其一定的地位和作用1/2,企业出于	形形色色	动机的盈余管理的脚步就不可能完全停止;只要会计准则与企业盈余的...
大大小小或强或弱的门派，各怀绝技	形形色色	的高手，组成了武林这个特殊世界。各个武侠门派和高手在激烈的竞争...
现实生活中，市场	形形色色	，所以，按照不同依据可以将（狭义的）市场划分为以下类型：
...国经济和政策等因素的影响还会受其他诸多因素的影响，也就产生了	形形色色	的汇率决定理论。
...来的英国宪章派、法国的小资产阶级社会主义、德国的拉萨尔主义等	形形色色	的社会主义流派。民主与改良是社会民主主义的基本理念,1951年...
...境造成的损害，抱着更加挑剔的态度，并且形成了各种消费者协会和	形形色色	的环境保护组织，迫使管理者不得不认真考虑消费者利益和社会生态环...
...随着中国汽车市场不断壮大,原有的营销模式效果已越来越不明显,	形形色色	的营销创新逐渐成为企业实现更好生存发展的必要手段之一。
...观点看，我们谈论的根据是个人主义。因为我们只有通过辨别和考虑	形形色色	的、常常是互相冲突的个人目标，才能更好地预见出这些个人组成的团...
...认共谋共同正犯。但是，现在一般肯定共谋共同正犯，肯定的理由则	形形色色	。
...象，权力过于集中的现象，家长制现象，干部领导职务终身制现象和	形形色色	的特权现象。邓小平在讲话中还历数了这几种现象的表现。由于领导体...
...。但是，这并不意味着任何犯罪都必然受到刑罚处罚。因为犯罪行为	形形色色	，同一种犯罪也，存在不同情节，故刑法规定了构成犯罪而免除刑罚处...
...要件。共同要件是从具体要件中抽象出来的，即犯罪构成的具体要件	形形色色	、千姿百态，但根据普遍与特殊、共性与个性的原理，可以从各种犯罪...
4. 多样性。危害结果	形形色色	，多种多样。危害结果的多样性，是由危害行为的多样性、社会关系的...
...在对生物界有了充分了解的前提下，通过长期的思考以及发展和抛弃	形形色色	的理论而创立出来的。达尔文的自然选择学说包括基于5个事实而得出...
...进化论在达尔文之后是不断发展的，并且产生了很多不同的学派以及	形形色色	的进化学说。不同的学派从不同的角度、不同的层次去探讨生物进化的...
...具体物之后的固定不变的“本体”或“模”（eido）才是实的，	形形色色	的变体乃是有限数目的恒定不变的“模”的映像。所谓的“本体”或“...
...齐生长发展起来了，我们能够观察它们的往复变化过程。纷纷芸芸、	形形色色	的万物各有其归宿，它们最后都复归到各自的根源，也就是复归到“静...
...着生命的进化与扩展，逐渐形成覆盖整个地球表面的生物圈。这个由	形形色色	生命组成的生物圈经历了漫长的演变过程和无数的盛衰变化而延续至今...
...具有生物圈。在太阳系之外，目前也尚未发现任何类似地球这样的由	形形色色	生命覆盖着的星体。人们终于改变了自哥白尼以来把地球看作太阳系中...
...天下，将自己的儿孙分封九州各地，形成了大大小小的王国，诞生了	形形色色	的国王，广川王刘去由此繁衍而生。这个将自己二奶都能“肢解烹煮”...
...的香港商人将两千多户老居民迁走，却把他们的老宅留下来，改造成	形形色色	的西餐馆、咖啡馆、酒吧、时装店和画廊。这是一个被掏空了的、半世...
...个地道的“万国总会”。自从英国人用炮舰轰开了中国的国门之后，	形形色色	的外国人就一批一批地涌到这里，或是想大发横财，或是来寻欢作乐。...
...忧无虑的女孩子交往中，变得能够和五花八门的反清组织、派别以及	形形色色	的人联络、协调、沟通。女儿回国后将担负的任务，他早已经考虑成熟...
...样的旗子，只不过就是没有一面清帝国的黄龙旗而已。孙中山从这些	形形色色	的旗子中看到的不是凌乱，不是革命缺乏统一的组织领导，而是看到了...
...和孙中山身边已经经历了中国近代史上的一系列大事，接触过各阶层	形形色色	的人物，完全没有一般姑娘单独与男子相处时的羞羞答答。于是，两个...

图 8－1 “形形色色”一词的有关索引

从检索的语料中可分析出，“形形色色”虽为形容词，但主要做定语。运用语料库除了方便检索外，还可用于近义词的辨析。对于近义词，如“而”和“而且”，“庆祝”和“祝”，都可以通过真实语料库的搜索来显示例句，进而归纳词语的用法。

2. 利于词语搭配研究

Firth（1957：14）　将词语搭配定义为"习惯性共现的词语"（actual words in habitual company）。这一标准不仅包括 another one 这样的词组，而且包括 although the 或 and the 这样的单词组合。所以我们必须考虑"习惯性共现"的各种情况，以使搭配的概念更加明确。[①]语料库问世前的搭配研究，由于缺乏足够的自然数据，一般都基于直觉，很难深入下去，研究结果也有很大的局限性。

邢红兵（2013）借助于中介语语料库和现代汉语语料库，通过搭配的词语来分析目标词语的句法功能。比如"美丽、漂亮、好看"这组近义词，分析它们做谓语、定语、状语、补语、主语、宾语的比例，按照搭配词语使用次数的分布，发现在句法功能上，"美丽"和"漂亮"更接近，做定语是它们的主要功能，分别占搭配比例的 81.2% 和 65.3%，而"好看"则主要做谓语，占搭配比例的 65.8%。通过这样的数据分析，可在教学中对这三个形容词的功能各有侧重。

3. 利于词典编纂

利用语料库对词汇研究最显而易见的好处就在于词典编纂（Kennedy，1998：91）。[②]20 世纪 80 年代第一个以词典编纂为应用背景构建的大规模语料库 Cobuild，是由英国伯明翰（Birmingham）大学与 Collins 出版社合作建成的，规模达到 2 000 万词级。1987 年 Collins 出版了基于 Cobuild 语料库的英语词典，词条选目、用法说明、释义等都直接取材于真实语料。该词典一问世即引起了词典编纂界的广泛注意和好评。

4. 利于词汇教学大纲的研制

基于语料库的词频表在某种程度上与以意义为基础的（meaning-based）语言教学主流格格不入。但是基于语料库的词汇研究带来了词汇教学的复兴。Sinclair 和 Renouf（1988）甚至主张制定一个以语料库为基础的词汇教学大纲。他们认为语言学习者的重点应该放在最常用的词汇及它们的主要用法和搭配上。[③]

---

① 谢元花，2002. 语料库与词汇研究［J］. 外语教学（3）：70－76.
② 同①.
③ 同①.

8.2　词库与词汇教学

8.2.1　词表与词库

8.2.1.1　词表

词表简单地说，就是词语的列表集。它以"词目"为主，有的还有拼音、频次等基本信息。

早在 1959 年，文字改革委员会汉字组就发表了《普通话三千常用字表》。后来针对不同用途，在 20 世纪 90 年代之前产生了十几种词表，如《报刊词语三千六百条》、《信息处理用现代汉语五千词表》、《现代汉语频率词典》等。

在如今的技术条件下，来源于某个特定领域的词表很容易获得，这里主要介绍在一定的理论指导下，运用一定的方法研制而成的 3 种正式词表。

1. 现代汉语频率词典

《现代汉语频率词典》是我国第一部汉语词汇频率词典，出版于 1986 年。该词典在汉语的语料库建设与利用及词汇计量统计两方面都做出了开创性的贡献，其统计的结果也产生了广泛的影响。该词典的语料来源于 1979—1980 年全国通用的十年制中小学语文课本，共 179 篇作品，分为"政论、科普、口语、文学"四大类。该词典列了《按字母音序排列的频率词表》（16 593 个词）、《使用度最高的前 8 000 词词表》（8 548 个词）、《报刊政论语体中前 4 000 个高频词词表》（4 000 个词）等 8 个表、5 个附录。词直接从语料中提取，每个词都有在这个语料范围内的频次数与分布数。它是一个典型的共时、通用、描写性的词表，也是一个统计性的词表，并且充分吸取了语言学理论的精华，在人机两方面都得到了较好的认可。

2. 信息处理用现代汉语分词规范及自动分词方法

刘源、谭强、沈旭坤 1994 年出版了《信息处理用现代汉语分词规范及自动分词方法》，其汉语分词规范部分，已于 1992 年被国家技术监督局批准为推荐性国家标准（GB/T 13715—1992）。该书收录的常用词词表按升序排列，词条最短的为一字词，最长的为七字词，共收词 4 万个，其中一级常用词词表 7 055 个词，二级常用词词表 29 355 个词，单字词表 2 606 个词。该词表根据"定量原则为主、定性原则为辅的选词原则"制定，为汉语信息处理提供了一个常用词词表。该书把词分为名词、动词、代词、形容词、数词、量词、副词、介词、连词、助词、语气词、叹词、象声词等 13 类。对于语言学中经常出现的分词方面的争议，该书都做了精要的说明，并加以典型例证；对于语言学界讨论"前后加成分"时没有解决的问题，该书采取了穷尽性列举，并阐明了处理原则。

该书是面向信息处理的需要而制定的现代汉语分词规范，不仅为计算机所用，也直接为人所用。该书力图用明确的语言描述每一条规则，也采用了如"结合紧密、使用稳定"之类的定性描述。

3. 中国语言生活状况报告

《中国语言生活状况报告》由商务印书馆正式出版，从 2005 年至今，每年都推出媒体高频词语表和媒体新词语表。这里主要选取该报告 2011—2015 年度的媒体高频词语表加以说明。

《中国语言生活状况报告》（2011）的媒体高频词语表包括 25 546 个词，覆盖率达 95%。

《中国语言生活状况报告》（2012）的媒体高频词语表包括 26 023 个词，覆盖率达 95%。

《中国语言生活状况报告》（2013）的媒体高频词语表包括 26 352 个词，覆盖率达 95%。

《中国语言生活状况报告》（2014）的媒体高频词语表包括 27 035 个词，覆盖率达 95%。

《中国语言生活状况报告》（2015）的媒体高频词语表包括 27 887 个词，覆盖率达 95%。

可以看出，《中国语言生活状况报告》（2011—2015）逐年收录的覆盖率达 95%

的媒体高频词语的数量变化不大，但是在以微弱的趋势逐年递增。

下面列举前 20 个高频词，见表 8-1。

表 8-1 《中国语言生活状况报告》的媒体前 20 个高频词

序号	词语	频次	文本数	出现的媒体
1	的	30 800 401	1 047 367	ABC
2	在	7 505 327	959 565	ABC
3	是	7 387 611	837 664	ABC
4	了	6 953 688	860 461	ABC
5	一	5 735 626	860 064	ABC
6	和	4 535 353	865 076	ABC
7	不	4 188 658	763 247	ABC
8	有	3 670 821	739 998	ABC
9	个	2 947 869	678 355	ABC
10	也	2 859 694	678 669	ABC
11	这	2 843 219	655 080	ABC
12	就	2 565 385	582 004	ABC
13	人	2 392 723	574 693	ABC
14	为	2 355 916	696 880	ABC
15	上	2 352 525	675 669	ABC
16	中	2 316 413	668 449	ABC
17	将	2 145 843	686 689	ABC
18	对	2 136 202	620 376	ABC
19	我	2 106 436	311 284	ABC
20	他	2 060 221	373 675	ABC

值得一提的是，《国际汉语教学通用课程大纲》附录收录了《中国语言生活状况报告》的 1 500 个高频词，频度最高的 10 个词依次为"的、了、我、是、一、在、不、他、你、有"。这些高频词都为单音节词，并都被收录在了《HSK 考试大纲（一级）》的词表中。

8.2.1.2　词库

词库是在词表的基础上研制出来的，但是又比词表的信息完善。现代计算机技术使词库一般能以数据库的形式呈现。用 Access、Excel、Foxpro 等程序制作的数据库，增删记录、查询起来都很方便，便于进行统计研究。

北大计算语言学研究所研制的《现代汉语语法信息词典》是以数据库的形式建立的，目前共收录了 80 820 个词语[①]，每个词都包括拼音、词类和语法信息。本书对这个数据库的词类及其切分逐一进行了研究。本书基于这个词库和已标注好的《人民日报》语料库来研究词法，探索现代汉语的构词规律，总结现代汉语的构词模式。

张凯以《现代汉语常用词表》《现代汉语词典》《现代汉语词典补编》《新词新语词典》为基础，建立了由 3 500 个常用字和次常用字构成的字库和由 70 743 个词构成的词库，通过计算机对库中汉字的构词等级、构词率、累计构词率、完全构词、累计完全构词等信息加以统计。

苑春法、黄昌宁建立了一个大规模数据库，对覆盖 6 763 个汉字的汉语语素及其所构成的二字词、三字词、四字词进行了穷举描述。

邢红兵认为语素在留学生词汇获得过程中会起到重要作用，因此建立了基于《汉语水平词汇与汉字等级大纲》的语素数据库。建立这样的数据库，首先是希望了解有哪些规律包含在语素构词当中，比如哪些语素是常用语素，哪些语素构词最透明；其次是为汉语词汇教学及相关的研究提供基础材料，特别是为留学生词汇习得、词汇的产生和心理词典的形成等方面的研究提供最基本的实验材料；最后是直接用于教学。该数据库包括词库和语素库两部分，词库中包含了词形、词性、读音、语素构成合成词的信息，语素库中包括语素的字形、读音、义项数、构词总数、构词位置、各等级语素构词数等。

邢红兵建立的现代汉语动词句法信息数据库统计了动词在"现代汉语研究语料库"中出现的各种句法功能及各种句法功能在语料库中的使用次数等。

词库的规模有大有小，一般来说，5 万个词以上的词库应该就能够对语言系统中的词语进行比较全面的概括。词库的服务对象有以面向计算机处理为主的，

---

① 俞士汶等著的《现代汉语语法信息词典》的电子版数据库，其 5 万多个词语于 1995 年底通过了电子工业部的技术鉴定。2001 年，词语扩充到了 7.3 万个。2006 年，词语扩充到了 80 685 个。

也有以面向社会人群为主的，前者如清华大学孙茂松主持的《信息处理用现代汉语词表》，是为计算机的语言处理服务的，后者如《现代汉语词典》，是为社会人群服务的。

词法（morphology）是生成语言中可能的词的规则。词库是显性的，可直接观察；词法规则是隐性的，较难于观察。词法规则体现在词库的条目里，通过外显的词库去研究内隐的词法规则，应该是一条可行的途径。对词库的研究可以采取计量的方法，对词的词频、分布率、使用度分析都属于计量研究方法。把计量研究方法引进汉语词汇学，有着特别重要的意义。几千年来，汉语词汇的研究传统，都是以具体词语的词义为主要对象，以考释为主要目的，以研究者的主观感悟为主要手段。因此计量研究方法的引进与推广，在当代词汇研究中有着重要的革新意义。[①]

Pustejovsky（1995，2001，2006，2011）的生成词库理论，介绍了一个至少包括四个层面语义表征的系统：论元结构、事件结构、物性结构和词汇承继结构。用有限的词义数目来释义，力图克服词义计数式的解释局限，变词库为一种积极的、中心的语言描写，可以说是对自然语言处理中静态的词义观的一种挑战。

8.2.2　心理词库

心理词库（mental lexicon）一词源自心理语言学，意指大脑中对词汇知识的长期永久记忆。心理词库看不见，摸不着，因此心理语言学家和语言学家绞尽脑汁，提出了很多类比，试图让人们对心理词库有一个更为清楚直观的了解。Aitchison（1994）把心理词库比喻为心理词典，或一个巨大的蜘蛛网。McCarthy（1990）认为心理词库就像一本词典、一部百科全书，或一个大图书馆。Brown（2006）眼中的心理词库就像现在的电脑系统或无线网络（张萍，2009）。

不管何种比喻，心理词库从根本上来说应该是大脑中所有关于词形、词义及其用法的一个巨大仓库。光有这些还不够，最重要的是所有这些词在心理词库中

到底是怎么储存和相互联结的。

对二语者甚至多语者来说，心理词库的结构比较复杂。研究者非常关注二语者所学习的语词库与学习者已有的一语词库的关系，储存模式是否与一语相似，是否如一语一样遵循相同的发展路径。例如，由于很多汉字和韩文同形，韩国人学汉语的词语时，会很自然地把汉语和韩语做对比，判断汉语是否和韩语相似，然后再对这个词语进行储存。二语学习者的词汇学习过程中有着母语的干扰。

由于心理词库肉眼不可见，研究者采用各种办法来假设和推论其内在结构。最早、最经典的就是词汇联想测试，如早期的 Weinreich（1953）采用自由联想方法推断出了双语者的心理词汇存储模型（张萍，2009）。

杨亦鸣、曹明从神经语言学的角度进行分析，认为中文大脑词库同样存在相互联系而又彼此独立的形、音、义等下位库。汉语作为第二语言时，汉语词汇是如何存储的？书本词典受到篇幅的限制，不可能把每个词的所有信息都收录进来，而心理词库则包含每个词语所有的信息：词语的形、音、义，词语的理据，词语深层的文化信息，词语适用的语境及可能产生的临时意义等。这说明人们头脑中对词的了解比词典更个性化。心理词库的内容不是固定的，新词、新义、新的读音，都会不断补充进来。在言语活动中还会有一些为了表达的需要而临时造出来的词，或语境赋予了词临时意义，它们都会被存入心理词库。

这样一来，词汇联想测试便成了最常用的范式之一。我们民大八班 2019 年末在学期即将结束时，面向中级班学生做了一个联想测验，分别以"爱情、赔钱、拐杖"为中心，让学生在有限的时间内自由联想，最少 5 个词，结果学生还是以语义联想居多，如以"爱情"这个词为中心，联想到"爱人、结婚、恋爱、孩子、信任"等；以"赔钱""拐杖"这两个词为中心，联想到课文里的情节，从而写出与课文相关的词。平常学习认真的一位德国学生，每个词联想的词语均达 16 个以上，还多次写出短语，如"无微不至地照顾"①"丢掉拐杖""把自己的意志强加给别人"等，说明该生对词语已进入深度掌握中。相比之下，同一个班的另外一位美国学生则很多常用字写不出来，常用拼音代替，说明这位美国学生在储存词语时并没有把字形储存在词库中。从测试中发现，关于词的语义性质的提示比关于词的开始字母或词形性质的提示使人们更容易提取记忆中的词语，因为大部分学生的联想记忆还是关于词的语义性质的。

---

① 学生把"无微不至地照顾"中的"的"用成了"地"。

对词汇知识的描述应该包含三个方面：广度、深度和联结度（或通达度）。词汇知识习得的最高程度应该是这三个方面兼顾。学会一个词，不仅应该知道这个词的读音、意义，还应该知道这个词在什么语言环境中使用。如"成见"一词，学生造句时出现了"对每个人的优点，她心里都有个成见"的说法，其实教师已经在课堂上指出"成见"是"对人或事物一直以来的不好的看法"，说明该生并没有把这个词的用法储存到自己的头脑中去，知识没有"内化"。

怎样才算"认识一个词"？Glover等人（1990）在一项研究中要求一群学生对一个不常见的词进行解释，发现学生的回答各种各样。有的人一点儿也不知道，有的人猜一猜，有的人很自信地说出该词的意思，并且举例说明它的用法。可见，"认识一个词"并不是要么全知道，要么一点儿也不知道（这种现象在心理学上叫"全"或"无"），而是有不同层次的，从完全缺乏该词的知识到掌握该词的详细知识、来源以及使用它的语境，是逐渐过渡的。可以将"认识一个词"看成一个连续体，在连续体的一端是"不认识"，词的意义在心理词库中没有建立起来；另一端是"认识"，词的知识已经牢固掌握。

心理词库理论的提出，实际上也对第二语言教学提出了要求，要求在教学中针对不同级别的词、不同的学生，有效地丰富学生的心理词库。

8.2.3　国际汉语词汇教学库的构建

国际汉语词汇教学库应以数据库的形式表现对外汉语词汇教学的总体面貌，收录对外汉语教学中的常用词汇及次常用词汇，注重词与词之间的联系，便于教师和学生选择词语、分析词语、应用词语，充分发挥现代教育技术在对外汉语教学中的作用。

针对目前对外汉语词汇教学"遇词讲词"的现状，应贯彻词汇语义学理论，参照计算语言学中的"词网"思路，建立对外汉语常用词汇语义网和词库。

如何构建对外汉语教学词库？构建对外汉语教学词库是为对外汉语词汇教学服务的，该词库的设计应反映对外汉语词汇教学的特点，字段设计应不同于本族语词库，应注重学生的偏误信息、学生习得词汇的先后顺序、汉字分析、外文翻译等专栏，即便是例句，也应该符合学生的等级水平，比如针对学生初级、中级、高级等不同水平，给予不同的例句。

完备的对外汉语教学词库，至少应该包括词语的语音、语义、典型例句、字形、构词、大纲级别、偏误分析、近义词辨析、外文翻译等信息。"大纲级别"指该词是汉语水平考试（HSK）中甲、乙、丙、丁哪个级别的词。注明了"大纲级别"，教师在讲解过程中可以循序渐进地针对不同级别的留学生输入信息，避免用"难词"讲生词。标明"偏误分析"信息在对外汉语教学中尤其重要，它可以预测学生即将发生的错误，帮助老师有针对性地"纠错"。词库的构建，既是构建一个"词汇语义网"，也体现了一种词汇全局观念。

可以构建小型、中型、大型等规模不等的词库，依据教学或科研的需求而定。

可以根据一本书或一套教材构建一个小型生词词库，把课文中出现的生词、拼音、解释、翻译、学生偏误、例句、近义词等字段都录入进去，设置序号，按课文顺序排列，或者按音序排列，以便按照各种需求在数据库中查询。如教《中级汉语听力（下）》时，可以构建一个这一学期所学的 420 个生词的小词库。

也可以构建一个针对对外汉语教学用的中型词库，以《汉语水平考试词汇与汉字等级大纲》为例，以其中的 8 822 个词为词条，建立一个包含词条、读音、英语释义、例句、近义词辨析、偏误分析等字段的中型词库，标明词的构成方式，语素的构词能力也可按照词频由高到低排列，列举出语素在某个或某几个义项上的构词状况。

教学词库的构建与应用实际上蕴含了某种教学理念。可在由《汉语水平考试词汇与汉字等级大纲》构建的小型数据库中筛选出一些词频高的"语素"，分析由这些语素形成的词群，研究字词关系，贯彻"语素教学"或"字本位教学"理念。如"不"位于词首时构成的词语有"不错、不要、不用、不久、不如、不同、不必、不断、不过、不论、不是吗、不幸、不要紧、不住、不得不、不得了、不敢当、不管、不好意思、不平、不少、不行、不许、不一定、不对"等，这样的一个词群聚集在一起，有内在的理据性，都含有"否定"义素。在教学中要经常进行这种类比联想，有了词库将有据可查。以"常用字"为枢纽，在教学词库中建立"词群"，在数据库中是很容易实现的。

利用词库筛选、统计、分析汉字，可以更好、更深入地了解字词关系。张凯对《现代汉语词典》《新词新语词典》等 70 343 个词构成的词库进行了分析，建立了汉字构词统计表，位于前十位的字是"子、人、头、大、心、不、水、生、学、地",由此认为《汉语水平考试词汇与汉字等级大纲》把汉字的教学量定为3 000 个是合适的,而把词汇量定为8 822 个是有些保守的。换一个角度说,现在规定的汉字量是够的,而词汇量是不够的,也就是没有足够的词汇和这些汉字相配,汉字的优势没有发挥出来。汉字的构词能力很强,为什么不利用汉字的这个特点呢?

梁源(2000)分别调查了定中式二字短语的"前字"和"后字"情况,发现位于二字短语"前字"时频率高的汉字是"其、这、此、大、小、新、每、该、全、石、黑、旧、白、长、各、巨、老、满、好、同、本"等;位于二字短语"后字"时频率高的汉字是"法、类、区、种、价、头、形、名、板、声、面、量、型、式、状、底、料、片、道、体、车、口、层、墙、路"等。曾立英(2008)对《现代汉语语法信息词典》数据库的 8 万多个词语进行了抽取,统计得出三字词中的后字中常用的语素有"子、性、机、器、学、人、员、化、会、品、者、儿、率、法、费、家、病、部、表、剂、线、权、车、力、量、站、队、式、室、花、片、物、纸、生、业、体、石、头、词、面、期、书、场、油、图、素、炎、点、虫、院"等。这种基于词库的抽取,主要是为了了解哪些字的构词频率高,它们的构词模式是怎样的。在教学时,应该先教这些构词频率高的汉字。"字"这个"音义关联"的符号,能在庞杂的词汇系统中起到一个很好的连接作用。另外,这些汉字的"重现率"高,先教会学生这些字,有助于增强学生对汉语构词法的理解,扩展学生的词汇量。

建立词汇数据库有利于词汇的系统教学,因为对外汉语教学词库的构建、排列与运用实际上蕴含了很多对外汉语教学的理念与方法,如重视词语的习得规律、重视学生联想机制的应用、重视"字本位"和"词群"的教学方法、提倡以学生为中心的教学方法等。

苏新春对两套影响较大的对外汉语教材的词汇状况进行了对比研究,第一套是北京大学对外汉语教学中心组织编写的《汉语初级教程》(4 册)、《汉语中级教程》(2 册)、《汉语高级教程》(2 册),有课文 80 篇;第二套是北京语言大学编纂的对外汉语本科系列教材(语言技能类),《汉语教程》,包括 3 册,每册分上下,共 6 本,有课文 100 篇。两套教材的收词差异很大,第一套收词 14 759个,不重复的词 1 776 个;第二套收词 37 556 个,不重复的词 4 527 个。它们的词语总量不相等,前者只是后者的约 39%。两套教材的共有词语少,只有 1 189 个。拿这两套教材和《汉语水平考试词汇与汉字等级大纲》对比,第一套未收《汉语水平考试词汇与汉字等级大纲》的甲级词大概有 260 个，乙级词大概有 1 550 个；第二套未收《汉语水平考试词汇与汉字等级大纲》的甲级词大概有 90 个，乙级词大概有 980 个。

　　对外汉语教学的针对性很强，学生的类型、学习的类型多种多样，不同类型的学生有着不同的需求，不同类型的学习也有着不同的需求，因此，希冀用一种对外汉语教学用词表来应用于对外汉语教学的一切方面，显然是不现实的。因此，应该将对外汉语教学词表进行通用型与领域型的区分，或在研制通用型词表时进行分层与分级。这里的分层与分级不是简单地依照频率而分，而应特别重视不同领域、不同功能、不同场合的交际需求。

8.3　国际汉语教学词典

8.3.1　国际汉语教学词典的编纂

　　与词汇学密切相关的是词典学。一部好的词典是学生最好的老师，这对语言教学来说具有启发意义。如何从外国学习者的需求出发，编写、完善和创新外向型学习词典、词汇大纲等，是国际汉语教学词典研究的着力点。

　　我国语文教育界的学者编写的一般语文工具书不计其数，面向外国人学习需要而编写的外向型词典，随着国际汉语教学的国际化、市场化，也逐渐增多。改革开放初期，吕叔湘主编的《现代汉语八百词》将每个词按意义和用法分项详加说明，可以供非汉族人学习汉语时使用，所收的词以虚词为主，也收了一部分实词。该书解释详尽，清楚明白，并于 1999 年出版了增订本。

　　改革开放近 40 年来，我国对外汉语教学工作者从教学实际出发，编写了一批供外国学生使用的工具书。国际汉语教学词典主要有汉语学习词典、为 HSK 编写的应试词典、近义词用法词典及常用词用法词典等。具有代表性的，如王还所编《汉英虚词词典》，孙全洲所编《现代汉语学习词典》，李忆民所编《现代汉语常用词用法词典》，杨庆蕙所编《现代汉语离合词用法词典》，李晓琪等所编《汉语常用词用法词典》，王还所编《汉英双解词典》，张学涛所编《汉字基本字带字

识字手册），刘镰力所编《汉语 8000 词词典》，鲁健骥、吕文华所编《商务馆学
汉语词典》，徐玉敏所编《当代汉语学习词典》（初级本），刘川平所编《学汉语
用例词典》，施光亨、王绍新所编《汉语教与学词典》，周上之所编《汉语常用离
合词用法词典》，李禄兴所编《新 HSK 5000 词分级词典》（一、二、三级），李禄
兴所编《新 HSK 5000 词分级词典》（四、五、六级），郭先珍、张伟、周行健所
编《汉语 5000 词用法词典》，外研社国际汉语研究发展中心所编《HSK 词汇突破》
（第 2 版，1~3 级，4 级，5 级，6 级）等，这些词典影响力都比较大，反映了国
际汉语教学词典不断发展的事实。

　　选择词典应根据自身的需要而定，如果是教师备课，可着重参考鲁健骥、
吕文华所编《商务馆学汉语词典》，该词典的释义和用例全面、准确、简明，外
国学习者比较易懂，陆俭明在该书的序言中提到其有"收录的字词常用，释义
在不失准确的前提下，通俗易懂，例子多而简短，注意说明词的使用环境"等
优点。

8.3.2　国际汉语学习词典与母语学习词典的不同

　　词典的编纂有着自己的规律可循，面向的对象不同，词典的释义、示例也不
同。国际汉语学习词典和母语（汉语为母语，下同）学习词典是两种不同的语文
工具书，在很多方面都存在差异。差异主要表现在以下几个方面。

8.3.2.1　编写目的不同

　　母语学习词典的编写目的是让使用者了解词语的读音、释义和用法，扩大词
汇量，不断提高汉语表达的准确性和生动性，同时也为人们提供语言文字方面的
标准，促进汉语言文字的规范化。国际汉语学习词典的编写目的是让汉语学习者
准确理解汉语词语的意义，学会正确地组词造句，提高学习汉语的效率和使用汉
语的水平，使自己的中介语不断趋近标准目的语。

8.3.2.2 收词范围和义项处理不同

母语学习词典的收词范围和义项处理会因读者文化程度的不同而不同。比如，《现代汉语词典》是一部供中等以上文化程度的读者使用的中型词典。

国际汉语学习词典的收词范围和义项处理更强调词语的常用性和实用性，也就是说，外国学习者学汉语时很少用得上或根本用不上的词语或义项，不予收录。

比如，面向外国学习者的《商务馆学汉语词典》，收词 10 000 多个，对一些词的生僻的义项，就没有收录。如"功课"在《现代汉语词典》(第 5 版)中有义项"❹ 指佛教徒每日按时诵经念佛等的修炼事项"，但由于这个义项外国学生不常用，就没在《商务馆学汉语词典》中出现。

再如，新 HSK 6 级词"爽快"，《商务馆学汉语词典》相对于《现代汉语词典》(第 7 版)的解释就比较通俗易懂：

爽快，形 ❶ 说话办事一下子就决定，一点儿不犹豫：你爽快点儿，去还是不去？| 他很爽快，马上答应了 | 他爽快地同意了 | 我是爽快人，有什么就说什么。❷ 感到很轻松，舒服：天太热，洗了澡以后身上爽快多了 | 他把以前不敢说的话都说了，心里爽快多了 | 这个房间夏天住着感觉很爽快。(《商务馆学汉语词典》)

爽快，形 ❶ 舒适痛快：洗个澡，身上～多了 | 谈了这许多话，心里倒～了些。❷ 直爽；直截了当：他是个～人。(《现代汉语词典》第 7 版)

比较两部词典对于"爽快"的解释发现，在用例上，《商务馆学汉语词典》的用例更多，对于"爽快"的两个义项，以及它们做谓语、状语或定语时的情况，都用比较典型的语境举例说明了。在释义上，《现代汉语词典》(第 7 版)用"直爽"来解释"爽快"，因为外国学生本来就不理解"爽"这个语素，如果还用该语素组成的词"直爽"来解释"爽快"，势必引起学生的不解。《商务馆学汉语词典》用"说话办事一下子就决定，一点儿不犹豫"来解释该义项，难度降低了，学生会结合该场景，迅速理解其意义。

8.3.2.3　编排体例不同

母语学习词典的编排体例包括词条、注音、词性标注、释义、示例等，而国际汉语教学词典除了上述内容以外，一般还包括结构说明、用法说明、近义词辨析、常见偏误举例、外文注释等。比如，《商务馆学汉语词典》显示了搭配、用法的词组和例句近 60 000 个，设"注意"约 800 处，"近义词辨析"150 多组。该词典用"注意"项来提示词的搭配条件，如：

否则，（连词）……注意 "否则"后面常有"就"

"注意"项还用来提示词的语体色彩、感情色彩，以及外国学习者容易混用的词，如"而"和"而且"与"看"和"看见"等。

国际汉语教学词典，很多都使用了翻译法。比如，《HSK 词汇突破 5 级》即采用了英文释义，在解释"心理"一词时，使用了英文"psychology, mentality"来进行辅助解释，清楚明了。

8.3.2.4　释义和示例用的词语不同

国际汉语学习词典由于读者对象的特殊性，词典编写所用的词语即释义词语和示例词语要受到使用频率、常用性、覆盖面等方面的严格限制，真正实现词典给予读者的以少知多的作用。

Lyons（1995：77−78）在如何定义词义时指出："某种语言的单语词典解释词义时，是用一种元语言（metalinguistic）的定义来解释的，这种定义的形式将流于从词典到词典。双语词典的释义偏重于中介语（interlingual）的近义概念，比如英语的 dog 和法语的 chien 的近义；而单语词典也利用近义的概念，但主要是语内（intralingual）的近义。"

在汉语词义的解释上，由于使用对象的不同，定义的形式也不同。针对外国学习者的汉语词汇教学有着自身的特点，其词义的分析，有的就不能套用《现代汉语词典》这类针对本族人的词语释义法。

《现代汉语词典》对"狗"的解释和英语的单语词典类似。比如《现代汉语词典》（第 7 版）对"狗"的解释是：

狗，名哺乳动物，种类很多，嗅觉和听觉都很灵敏，舌长而薄，可散热，毛有黄、白、黑等颜色。是人类最早驯化的家畜，种类很多，有的可以训练成警犬，有的用来帮助打猎、牧羊等。也叫犬。

《现代汉语词典》对"狗"的解释是针对本族人的释义，不能针对留学生。而《商务馆学汉语词典》的解释就比《现代汉语词典》的解释更简明，更适合于外国人。它对"狗"的解释是：

狗，（一）名，一种动物，种类很多，可以帮人看家或打猎等：一只狗|一条狗|公狗|母狗|我有一只可爱的小狗|这条狗的毛真长|最近养狗的人越来越多了。（二）名，骂人的话，比喻坏人或帮坏人做坏事的人：他是主人的一条狗|狗东西，他要是再敢干坏事，我决不饶他|他不是人，是条狗。

《商务馆学汉语词典》对"狗"的解释配有图片，使人一目了然，还附上了"狗"的"骂人话"。如今，由于网络用语的发展，"狗"还发展出"单身狗"之类的说法。

8.3.3 国际汉语学习词典编纂的问题

传统的工具书编纂，是以信息技术和纸质媒介为基础的，这种基础给工具书编纂带来了许多局限，如手段落后、编排的方式单一、检索的程序复杂、集成的容量有限、信息存取的介质笨重等。

郑艳群就汉语工具书的使用情况，对来自不同国家的不同汉语程度的留学生进行了调查。调查结果显示，很多学生抱怨目前没有一本汉语词典的内容是齐全的，有的词典没有汉字笔顺示意，有的词典没有词语的用法解释或者例句太少，有的词典查找起来不太方便，还有的词典对用法解释得不够详细，或者释义用词比较抽象。学生抱怨有时候必须查检几本不同的词典，才能查找到所需要的信息。

针对外国人学习用的词典，在义项的解释上应该简明一些，释义和示例应尽量使用受限语言或词典元语言。所谓"元语言"，是英语 matalanguage 的汉译，

241

按照黄建华的观点，指的是"用来分析和描述语言的语言"，是"一种'工具语言'或'人为语言'"。

较早使用元语言编纂词典也最为成功的当属《朗曼当代英语词典》(*Longman Dictionary of Contemporary English*)。该词典据陈丙超（1982）评价："一切定义和用例所用词语被限制在两千个词左右，这些词语是在充分研究若干英语词汇频率表和教学用语表之后加以精选的。在这个过程中，还特别参考了迈克尔·韦斯特的《英语一般词汇表》。"

苏新春认为，词典元语言来源于自然语言，其主要特点是通用、高频、中性。通过频率调查、语义比较及人工干预等手段所得到的词典元语言，数量被控制在很小的范围内。

单语对外汉语学习词典的受限语言到底包括哪些词，现在还没有权威的一致的统计结果。不过，苏新春对《现代汉语词典》中所有用来直接释义的例词进行了统计分析，从中提取了首批高频释词 4 000 余个，可以用来作为参考。词典受限语言与常用词有一定的相似之处，但两者却不是一回事：常用词具有常用性，是人们生活中不可缺少的，也是学习者首先要掌握的，因此可以用来帮助确定汉语的词典元语言，这有利于学习者对词典的有效利用，而词典受限语言是基于词典编纂中所起的作用而得到的词语聚合，强调的是词典表述语言的核心作用。

针对外国人在使用词典时存在的上述问题，国际汉语教学用的词典应朝着易懂、易查、易学的目标努力。首先，词典编纂者要研究外国学习者学习汉语的需要、查询词典的内容、查询词典的习惯和所采用的查询策略等，有针对性地设计和编纂适合他们需要的词典。其次，词典编纂者要解决汉语单语词典释义难懂的问题，就要充分应用现代语言学和其他相关学科的最新研究成果，并结合外国学习者的汉语认知特点，编写出既准确又易懂的释义。最后，词典编纂者要多提供使用方面的信息，以方便学习者的理解和使用。

8.3.4　国际汉语教学词典的创新

词典的创新，首先应该是词典学理论的创新。由于词典学是一门应用学科，其理论的创新，主要原动力不是来源于对词典本体的研究，而是来源于对语言学、认知学、二语习得和计算机科学等相关理论的应用，用这些相关理论来丰富词典学的理论内涵，在学科的交叉点上寻求词典学的创新点。

语料库给词典编纂带来了便利。语料库的真正价值在于它为词典编纂者分析词语意义与用法提供了不可或缺的原始数据。这一点表现在两个层面：具体层面和系统层面。

在具体层面，即单个词条层面，要非常精确地描述词语的意义，如果没有大量的语言数据支持，是完全不可能的。

在系统层面，语料库的影响更为深远：它让我们重新认识了语言使用的规律。我们根据对语言使用进行考察后所获得的结果，去重新思考词典描述语言的方式。因此，基于语料库的词典将不收录或解释那些罕见的、边缘的用法，而着重解释反复出现的多词单位。语料库不仅使词典编纂者能够在许多方面比以前做得更好，而且促使我们重新思索词典编纂的本质。我们目前也许只是初步利用了语料库发展所带来的那些附属成果。

搭配、词频等语料库数据在词典中的新应用可更好地解释词语的用法。在动词结构的教学中，邢红兵分析了目前动词用法词典中存在的局限，比如《汉语动词用法词典》和《现代汉语语法信息词典详解》存在"句法功能的描写难以达到主次分明"的缺点。现有的词典对动词句法功能的描述是完全按照统一的规格来进行的。在《汉语动词用法词典》中，动词的功能共有13项，包括"名宾""双宾""动宾"等，但是没有注意到每个动词的各种句法功能相对比例的差别，有些动词的句法功能相同，但是各自的相对主要的句法功能会有很大差别。

邢红兵以动词"证明"和"影响"为例，统计了这两个动词的句法功能及其使用次数，见表8-2。

表8-2　"证明"和"影响"的句法功能统计

词语		不带宾	名宾	动宾	小句宾	主语	宾语	修饰语	中心语
证明	次数	14	8	1	100	2	3	15	10
	比例	9.15%	5.23%	0.65%	65.36%	1.31%	1.96%	9.80%	6.54%
影响	次数	42	122	7	7	13	18	5	151
	比例	11.51%	33.42%	1.92%	1.92%	3.56%	4.93%	1.37%	41.37%

从表8-2中可看出，"证明"的主要句法功能是带小句宾语，而"影响"的主要句法功能是做中心语和带名词宾语。按照统计结果，可以将"证明"和"影

243

响"的句法功能按照比例由高到低的顺序排列，将相关的统计数据附在每个句法功能之后，并给出一定的例句。而这点在现有的词典中没有得到体现。《汉语动词用法词典》中"证明"带小句宾语的功能只放在一般功能的第三位，并且只有一个用例，这样安排的话，看不出来这个句法功能的重要性。

现有的动词词典从固定的体例出发，过分强调各种功能的穷尽描写，以至于将动词的一些用法过分复杂化。搭配信息是动词用法中很重要的信息，包括动宾搭配、状中搭配、动补搭配等，而现有的词典在这方面的描述是不够准确的，主要体现为搭配信息不够丰富、搭配对象不能按照搭配次数来排列。如动词"觉得"的一个重要句法功能是带形容词性宾语，尽管《汉语动词用法词典》中列出了这样的用法，但是从搭配信息看，只有一个用例"他觉得很热"，而根据统计，"觉得"的主要功能是带小句宾语，其次是带形容词性宾语，而能在语料库中跟它搭配的形容词共有 26 个，其中使用次数排在前面的形容词有"～委屈/～奇怪/～可笑/～有趣/～没意思/～冷/～好笑"等。作为学习词典，这些常用的搭配信息应该出现在词典中。

国际汉语教学用的动词用法词典同现有的词典相比，应具有以下两个方面的特点：① 句法功能按照使用频度由高到低排列，突出动词的主要句法功能；② 尽量多地提取相关的搭配关系，并按照频度由高到低排列。这样的词典可以帮助教师根据动词的实际使用情况来安排教学活动。

另外，义项是根据词具体使用时的意义表现归纳出来的，不同类型的词典根据不同需要可以为相同的词确定不同的义项条目，可粗可细。国际汉语教学词典的编纂可在大规模语料库的基础上，利用真实的语料收纳更合适的词项，归纳更科学的义项，将高频出现的义项列在前面。

信息技术的发展为词典编纂带来了革命，数据处理工具、编程技术、人工智能技术、虚拟现实技术为词典的现代化创造了技术可能，一种比较理想的汉语词典模型，应该是对词汇体系可作集成化的、具有多层次网络关系和人工智能展现的在线词典。这种在线词典收词量大，用法明确，生词或例句有读音，有近义和多义辨析，有反义关联，有搭配举例，检索方便。

集成化、多功能、方便检索、快速查询，以及形象、直观、易理解、易记忆的解释方法等，是现代词典编纂所追求的目标。为此，可利用计算机技术完善词典编纂工作。

8.4 计算机辅助词汇教学

汉语教学涉及听、说、读、写技能，教学资源也涉及多种媒体形式。例如，解释语法问题需要补充其他文字，播放汉语发音需要声音，演示汉字的笔画书写过程需要动画，展示语言场景需要图片或视频。然而，这些不同的媒体形式都可以在汉语计算机辅助教学（CAI）中，通过超文本和超媒体技术整合在一起，以准确地表达汉语教学所需的各种信息。

计算机辅助语言教学（computer-assisted languge learning，CALL），是指人们为了更好地完成教学目标、提高教学效果和发展学生的综合素质，把相应的计算机信息技术作为教学工具和手段，作用于"教"和"学"的活动过程中的一种教学组织形式。计算机辅助语言教学是计算机辅助教学的一部分，即以计算机为基础，利用计算机辅助技术来帮助外语教师进行外语教学与研究活动，包括利用单机、局域网、因特网等手段（何高大，2000）。曹文、张劲松（2009）提到了"计算机辅助语音正音学习（computer assisted pronunciation learning，CAPL）"，是"计算机辅助语言学习"在语音教学功能方面的细化与深化。目前国内外已有的 CAPL 系统或网络产品，在分析性的反馈、诊断和指导上，还需要提升。

在中文教学中，计算机主要运用在词处理、多媒体教学、网络 App 学习三个方面。

8.4.1 使用词处理、算表或数据库

语言教学应用计量研究的成果将会收到事半功倍的效果。字频统计是最常用的统计，结果最准确。仅有字频统计不够用，词频统计是必要的。字频与词频宜相互补充、印证，不宜偏废。

教师收集教学资料、准备教材及各种学习和测试材料，记录、统计与管理学生资料和学习情况，很多人认为这并不是直接地使用计算机来进行中文教学。实

际上，教师在准备和进行教学的时候，大量使用的就是各种软件，它们在教学材料编写和准备的时候特别重要。

如何实现汉语教学的规范化、集成化和科学化？我们需要做的一项工作就是建设汉语言能力各要素的基本素材库。无论是汉语教学的理论，还是汉语教学的实践，都需要建立一个系统庞大的素材库来支撑，这是汉语教学走向现代化的必备条件。例如，需要建设表现功能意念的语言结构的素材库、备选课文的素材库、典范例句素材库、学生病句素材库、语言基本知识库等。

美国硅谷语言技术公司制作发行的汉语教学辅助软件《中文助教 2005》（Chinese TA）功能比较强大，有"课文加注拼音、生词生字查找、词表字表注释、汉字繁简转换对照、字词分布索引、字词频率统计、生词密度和重现率标示、字词 HSK 等级和常用度标示、新词旧词关联、词语随文注音翻译、课文调整顺序、词表字表项目的选择和排序"等功能。这些功能"用数据来说话"，对于教师处理课文、编写教材等都很有作用。

在国际汉语教学领域，有学校、网站开发了一些简单的"计算机辅助语音正音学习"系统或网络产品，其流程基本都是发音—评分—再发音—再评分（曾金金，2008）。这种正音系统，如果能如一名有经验的汉语教师那样，对学生的问题、偏误和如何改正进行提示的话，受欢迎的程度将会更高。

8.4.2 运用多媒体教学

随着多媒体技术的日趋成熟，声像语言环境也越来越先进，从远程教学到多媒体教室视频、音频的采集，教学越来越现代化。

多媒体的中文学习软件可以将声像及文字合于一体，可以容纳很多学习内容。学生不仅可以看到文字，而且可以看到语言使用的环境，听到标准的语言，还可以进行语言操练，检查学习的效果。

汉语教学的 CD 文件、音频文件越来越多，可用于辅助教学。比如在讲解《博雅汉语》（中级加速篇）《采访孔子》一文时，可使用《汉语教学资源包》CD 文件中的《中国文化常识》，以便形象地了解孔子的生平、思想及事迹等。再如《长城汉语》《乘风汉语》等很多教材都配有 CD 文件，视、听、说的教学手段可充分利用。教学软件的应用，如"中文助教""一键通"，把教学与研究结合在一起了。另外，还有一些音频和视频处理软件，如 Goldwave、CoolEdit、Windows Movie Maker 等，可以切割、录制音频或视频文件，便于语言教学与测试。

汉语教学中，图片素材库的作用不可低估。图片的使用可以避免语言交流的缺陷，当图片引起的视觉形象冲击学习者的大脑时，学习者获得了知识，另外也促进了他表达的需要。图片可作为一种释义的手段，它虽不以揭示事物的性质为目的，但是可根据成年人的特点，使目的语教学与已有的背景知识建立起联系。图片在作文中也可资利用，以训练学生表达的准确性、流畅性，引导学生"输出"。如学生对于"露馅"一词，不大明白其用法，在电脑上检索图片，可出现"饺子露馅儿了"等很多图片，比较直观，而且还可以讲解"露馅"一词的比喻义。

图片是基础汉语教材中不可缺少的组成部分，可增强教材的趣味性。20 世纪90 年代以前出版的教材中，图片应用的数量较少，范围也较窄，大多是课文配图。近十余年来，教材中应用图片的情形，在数量和范围方面都有了较大的飞跃，并且产生了一些以图片为主的汉语教材。《路》（赵金铭）中图片的应用相当多且广，而《一起来说》（卢百可等）可以说是一部完全的图片教材。

在词典编纂中使用图片可增强词语的形象性。《商务馆学汉语词典》有彩色图片约 700 幅，展现了一些动词、名词的语义特征，如"兵、拔（草）、抱（孩子）、拨（电话）"等，都用图片形象地展示出来了。其中，"刷"用了一小幅"刷子"的插图，既表现了名词"刷子"的特征，又表现了动词"刷"的用法，学生还可以用联想的方法理解"刷牙、刷油漆、雨刷刷地下"，以及"他考试不及格，被刷下来了"等。另外，随着网络的发展，动词"刷"还有"刷微信、刷朋友圈"等说法，也可以适时教给学生。《商务馆学汉语词典》中有的一幅图"两用"，如"插头、插座"在一幅图中展示，节省了篇幅，而且便于联想记忆。

8.4.3　运用网络或 App 学习

利用网络资源可寻找中文学习资料或随时进行网上课程的学习。目前已经有相当多的网站提供词典、阅读材料、原文检索及中文的电视、广播、报纸杂志资料。师生可以在网上谈话，相互听到声音，也可以相互看见。

　　用网络教学的长处是方便、多样、灵活、共享。"方便"指电子教案、练习、考题内容可以随时加以修改。通过网络，还可方便地收集资料、处理学生的学习情况及进行其他教学管理，网上的内容也可随时更新。"多样"指跟传统的课堂不一样，学生不再只见到一个老师、一本教材，通过多媒体的电脑软件或者网络资源，学生可以接触到大量不同的真实语言环境、语音、图像、电视片段。"灵活"指人们可以随时随地根据自己的情况安排学习，突破时空限制。"共享"是网络的特点之一。目前在网络上的中文教学资源已经相当丰富了，教师可以从中选择对自己的教学有用的内容，加以适当改变用到课堂教学中去。

　　国际汉语教学的网站有很多。国家汉办的官网 http://hanban.org/有很多教学资源和汉语考试资源等，甚至包括很多教学案例，比如在美国进行的《快乐汉语》教学中关于"我们班"的视频教学案例，就很活泼和富有成效。美国加州大学 Long beach 分校的谢天蔚博士 1997 年创办的"网上学中文"网站，网址为 http://learningchineseonline.net/，是一个全面介绍学习中文的网站，包括语音、语法、阅读等方面的资源。美国加州大学伯克利分校《中文听说读写》教材的每一课都有"复习"和"练习"内容，网址为 http://www.language. berkeley.edu/ic/。充分建设及利用语言教学资源，可以提高词汇教学的效果。

　　如今，手机上也有一些汉语学习应用程序。Pleco[①]是美国 Michael 公司制作的完备的网上汉语学习词典，至 2019 年，该 App（Android）在手机上的应用已经有七八年历史了，集"词典、笔顺、卡片、搭配、句子"多种功能于一体，有语素解释、短语的搭配和很多例句，每天有 180 个国家的上百万人在使用该 App 学习汉语。另外，手机上的 App"多邻国"也可以用来帮助外国人学习汉语的发音、组词成句等。

　　计算机辅助语言教学和 App 利用声、光、平面、立体等各种不同层面的设计，可以使学生同时接触到音、义、形等方面的语言信息，便于学生选择汉语学习内容和发展学习能力，满足了学生学习和发展的需求，同时也为学生利用碎片化的时间进行汉语学习提供了方便，为学生的汉语学习赢得了时间，争取到了"私教"，能为学生的汉语能力的发展创造条件和打下基础。

　　2011 年，美国萨尔曼·可汗（Salman Khan）提到了"翻转课堂（flipped classroom）"，指很多中学生晚上在家观看可汗学院（Khan Academy）的数学教学

---

　　① 网址为 http://www.pleco.com.

视频，第二天回到教室做作业，遇到问题时则向老师和同学请教。这种与传统的"老师白天在教室上课、学生晚上回家做作业"的方式正好相反的课堂模式，被称为"翻转课堂"。

传统的教学过程通常包括知识传授和知识内化两个阶段。知识传授是通过教师在课堂中的讲授来完成的，而知识内化则需要学生在课后通过作业、操作或者实践来完成。在翻转课堂上，这种形式被颠覆，知识传授通过信息技术的辅助在课后完成，而知识内化则在课堂中经老师的帮助与同学的协助来完成。

"翻转课堂"重视教学视频和学生的视频学习，是一种网络教学背景下的再学习，鼓励学生提问，成为学习的"主角"。让每一个学生都自主学习并进行关键性思考，这种教学方式受到了学生的普遍欢迎。翻转课堂的推动实际得益于开放教育资源运动。自麻省理工学院（MIT）的开放课件运动开始，耶鲁公开课、可汗学院微视频等大量优质教学资源的涌现，为翻转课堂的开展提供了资源支持，促进了翻转式教学的发展。

目前也有将"翻转课堂"应用于国际汉语教学的实验，如孙瑞、孟瑞森、文萱（2015）等。希望国际汉语教学界也能够涌现大量的优质教学资源，让国际汉语教学得到进一步的发展。

思考

1. 请借助语料库、词库、词典、网络等合适的语言教学资源，分析《长城汉语》《新实用汉语课本》《汉语会话 301 句》等教材中的生词。

2. 请选取《新汉语水平考试大纲——HSK 一级》至《新汉语水平考试大纲——HSK 六级》的词进行词语分析。

参 考 文 献

BAI J H, 2009. Chinese grammar made easy: a practical and effective guide for teachers [M]. New Havenand: Yale university press.

CORDER S P, 1981. Error analysis and interlanguage [M]. London: Oxford university press.

CROW J, 1986. Receptive vocabulary acquisition for reading comprehension[J]. The Modem Language Journal, 70 (3): 242－250.

ENGBER C A, 1995. The relationship of lexical proficiency to the quality of ESL compositions [J]. Journal of second language writing (4): 139－155.

HALLIDAY M A K, 1994. An introduction to functional grammar [M]. London: Edward arnold limited.

KRASHEN S, 1984. Immersion: why it works and what it has taught us[J]. Language and society (12): 61－64.

LAUFER B, NATION P, 1995. Vocabulary size and use: lexical richness in L2 written production [J]. Applied linguistics (3): 307－322.

LI D D, LIU I, 2010. Reading into a new China[M]. Boston: Cheng & TSui company.

NATION I S P, WEBB S, 2011. Researching and analyzing vocabulary[M]. Boston: Heinle cengage learning.

OXFORD R L, 1990. Language learning strategies: what every teacher should know [M]. New bury House: Cambridge university press.

PUSTEJOVSKY J, 1995. The generative lexicon [M]. Cambridge: MIT press.

READ J, 2000. Assessing vocabulary [M]. Cambridge: Cambridge university press.

SCHMITT N, MCCARTHY M, 1997. Vocabulary: description, acquisition, and pedagogy [M]. Cambridge: Cambridge university press.

WOOLFOLK A, 2007. Educational psychology [M]. 10th ed. 北京: 中国轻工业出版社.

北京语言学院语言教学研究所, 1986. 现代汉语频率词典 [M]. 北京: 北京语言学院出版社.

陈光磊，1994. 汉语词法论［M］. 上海：学林出版社.

陈光磊，2008. 汉语口语教程［M］. 北京：北京语言大学出版社.

程娟，许晓华，2004. HSK 单双音同义动词研究［J］. 世界汉语教学（4）：43－57.

崔永华，杨寄洲，2002. 汉语课堂教学技巧［M］. 北京：北京语言大学出版社.

邓守信，1994. 汉英汉语常用近义词用法词典［M］. 台北：文鹤出版有限公司.

董秀芳，2005. 汉语词缀的性质与汉语词法特点［J］. 汉语学习（6）：13－19.

杜旭东，2011. 论对外汉语中的类词缀教学［J］. 内蒙古民族大学学报（社会科学版）（1）：62－65.

傅海燕，2007. 汉语教与学必备：教什么？怎么教？：上［M］. 北京：北京语言大学出版社.

傅鸿础，2010. 汉语常用近义词语辨析：汉英双解［M］. 北京：北京语言大学出版社.

傅由，2011. 发展汉语：Ⅱ：中级听力［M］. 北京：北京语言大学出版社.

高燕，2008. 对外汉语词汇教学［M］. 上海：华东师范大学出版社.

高燕，2019. 对外汉语词汇教学［M］. 2 版. 上海：华东师范大学出版社.

国家对外汉语教学领导小组办公室汉语水平考试部，1992. 汉语水平词汇与汉字等级大纲［M］. 北京：北京语言学院出版社.

国家对外汉语领导小组办公室，1996. 汉语水平等级标准与语法等级大纲［M］. 北京：高等教育出版社.

国家对外汉语领导小组办公室，2002. 高等学校外国留学生汉语教学大纲：长期进修［M］. 北京：北京语言大学出版社.

国家对外汉语领导小组办公室，2002. 高等学校外国留学生汉语言专业教学大纲［M］. 北京：北京语言大学出版社.

国家汉办，教育部社科司《汉语国际教育用音节汉字词汇等级划分》课题组，2010. 汉语国际教育用音节汉字词汇等级划分［M］. 北京：北京语言大学出版社.

国家汉办，孔子学院总部，2009. 新汉语水平考试大纲：HSK 一级［M］. 北京：商务印书馆.

国家汉办，孔子学院总部，2009. 新汉语水平考试大纲：HSK 二级［M］. 北京：商务印书馆.

国家汉办，孔子学院总部，2009. 新汉语水平考试大纲：HSK 三级［M］. 北京：商务印书馆.

国家汉办，孔子学院总部，2010. 新汉语水平考试大纲：HSK 四级［M］. 北京：商务印书馆.

国家汉办，孔子学院总部，2010. 新汉语水平考试大纲：HSK 五级［M］. 北京：商务印书馆.

国家汉办，孔子学院总部，2010. 新汉语水平考试大纲：HSK 六级［M］. 北京：商务印书馆.

国家汉办，孔子学院总部，2015. HSK 考试大纲：一级［M］. 北京：人民教育出版社.

国家汉办，孔子学院总部，2015. HSK 考试大纲：二级［M］. 北京：人民教育出版社.

国家汉办，孔子学院总部，2015. HSK 考试大纲：三级［M］. 北京：人民教育出版社.

国家汉办，孔子学院总部，2015. HSK 考试大纲：四级［M］. 北京：人民教育出版社.

国家汉办，孔子学院总部，2015. HSK 考试大纲：五级［M］. 北京：人民教育出版社.

国家汉办，孔子学院总部，2015. HSK 考试大纲：六级［M］. 北京：人民教育出版社.

国家汉语国际推广领导小组办公室，2007. 国际汉语教师标准［M］. 北京：外语教学与研究出版社.

国家汉语国际推广领导小组办公室，2008. 国际汉语教学通用课程教学大纲［M］. 北京：外语教学与研究出版社.

黄南松，胡文泽，何宝璋，2015. 对外汉语教学语法疑难解析［M］. 北京：北京大学出版社.

季瑾，2005. HSK 甲级单双音同义动词部分不可替换的类型探析［J］. 语言教学与研究（5）：76－80.

姜丽萍，2015. HSK 标准教程：6 上［M］. 北京：北京语言大学出版社.

教育部语言文字信息管理司，2010. 中国语言生活状况报告：2010［M］. 北京：商务印书馆.

教育部语言文字信息管理司，2011. 中国语言生活状况报告：2011［M］. 北京：商务印书馆.

教育部语言文字信息管理司，2012. 中国语言生活状况报告：2012 [M]. 北京：
　　商务印书馆.

教育部语言文字信息管理司，2013. 中国语言生活状况报告：2013 [M]. 北京：
　　商务印书馆.

教育部语言文字信息管理司，2014. 中国语言生活状况报告：2014 [M]. 北京：
　　商务印书馆.

教育部语言文字信息管理司，2015. 中国语言生活状况报告：2015 [M]. 北京：
　　商务印书馆.

孔子学院总部，国家汉办，2015. 国际汉语教学优秀课例集：2 [M]. 北京：北
　　京语言大学出版社.

李行健，2004. 现代汉语规范词典 [M]. 北京：外语教学与研究出版社.

李泉，2001. 同义单双音形容词对比研究 [J]. 世界汉语教学（4）：20－31.

李如龙，吴茗，2005. 略论对外汉语词汇教学的两个原则 [J]. 语言教学与研究
　　（2）：41－47.

李先银，吕艳辉，魏耕耘，2015. 国际汉语教学词汇教学方法与技巧 [M]. 北京：
　　北京语言大学出版社.

李晓琪，2004，2005，2006. 博雅汉语 [M]. 北京：北京大学出版社.

刘春梅，2007. 留学生单双音同义名词偏误统计分析 [J]. 语言教学与研究（3）：
　　36－42.

刘叔新，2007. 词汇研究 [M]. 北京：外语教学与研究出版社.

刘珣，2003. 新实用汉语课本 [M]. 北京：北京语言大学出版社.

鲁健骥，1993. 中介语研究中的几个问题 [J]. 语言文字应用（1）：21－25.

陆志韦，1957. 汉语的构词法 [M]. 北京：科学出版社.

陆志韦，1990. 陆志韦语言学著作集：三 [M]. 北京：中华书局.

吕必松，2007. 汉语和汉语作为第二语言教学 [M]. 北京：北京大学出版社.

吕叔湘，1979. 汉语语法分析问题 [M]. 北京：商务印书馆.

吕叔湘，1999. 现代汉语八百词 [M]. 增订本. 北京：商务印书馆.

马玉汴，2004. 放射状词汇教学法与留学生中文心理词典的建构 [J]. 云南师范
　　大学学报（对外汉语教学与研究版）（5）：15－19.

孙德金，2006. 对外汉语词汇及词汇教学研究 [M]. 北京：商务印书馆：263.

孙瑞，孟瑞森，文萱，2015."翻转课堂"教学模式在对外汉语教学中的应用[J]. 语

言教学与研究（3）：34－39.

汤廷池，1992. 汉语词法句法三集［M］. 台北：台湾学生书局.

温晓虹，2008. 汉语作为外语的习得研究：理论基础与课堂实践［M］. 北京：北京大学出版社.

吴继峰，2016. 英语母语者汉语写作中的词汇丰富性发展研究［J］. 世界汉语教学（1）：129－142.

吴颖，2009. 同素近义单双音节形容词的差异及认知模式［J］. 语言教学与研究（4）：40－47.

肖奚强，颜明，乔俊，等，2015. 外国留学生汉语偏误案例分析［M］. 北京：世界图书出版公司.

肖贤彬，2002. 对外汉语词汇教学中"语素法"的几个问题［J］. 汉语学习（6）：68－73.

谢祢坤，曾立英，2014. 类词缀在对外汉语教材中的运用［J］. 云南师范大学学报（对外汉语教学与研究版）（4）：50－59.

央青，2012. 国际汉语师资教育中的案例教学及案例库构建研究［M］. 北京：中央民族大学出版社.

杨寄洲，2004. 课堂教学中怎么进行近义词语用法对比［J］. 世界汉语教学（3）：96－104.

尹海良，桑哲，2009. 对外汉语教学中的词缀问题［J］. 西华师范大学学报（哲学社会科学版）（1）：69－73.

于洋，2015. CSL 学习者同素同义单双音名词混淆分布特征及其成因［J］. 语言教学与研究（6）：9－18.

曾金金，2008. 华语语音资料库及数位学习应用［M］. 台北：新学林出版股份有限公司.

曾立英，2008. 现代汉语类词缀的定量与定性研究［J］. 世界汉语教学（4）：75－87.

曾立英，2010. 关于对外汉语词汇教学系统性的探讨［J］. 民族教育研究（2）：124－128.

曾立英，2017. 基于生成词库理论的汉语同素词辨析［J］. 云南师范大学学报（对外汉语教学与研究版）（4）：124－128.

曾立英，2018. 汉语类词缀的偏误分析与词汇评价［J］. 民族教育研究（2）：139－144.

张博，2008. 基于中介语语料库的汉语词汇专题研究［M］. 北京：北京大学出版社.

张博，2016. 不同母语背景的汉语学习者词语混淆分布特征及其成因研究［M］.北京：北京大学出版社.

张平，2011. 同素同义单双音节动词的词义对应计算与分析［J］. 语言文字应用（3）：133－141.

张萍，2009. 词汇联想与心理词库［J］. 外语教学理论与实践（3）：71－82.

张世涛，周小兵，等，1997. 汉语阅读教程［M］. 北京大学出版社.

赵元任，1968. 汉语口语语法［M］. 北京：商务印书馆.

中国社会科学院语言研究所词典编辑室，2016. 现代汉语词典［M］. 北京：商务印书馆.

周健，1998. 汉语课堂教学技巧与游戏［M］. 北京：北京语言大学出版社.

朱德熙，1982. 语法讲义［M］. 北京：商务印书馆.

朱亚军，2001. 现代汉语词缀的性质及其分类研究［J］. 汉语学习（2）：24－28.